全面预算管理体系构建与实践研究

Research on the construction and practice of a comprehensive budget management system

华秋红◎著

河海大学出版社
HOHAI UNIVERSITY PRESS
·南京·

图书在版编目（CIP）数据

全面预算管理体系构建与实践研究 / 华秋红著.
南京：河海大学出版社，2025. 7. -- ISBN 978-7-5630-9788-3

Ⅰ. F275

中国国家版本馆CIP数据核字第2025Z5E158号

书　　名	全面预算管理体系构建与实践研究
	QUANMIAN YUSUAN GUANLI TIXI GOUJIAN YU SHIJIAN YANJIU
书　　号	ISBN 978-7-5630-9788-3
责任编辑	孙梦凡
特约校对	王红燕
封面设计	安　迪
出版发行	河海大学出版社
地　　址	南京市西康路 1 号　（邮编：210098）
网　　址	http://www.hhup.com
电　　话	（025）83737852（总编室）　（025）83722833（营销部）
经　　销	江苏省新华发行集团有限公司
排　　版	南京布克文化发展有限公司
印　　刷	广东虎彩云印刷有限公司
开　　本	718 毫米 ×1000 毫米　1/16
印　　张	21
字　　数	299 千字
版　　次	2025 年 7 月第 1 版
印　　次	2025 年 7 月 第 1 次印刷
定　　价	84.00 元

前言

在当今复杂多变的经济环境中，企业管理面临着前所未有的挑战与机遇。全球化竞争加剧、技术迭代加速、市场需求多变，这些因素都对企业管理提出了更高要求。作为企业管理的重要组成部分，预算管理不仅是企业资源配置、成本控制、绩效评价的关键工具，更是推动企业战略目标实现、提升市场竞争力的核心手段。传统的预算管理方法已难以满足现代企业对精细化管理和战略导向的需求。因此，构建一套科学、高效、适应性强的全面预算管理体系，对于企业的可持续发展具有至关重要的意义。本书将理论与实践相结合，系统探讨了全面预算管理体系的构建路径与实践应用，旨在为企业管理者、财务专业人士及相关研究者提供专业的参考指南。

本书深入阐释全面预算管理理论架构，从核心概念剖析入手，揭示其系统性、全员性、全程性特质，展现其统筹资源、战略落地、绩效衡量等多元功能，构建起涵盖决策、执行、监督多层面的组织体系蓝图。通过深入剖析全面预算管理的理论基础，系统阐述了全面预算管理体系的构建框架、实践应用、技术创新与智能化发展，以及案例研究等多个方面。书中详细介绍了全面预算管理的基本概念、原则和方法，还结合具体案例，展示了如何在不同行业和企业中有效实施全面预算管理。同时，还介绍了大数据、云计算等新技术在预算管理中的应用，以及预算管理体系的评估与优化策略。通过本书，读者可以全面了解全面预算管理的最新理论与实践进展，掌握构建和优化全面预算管理体系的方法与技巧，为企业提升管理水平和竞争力提供有力支持。

在本书的写作过程中，笔者参考了大量国内外文献和企业实践案例。由于全面预算管理理论和实践仍在不断发展中，书中难免存在不足之处，恳请读者批评指正。希望本书能够为企业构建和实施全面预算管理体系提供有益指导，助力企业在复杂多变的市场环境中实现高质量发展。

目录

CONTENTS

第一章 全面预算管理的基础理论与实践意义

第一节 全面预算的历史沿革与当代价值

一、历史沿革

（一）早期起源

在19世纪末20世纪初的美国，第二次工业革命引发了企业规模的急剧扩张，大型工厂如雨后春笋般涌现，生产流程变得错综复杂，多部门协同作业成为常态。例如，钢铁企业的生产车间涵盖了矿石采购、高炉冶炼、钢材轧制等众多环节，钢铁企业不仅要管理庞大的生产车间，还需统筹销售、运输以及原材料库存等事宜。在此背景下，企业管理者逐渐认识到，仅凭经验和即时决策已难以驾驭企业的运营，迫切需要一种具有前瞻性的规划手段。于是，部分企业率先尝试编制基础的生产预算，细致规划各车间的产量目标、设备运转时长以及人力调配计划，同时搭配初步的销售预算，预估不同产品在各区域市场的销量，以此来引导生产资源的合理配置，避免生产过剩或供不应求的乱象，全面预算的雏形便在这种实践需求中悄然开始形成。

（二）发展阶段

20世纪20年代至20世纪30年代：泰罗制等工作方法与科学管理理论在企业界掀起了效率革命，强调标准化作业与成本精细化管控。以汽车制造企业为例，福特公司在生产线上严格测定每道工序的工时与物料消耗，将成本预算编制细化到螺丝钉、油漆用量等微观层面，通过精准的成本预算控制生产成本，进而降低整车售价，提升市场竞争力。同时，企业内部各部门在成本约束下，开始紧密协作，生产部门依据销售部门的订单预测安排生产进度，采购部门根据生产用料需求规划进货量。预算成为协调部门联动的关键纽带，确保企业整体运营节奏有条不紊。

20 世纪 40 年代至 20 世纪 50 年代：第二次世界大战结束后，全球经济格局重塑，市场需求波动频繁，企业所处环境复杂多变。传统固定预算难以应对原材料价格忽高忽低、产品销量起伏不定的新局面。于是，弹性预算应运而生。例如，纺织企业根据不同季节、不同时尚潮流下的产品销量波动区间，设定多档生产成本与产量预算方案，旺季全力扩产增效，淡季灵活减产控本。零基预算也开始崭露头角，新兴电子企业在规划新产品研发预算时，要摒弃过往经验的束缚，从零开始论证每个研发环节、设备购置及人力投入的必要性，使预算编制更契合创新业务的实际需求，为企业开拓新市场、研发新技术筑牢根基。

20 世纪 60 年代至 20 世纪 70 年代：计算机技术的兴起为预算管理插上腾飞翅膀。大型制造业企业如通用电气，借助计算机强大的数据处理能力，整合散布于全球分厂、销售网点及供应商的海量数据，瞬间完成复杂的预算计算与方案模拟。原本耗时数月的集团年度预算编制，压缩至数周甚至数天内完成，且数据准确性从人工核算的约 70% 飙升至 95% 以上。与此同时，预算管理范畴得到全面拓宽，业务预算涵盖新品研发规划、市场推广策略制定；资本预算囊括厂房设备更新、新生产线投资；财务预算聚焦利润预测、资金流规划，全面预算体系初现端倪，开始全方位把控企业运营脉搏。

（三）成熟完善

自 20 世纪 80 年代起，在全球化浪潮与激烈竞争双重催化下，全面预算管理迈向成熟。战略管理理念盛行，如宝洁公司将长期战略拆解为年度预算目标，依据不同产品品类在各区域市场的战略定位（如核心盈利产品、新兴市场开拓产品）精准分配资源，研发预算向高潜力新品倾斜，营销预算聚焦重点市场攻坚；绩效管理与之深度融合，如可口可乐公司全球各瓶装厂依据预算指标完成情况考核绩效，从产量达标、成本控制到市场份额拓展，多维度量化评估，奖金、晋升与之挂钩，激发员工执行预算热情。理论研究也百花齐放，学者们提出诸多预算管理模型与优化算法，进一步充实实践指导框架，全面预算管理凭借其系统性、前瞻性特质，深深嵌入企业管理内核，成为现代企业在商海破浪前行不可或缺的“导航仪”与“稳定器”。

二、当代价值

（一）战略规划与目标落地

1. 明确战略目标细化分解

在当代企业运营复杂多变的环境下，全面预算管理扮演着关键的“翻译”角色，将抽象、长远的企业战略具象化为年度预算目标，继而层层拆解至基层业务单元。以一家大型科技企业为例，其战略定位是未来五年内在人工智能芯片领域占据领先地位，成为全球前三的供应商。通过全面预算管理流程，这一宏大战略被细化为年度预算任务：研发部门需在本年度投入特定金额用于新一代芯片的基础研究与原型开发，设定具体的技术指标突破节点；生产部门则依据预期市场需求增长，规划生产线升级改造预算，明确各季度产能提升幅度；销售团队负责制定不同区域市场的推广预算，确定新客户开拓数量与老客户订单增量目标。各层级员工借此明晰自身职责，从实验室研究员到一线销售人员，都清楚知晓工作重点与业绩期望，确保企业战略能稳步落地，而非沦为空中楼阁。

2. 资源配置与战略协同

全面预算宛如企业的资源调配中枢，精准引导资源流向契合战略方向的关键业务。仍以该科技企业为例，鉴于人工智能芯片研发及市场拓展是战略核心，预算资源大幅倾斜于此。在人力配置上，高薪聘请顶尖算法科学家与芯片架构设计师，划拨充足预算用于人才招募与团队扩充；物力方面，购置先进的芯片制造设备、高性能测试仪器，投资建设专业研发实验室，相关设备采购预算占据资本支出大头；财力调配则保障研发资金持续供给，预留专项资金用于应对可能的技术难题攻关或专利诉讼。同时，各部门紧密围绕预算协同作业，研发团队根据生产进度反馈及时优化芯片设计以适配量产工艺；生产部门依据销售预测灵活调整生产排期，确保产品按时交付；销售团队实时反馈市场需求变化，助力研发团队精准定位产品功能升级方向，各方合力增强企业战略执行力，推动整体战略布局按计划铺展。

（二）资源优化与成本控制

1. 资源整合与统筹安排

现代企业资源繁杂多样，全面预算管理发挥“总管家”职能，实现全方位资源整合与高效统筹。比如一家连锁零售企业，旗下门店遍布多个城市，商品种类数以万计，业务涉及采购、仓储、配送、销售等诸多环节。借助全面预算，整合各门店销售数据预测商品需求，统一规划采购预算，避免各门店分散采购导致的高价进货及库存积压；仓储环节依据销售淡旺季预算合理调配仓储空间，在旺季来临前扩充临时仓库，淡季则整合闲置仓位，降低租赁成本；配送预算精准规划物流路线与运力，通过集中配送、拼车运输等方式，降低单位运输成本。通过这种跨部门、全流程的预算管控，实现人力高效排班、设备充分利用、资金合理周转，全面提升运营效率，杜绝资源闲置与浪费。

2. 成本预测与监控分析

在预算编制起始，企业便开启精细成本规划。制造业企业在新品生产前，详细剖析物料成本，精准核算每种原材料的用量、价格波动区间及替代材料的方案；在人工成本方面，依据生产工艺拆解工序，测定各环节工时，结合薪酬标准预估人工开支；设备折旧、能耗等间接成本也逐一量化。在执行过程中，成本监控一刻不停，财务系统实时比对实际成本与预算，一旦某产品实际物料成本因原材料涨价超预算 3%，系统立即警示，企业迅速响应，或与供应商协商价格，或调整生产工艺降低用量；车间人工效率若未达标致使成本攀升，管理团队及时介入，优化排班，加强培训，借实时分析与果断措施将成本偏差归零，守护企业盈利根基。

（三）经营监控与风险预警

1. 实时监控经营动态

当代企业置身瞬息万变的市场，全面预算执行监控体系恰似敏锐的“侦察兵”。比如，一家互联网服务企业凭借数字化平台实时追踪各项预算指标，每小时更新用户增长数量、付费转化率、服务器带宽利用率等数据，并与预算目标进行比对。若发现某新推出的线上服务用户增长远慢于预算设定的月增速，管理层即刻深挖原因，判断是营销推广不力，还是产品功能不符期望；在电商企业监控订单处理时长、物流配送准时率方面，若配送延迟率超过预算阈值，迅速排查物流合作伙伴履约问题或内部仓储发货瓶颈，为管理者决策提供实时数据，确保问题不过夜、决策不滞后。

2. 风险预警与应对措施

基于预算洞察，企业能预判风险，未雨绸缪。比如，当国际油价飙升，化工企业原料成本预算承压，则触发预警机制。企业随即启动预案，一方面在期货市场套期保值锁定部分原料成本；另一方面调整产品结构，加大高附加值、低原料依赖产品生产，同步优化生产工艺实现节能降耗。又如旅游企业，当遇重大节假日旅游政策调整致使游客出行受限，企业依据预算偏差迅速削减相关线路宣传预算，将闲置旅游资源调配至热门线路，灵活调整团队规模，控制人力成本，借助前瞻性措施穿越市场的惊涛骇浪。

（四）绩效评估与激励约束

1. 建立绩效评估标准

全面预算指标体系为企业绩效评估立下清晰“标尺”。在一家汽车制造企业，生产部门绩效对标产量达成率、次品率、单位成本控制；销售团队考量销售额、新客户开发数、客户满意度；研发部门聚焦新品推出时效、技术创新成果转化率等预算指标。财务期末，将各部门实际业绩精准比对预算目标，偏差值量化呈现工作成效，客观、公正界定优劣，避免主观评价的弊端，为企业全方位绩效剖析提供坚实的数据基础。

2. 激励与约束机制并存

挂钩预算执行的激励约束机制是企业前行的“引擎”与“刹车”。表现卓越部门与员工收获丰厚回报，销售团队超额完成年度销售额预算，成员获高额奖金，晋升优先；研发攻克关键技术难题助力成本大降，团队获专项奖励，研发资源扩充。反之，未达标者面临约束，生产部门若次品率超预算上限，扣除绩效奖金，责令整改，主管需提交详尽改进计划；连续两年未达标的业务单元可能面临重组或人员调整，借奖惩分明激发全员斗志，护航企业绩效攀升。

第二节 当今企业面对的财务挑战与预算管理的角色

一、当今企业面临的财务挑战

（一）市场环境复杂多变

1. 需求不确定性

在当下消费市场格局中，消费者偏好如同难以捉摸的风向，迅速且多元地转变着。以智能手机行业为例，受技术迭代、时尚潮流以及社交文化演变等因素交互影响，消费者对手机功能的诉求从单纯追求高性能处理器，转变为聚焦于影像拍摄专业化、折叠屏便携创新形态，乃至对手机续航能力、系统交互智能程度都有着严苛且多变的期望。企业在新品研发规划阶段，常陷入迷茫，因难以精准预判下一季产品的热门功能需求，致使销售计划如在迷雾中摸索。过往依赖年度固定产品规划、批量生产铺货模式的企业，频繁遭遇新款手机上市遇冷，旧款库存积压的困境，销售业绩似过山车般起伏巨大，严重冲击收入的平稳获取，预算规划中的营收目标沦为泡影，资金回笼计划全盘打乱，企业运营节奏陷入混乱。

2. 价格波动风险

在原材料领域，全球大宗商品市场的动荡让企业苦不堪言。钢铁企业深受铁矿石价格震荡之害，国际矿业巨头减产、地缘政治冲突致使矿石供应骤减和运输受阻，价格在数月内飙升 30% ～ 50%，成本预算瞬间崩塌。能源层面，石油化工企业面对油价因石油输出国组织（Organization of the Petroleum Exporting Countries，OPEC）减产决策和国际局势紧张而大幅波动，炼化成本失控，从基础化工原料到终端塑料制品，全产业链利润惨遭蚕食。价格的不可控上扬，令企业成本管理策略失效，原本精细核算的利润空间在成本高压下荡然无存，迫使企业要么冒险提价丧失市场份额，要么咬牙内部消化成本，陷入两难绝境，对盈利能力的维系举步维艰。

（二）资金压力与流动性风险

1. 资金筹集困难

金融市场环境复杂多变，信贷政策往往随着宏观经济形势的变化而频繁调整。在经济下行周期，为降低风险，银行普遍采取紧缩信贷政策，缩减信贷额度并提高贷款门槛，这对中小企业构成了严峻挑战。比如，一家专注于前沿医药研发的新兴生物科技创业公司，虽然拥有广阔的市场前景和极具潜力的研发项目，但由于缺乏足够的抵押资产并且信用记录较短，难以符合银行严格的贷款条件。因此，在银行信贷收紧的背景下，该公司面临融资困境，四处寻求资金支持却屡屡受挫。与此同时，风险投资市场也呈现出避险情绪高涨的趋势。投资者倾向于将资金投向风险较低、收益相对稳定的传统产业，而对于高风险、高成长潜力的创业公司则持谨慎态度。这导致该生物科技创业公司的融资计划被搁置，关键研发节点因资金不足而延迟，临床试验也因此停滞。资金短缺严重制约了该公司的正常运营和发展，研发进度受阻，市场竞争力受到影响，同时公司的生产扩张计划和新产品孵化也面临巨大挑战。这不仅阻碍了公司的成长步伐，甚至威胁到了其生存基础。面对这一困境，该生物科技创业公司需要积极寻求多元化的融资渠道，加强与银行和投资机构的沟通与合作，同时优化内部管理，降低成本，以提高自身的抗风险能力和市场竞争力，为未来的发展奠定坚实基础。

2. 资金周转效率低下

很多制造企业面临资金周转困难的严峻挑战。传统机械制造厂商遭遇下游客户恶意延长应收账款账期的问题，行业惯例的账期从 90 天被不合理地延长至 180 天，导致大量资金在外部被占用，企业为了维持日常运营，不得不以高利息进行外部融资。与此同时，存货管理也成为制造企业的一大难题。由于对市场需求预估存在偏差，过时产品大量积压在仓库中，占用了巨额资金，并导致仓储成本持续上升。这种资金流动性不足的状况，使得企业面临资金链断裂的高风险。一旦遇到上游供应商催款或短期债务集中到期的情况，企业的资金链将瞬间变得紧张，甚至可能出现断裂，导致日常运营难以为继。更为严重的是，资金短缺的问题不仅影响了企业的正常运营，还严重制约了其战略布局的推进。企业无法将有限的资金用于研发创新、市场拓展等关键领域，将致使其在未来的市场竞争中处于不利地位。因此，制造企业需要采取有效措施，加强应收账款管理和存货控制，提高资金流动性，以确保企业的稳健发展。

（三）成本控制与盈利能力提升

1. 成本刚性增长

在人力成本方面，劳动法规完善、社会平均薪资上涨，以服务业企业感受尤为深切。如连锁酒店行业为招募和留存员工，薪资福利年涨幅超 8%，培训成本亦水涨船高。在原材料成本上，电子制造业受芯片供应垄断、稀缺金属涨价冲击，手机、电脑整机成本被迫抬升。在环保新规下，重污染企业如印染厂、电镀厂，需斥巨资升级环保设备、处理废弃物，成本飙升 30% ～ 50%。传统成本管控依赖规模化降本、单一供应商议价的模式如今已失效，新成本增长因素层出不穷，企业疲于应对，利润被无情吞噬。

2. 盈利空间压缩

零售市场竞争白热化，电商平台价格战硝烟弥漫，实体商超亦被迫卷入。大型连锁超市在生鲜、日用品领域的同款商品价格被电商平台低价策略压制，无法上浮分毫，而运营成本在租金、人工助推下持续攀升，毛利率从往昔的 20% 锐减至 10% 以内，净利率趋近零点。制造业同样承压，汽车行业产能过剩，品牌竞争导致终端售价跳水，而研发创新、安全合规成本剧增，企业盈利艰难，在盈亏平衡线边缘挣扎，拓展利润源、创新盈利模式迫在眉睫却又荆棘满途。

（四）财务风险管理难度加大

1. 汇率波动风险

国际化企业在财务报表上面临着汇率波动的巨大挑战。跨国电子制造集团通常在亚洲设立生产基地，并在欧美市场销售产品。由于美元兑当地货币的汇率年度波动可能超过10%，当出口产品以美元计价时，收入折算回本国货币会大幅减少。同时，如果进口原材料以欧元结算，欧元的升值将导致成本大幅增加。这种外汇敞口风险在资产负债表上清晰可见，汇兑损益会侵蚀企业的利润。此外，海外投资项目的预算也常因汇率波动而失控，导致财务状况的不稳定。尽管企业可以采取套期保值策略来规避汇率风险，但这一策略复杂且难以预测，稍有不慎就可能造成重大损失。

2. 利率风险

市场利率的频繁波动对企业财务产生深远影响。房地产企业高度依赖债务融资，长期贷款占比显著。当市场利率下行时，企业前期的贷款成本显得尤为沉重，导致资金闲置和浪费。而当利率上行时，新融资项目的成本急剧上升，财务费用大幅增加，进而压缩企业利润。债券投资型企业同样面临困境。利率的反转会导致债券价格大幅下跌，投资收益显著减少。企业在融资和投资两端都受到利率波动的制约，使得债务结构优化变得困难，资金效益提升受阻。因此，企业在面对市场利率波动时，需要采取有效的风险管理措施，以降低财务风险，确保财务稳健。同时，企业还应积极寻求资金效益提升的途径，以应对利率变化带来的挑战。

二、预算管理在应对挑战中的角色

（一）应对市场环境复杂多变

1. 市场预测与规划

在风云变幻的当代市场格局中，全面预算管理成为企业洞察先机的“瞭望塔”。企业借助专业市场调研团队，深度剖析海量消费数据，挖掘潜在需求趋势。比如，一家时尚服装企业不仅密切跟踪社交媒体时尚话题热度、时尚博主穿搭风向，还分析电商平台销售数据中不同款式、颜色、材质服装的销售增速及地域分布差异。在编制年度预算时，基于这些翔实的调研数据，精准预估下一季流行面料为环保再生纤维，一线城市的都市职场风连衣裙需求将上扬25%，据此提前半年布局供应链，与面料供应商锁定订单，规划生产线排班与新款设计打样，使生产经营计划紧密贴合市场脉动，从源头提升市场契合度，抢跑竞争赛道。

2. 灵活调整预算

预算管理赋予企业随市场起舞的灵动身姿。以某快消食品企业为例，当社交媒体突然掀起低糖健康零食热潮，市场需求呈井喷之势，企业迅速启动预算调整机制。销售预算追加30%用于线上推广，重点投放在与健身类博主合作、健康生活类APP广告植入方面；生产预算紧急调配产能，临时租用周边闲置厂房扩充生产线，原材料采购预算同步上调，加急采购优质代糖、全麦粉等原料，“三班倒”全力增产热门单品，抓住流量红利。反之，在旅游淡季来临时，某旅行社敏锐依据预订数据下滑态势，将团队游线路推广预算削减40%，整合闲置旅游车辆减少租赁支出，灵活调配导游人力至周边短途游项目，通过敏捷的预算调控，轻盈穿越市场波谷。

（二）缓解资金压力与流动性风险

1. 资金预算与统筹投资规划

全面预算管理似精密的资金罗盘，指引企业资金流向。制造业企业依据订单交付周期、原材料采购账期、设备维护计划等编制详尽月度资金预算，精确到每日现金流入流出量。比如，一家汽车零部件生产商知晓第二季度因主机厂新款车型爬坡量产，订单回款集中在5—6月，便合理规划3—4月的筹集资金，权衡银行贷款、供应链金融融资成本与额度，精准对接资金需求；同时，梳理闲置资金，筛选稳健短期理财项目，确保资金不闲置、不断档。针对长期投资，基于战略规划评估新生产线投资回报率、回收期，匹配资金储备与融资计划，依资金松紧有序推进项目，优化债务股权结构，将综合资金成本控制在行业均值以下，护航资金链稳健循环。

2. 资金监控与风险预警

在预算执行全过程，企业财务中枢实时“把脉”资金状况。借助先进的企业资源计划管理（Enterprise Resource Planning,ERP）系统，大型商超集团每日监控旗下各门店的现金收银、供应商货款支付、会员卡充值资金变动，重点剖析应收账款周转天数、存货周转率等关键指标。当系统警示某区域门店应收账款回收超60天未达标，资金周转效率低，财务团队即刻深入核查，发现部分团购客户存在信用风险，迅速暂停赊销，加大催收力度，同步优化库存结构，清理滞销商品回笼资金，避免局部资金梗阻蔓延成整体资金链危机，确保整体资金流顺畅无阻。

（三）助力成本控制与盈利能力提升

1. 成本预算与控制

预算编制阶段，企业化身成本“精算师”。建筑施工企业承接大型楼盘项目，将总成本按施工阶段、工种、材料类别拆解细化，土方工程依据地质复杂程度预估挖掘量、设备工时及油耗成本；主体结构施工精确核算每立方米混凝土用量、钢筋损耗率，结合市场波动锁定材料采购价上限，各班组人工成本依施工定额与工期核定。执行中，工地现场实时比对实际成本与预算，若混凝土超耗5%，迅速排查施工工艺瑕疵、材料浪费环节，如泵车作业不合理导致浇筑遗撒，及时纠正；定期成本复盘会议，深挖成本偏差根源，严抓责任落实，以精细化管控遏制成本攀升势头。

2. 资源优化配置

依据预算指引，企业宛如睿智的资源调度师。科技集团审视旗下多元业务版图，依据各产品线毛利率、市场增速、技术壁垒等指标权衡资源分配。智能硬件业务虽起步晚，但市场潜力巨大、利润攀升快，预算向研发团队倾斜，高薪招揽芯片工程师、增加新品研发资金；软件服务业务严控成本，优化运维人力配置，裁汰低效环节，资金回笼重点投向高潜力硬件产品线拓展。在跨部门协同层面，调配闲置行政人力支援旺季销售客服，闲置办公设备调剂至新业务单元，确保资源流向价值创造高地，激活盈利新动能。

（四）强化财务风险管理

1. 风险识别与评估

在预算管理体系内，企业财务智囊团担当风险“侦察兵”。跨国贸易企业涉及全球业务，深度剖析汇率风险敞口，梳理欧元区采购设备形成的外币负债、美元区出口销售产生的外汇资产，模拟不同汇率波动情境下（如欧元兑美元年波动 ±15%）资产负债损益；在利率风险考量上，梳理浮动利率贷款占比、债券投资久期，预估美联储加息降息周期对财务费用、投资收益冲击，量化风险影响范围，如利率上行 1 个百分点，年度财务费用增支 500 万元，为精准施策夯基。

2. 风险应对与监控

基于风险洞察，企业巧施应对之策并严密监控。出口型企业面临汇率波动，在预算中列支外汇套期保值成本，定期依据汇率走势调整远期结售汇合约规模与期限，锁定利润区间；制造业企业应对利率风险，优化债务结构，预算年度内逐步提高固定利率贷款占比至 60%，降低利率波动敞口，同步利用金融衍生品如利率互换微调债务成本。执行中，财务团队周度复盘风险指标，比对套期保值效果、债务结构优化进度，若偏差超阈值则迅速微调策略，确保风险防线稳固，财务航船平稳穿越险滩。

第二章 全面预算管理理论基础

第一节 全面预算管理概述

一、内涵

全面预算管理是现代企业管理体系的重要组成部分，它紧密围绕企业战略目标展开，全面指导企业运营。全面预算管理并非简单的数字汇总，而是一个综合性的管理生态系统，具有高度的逻辑性和系统性。这一系统从预算编制开始，注重精细谋划，确保预算的合理性和可行性。在执行环节，全面预算管理要求严格落地，确保各项预算指标得到有效执行。同时，通过全时段的监控流程，及时发现并纠正偏差，确保预算目标的实现。在调整阶段，全面预算管理展现出高度的灵活性，能够根据实际情况及时优化。最终，在考核环节，通过精准的效能评定，全面反映预算管理的实际效果。这一系列动态活动共同构成了全面预算管理的完整流程。

在预算编制环节，企业仿若一位高瞻远瞩的棋局大师，通盘考量全局。以一家汽车制造企业为例，该企业销售部门依据市场调研机构数据、历年销售走势、新兴市场潜力评估以及竞品动态分析，精准预估各车型在不同区域、不同销售渠道的销量预期，为营收预算筑牢根基。生产部门拿到销售草案后，紧密结合生产线产能、设备维护周期、物料供应稳定性及新品导入计划，详细规划各季度产量安排，细致到每一款车型、每一种配置的生产节拍，连不同颜色车身喷漆的排期都缜密设定，确保产出与市场需求精准契合，避免积压或缺货。采购团队同步上场，依据生产规划深入全球供应链，与钢材、橡胶、零部件供应商艰苦谈判，锁定优质货源与合理价格，敲定采购量与到货时间，保障物料按时就位。这一系列部门联动，完整勾勒出生产经营前端预算轮廓。

研发端同样是预算布局重点，科技企业为在半导体芯片领域弯道超车，每年投入巨额预算，基于行业技术迭代周期、人才招募难度、专利布局需求等，精确规划研发项目步骤与资金分配。从基础理论研究的实验室设备采购、高校产学研合作经费，到原型芯片试产的无尘车间建设、测试设备定制，再到量产工艺优化的工程团队组建、生产线调试等费用，每一环节的资金流向清晰明确，步步为营助推技术突破。在人力资源层面，依据各业务板块扩张或收缩战略，精准定编定岗，新兴业务大力招揽行业精英，传统业务优化人力结构，培训预算向新技术、新管理理念倾斜，确保团队技能与时俱进，薪酬预算兼顾内外部公平与激励性，激发员工潜能。

执行进程中，各部门像紧密咬合的齿轮协同运转。销售团队每日追踪订单进度、客户反馈，实时回传市场一线信息；生产车间严格依据预算工时、物料消耗标准作业，一旦设备故障致产量下滑或物料超耗，预警系统即刻触发，维修团队、工艺优化小组迅速响应，现场解决问题，确保生产不偏离预算轨道。监控体系如同企业的“天眼”，借助先进的信息化平台，将财务数据与业务实况进行实时比对，成本费用、收入进度、资产状态一目了然，偏差分析细致入微，定位到具体订单、工序、项目，为调整策略提供精准靶向。

调整机制灵活且严谨，确保企业在市场突变时迅速响应。例如，智能手机企业遭逢供应链芯片断供危机，立即削减部分非核心机型产量预算，转产适配现有芯片的高性价比机型，销售预算随之重调，营销资源向热门机型倾斜，研发加急攻克芯片替代方案，各部门预算腾挪转移，宛如舰队遭遇风暴时敏捷变阵。考核阶段则秉持公正、严苛的原则，各部门业绩对标预算指标中的销售完成率、生产良品率、成本节约率等数据与薪酬、晋升、团队荣誉深度绑定，实行奖优罚劣，激发全员奋进，保障企业短期经营成果斐然，长期战略路径稳健延展，全面激活企业资源效能，达成从战略幻想到经营实景的无缝衔接。

二、特点

1. 全员参与

全面预算管理构建起一座全员联动的“企业运营共同体”架构，将企业上下拧成一股合力奋进的绳索。高层管理者宛如领航舰队的旗舰指挥官，把控战略航向：依据宏观经济走势、行业竞争格局以及企业长期愿景，拍板重大投资预算、市场扩张蓝图以及核心业务转型策略，比如决定企业是否跨界进军新兴产业，斥资数十亿元布局新能源研发项目，其决策为整体预算锚定基调。中层管理者则化身枢纽协调员：如生产部门主管精准拆解高层战略至车间班组的排班计划、物料申领额度、设备维护周期，细致规划每个月产量的爬坡节奏，平衡质量把控与成本压缩目标；销售经理依据区域市场特性、团队业务能力分配客户开发指标、营销费用配额，确保业绩增长路径清晰。基层员工更是不可或缺的基石实干者：车间工人严控生产流程，每道工序严守工时与耗材标准，杜绝一丝一毫的浪费，一旦发现设备异常能耗或物料瑕疵，即刻上报止损；一线销售员全力挖掘客户需求，精心雕琢销售方案，紧盯订单进度，确保每一笔交易收入按时入账。全员各司其职，从蓝图擘画到实操落地，层层托举预算目标迈向现实。

2. 全额预算

全额预算编织起一张疏而不漏的企业经济活动“全景网”，兜揽所有资金脉络与业务经纬。财务预算是核心支柱，精细雕琢利润表、资产负债表与现金流量表预期，严密测算资金缺口与盈余，精准规划融资规模、偿债节奏，确保企业财务健康稳健。如大型集团依据各子公司运营周期、投资计划统筹资金池，调剂内部资金流向，把控整体财务杠杆率。业务预算则横向贯穿销售、生产、采购、研发等关键业务链。销售端细致到不同产品型号、销售区域、客户层级的销量与收入预估，新品上市前精准规划铺货范围、促销力度与销售团队激励方案。生产环节，根据销售预期编制物料采购清单，大到钢材、芯片批量进货，小至螺丝钉、包装纸箱按需定制，结合设备产能、人力工时敲定产量计划，严控次品率与生产成本。研发前沿，全面涵盖基础研究、技术迭代、新品孵化预算，从科研设备购置、高端人才招募到专利申请维护，无一遗漏，为企业创新续航。资本预算聚焦企业成长骨架搭建，权衡新厂建设、生产线升级、并购重组项目，考量投资回报率、回收期、战略契合度。如制造业企业瞄准产业升级，连年投入重金购置自动化设备、引入工业互联网系统，重塑竞争优势，全方位统筹成就企业经济生态的良性循环与稳健发展。

3. 全程控制

全程控制恰似一条坚韧不断的监管“钢索”，全程紧缚预算执行轨迹，不容丝毫偏差。编制伊始，各部门基于海量历史数据、市场前沿洞察及战略优先级审慎雕琢预算草案，多轮研讨博弈，确保数字精准合理。销售预估充分考量竞品冲击、季节波动，生产计划兼顾设备更新、工艺优化，为后续执行夯实根基。一旦执行号角吹响，实时监控系统立即上线，借助信息化平台，高频比对财务数据与业务实况，数据更新精确至小时甚至分钟。零售企业收银终端每一笔交易即时汇入营收统计，库存系统同步扣减商品数量，若某门店某品类销量不及预期，系统迅速警示，管理团队即刻剖析是促销不力、陈列不当还是市场偏好转移，当场启动应对机制，或调配货品，或调整营销打法；成本端，实时监测生产车间物料领用、设备耗能，一旦成本超支，排查是否存在工序瑕疵、物料浪费或能源管控疏漏等问题，及时矫正。调整机制灵活嵌入全程，当市场骤变时，如原材料价格因国际局势飙升，企业迅速重审采购预算，寻找替代料、拓展供应源，生产工艺革新降成本，研发加急适配新品，各环节预算动态优化；考核阶段则是终极质检，以预算指标为“钢尺”，对各部门业绩指标，如销售完成率、成本节约率、项目进度达标率等进行量化考核，奖惩分明，回溯全程得失，为后续循环积攒经验，全程把控护航预算从纸面规划精准落地为经营硕果。

三、作用

（一）规划与决策支持

全面预算管理在企业运营中发挥着关键的“战略地图绘制”与“决策导航”功能。企业管理者置身于复杂多变的商业环境，犹如船长在茫茫大海中掌舵，而全面预算管理所生成的翔实规划与精准预测，便是照亮航程的航海图。以一家计划拓展国际市场的家电企业为例，在启动海外扩张战略前，通过全面预算深入剖析目标市场的消费容量、增长趋势、竞争态势以及政策法规环境。销售预算细致规划不同国家及地区的产品销量、销售额及市场份额提升目标，基于当地经济发展水平、消费习惯差异细分产品线，如在欧美发达地区主推高端智能家电系列，预估其销售增速及利润贡献；生产预算紧密跟随，根据海外需求调整产能布局，核算新增生产线投资、原材料进口成本及本地供应链搭建费用，权衡是在当地建厂还是以出口转内销模式供货。财务预算综合权衡资金筹集途径、汇率波动风险应对成本，模拟不同市场进入策略中的财务表现，为管理者呈现清晰成本效益画卷。管理者借此权衡利弊，敲定重点攻坚东南亚新兴市场，集中资源投放性价比高的产品，精准定位目标客户群，合理调配营销资源，明确各海外事业部及国内支持部门工作节点与任务量，让宏大战略落地为步步为营的执行计划，避免盲目出海陷入泥沼。

（二）资源整合与优化配置

全面预算管理宛如企业内部的“资源调度中枢”，高效整合各方资源，实现精细化配置。在人力调配方面，科技企业依据研发项目预算及进度，精准聚集专业人才。如某人工智能企业启动新型算法研发攻坚，依据预算重金招揽顶尖数据科学家、算法工程师，组建跨学科精英团队，同步规划内部培训预算提升团队技术融合度。物力资源整合上，制造业企业依据生产订单预算统筹物料与设备。如汽车制造企业在旺季来临前，依据整车生产预算精准采购钢材、零部件，确保供应链准时供货；合理安排设备维护时段，避免生产高峰期间设备故障；闲置设备依预算调配至关联车间或子公司，盘活资产。财力资源流动更是全程受控，集团公司依据各子公司业务预算，精准输血，成长型子公司获得足额研发与市场拓展的资金，成熟板块严控成本，盈余资金归集团总部统筹理财或再投资，确保资金流向高回报项目。例如，连锁酒店集团旺季向热门旅游地门店倾斜营销预算、增援人力，淡季则抽调冗余人员培训、调配物资至新店，全年资源高效轮转，杜绝闲置与错配，将资源利用率推向峰值。

（三）沟通与协调

全面预算管理搭建起企业内部跨部门的“信息高速路”与“协作桥梁”。在编制阶段，各部门围绕预算草案频繁互动，销售部门分享市场风向、客户诉求，生产部门反馈产能瓶颈、工艺难点，采购部门反映供应行情、成本隐患，研发部门畅谈技术突破、新品规划，财务部门提供财务约束、资金预警，这就像一场多声部交响乐团排练，各方音符交织融合。例如，食品企业研发新品健康零食，销售部门依据市场调研提出低糖、便于携带的诉求，生产部门结合工艺难度反馈成本顾虑，采购部门寻找新型原料供应商并预估价格波动，研发部门调整配方、工艺，财务部门核算成本效益，多轮磨合敲定预算方案，消除部门隔阂。执行中，协同效应持续发酵，快消企业开展促销活动，销售部门实时反馈销量，生产部门柔性调整产量，采购部门补充库存，物流部门优化配送，财务部门监控费用与营收，各方依预算节奏同频共振，信息畅达无阻，企业仿若紧密咬合的机械表，精准运转，凝聚力与协同效能飙升。

（四）控制与监督

全面预算管理为企业装上一套敏锐的“运营健康监测仪”与“偏差矫正系统”。从业务启动瞬间，监控便如影随形，借助信息化平台，实时比对数据。零售企业门店收银系统会将每笔交易即刻汇入营收统计并对照销售预算，若某区域门店日销售额低于预期的10%，系统则会深挖是单品滞销、陈列不当还是促销乏力；生产车间会对物料领用、设备耗能进行实时对标预算，一旦超出预算，超支预警即刻拉响，提醒排查是否有物料浪费、设备空转或工艺瑕疵等问题；成本费用开支全程受控，差旅费、办公用品费超出月度预算额度，审批系统自动拦截，财务核查开支的合理性。如遇市场波动，原材料涨价致使成本失控，企业迅速启动应急，重审采购预算，寻替代、锁长约、压库存，生产工艺革新降消耗，各环节依监控反馈敏捷调整，确保经营列车在预算轨道上平稳疾驰，不脱轨、不晚点。

（五）绩效评价与激励

全面预算目标变身企业绩效评价的“公正标尺”与激励机制的“强效燃料”。期末考核时，各部门业绩直接对标预算指标，如生产部门产量达标率、次品率，销售部门销售额完成度、新客户开发数，研发部门新品推出时效、技术创新成果转化率等。以某互联网企业为例，该企业产品研发部门依据预算按时上线新功能模块，用户活跃度、付费转化率飙升，绩效得分优异，团队获丰厚奖金、晋升机会纷至沓来，成员成就感爆棚；反之，若市场部门预算营销费用超支却未达引流目标，则绩效扣分，团队复盘整改，优化策略。预算与绩效挂钩如高悬的“达摩克利斯之剑”，督促全员奋进，激发潜能，让企业在竞争赛道上全力以赴，加速超越。

四、组织体系

（一）预算管理委员会

预算管理委员会在企业全面预算管理体系中占据核心地位，发挥着最高决策机构的作用。预算管理委员会由企业核心高层组成，包括董事长、总经理、财务总监以及各核心业务板块的分管副总等关键成员。这些成员拥有丰富的行业经验和深厚的专业素养，具备宏观的战略视野和精准的决策能力。他们共同参与预算管理委员会的工作，为企业预算管理的全过程提供指导和决策支持。预算管理委员会通过汇聚企业高层的智慧和领导力，确保企业预算管理工作的科学性和有效性。在预算管理过程中，预算管理委员会成员发挥各自的专业优势，共同为企业预算的制定、执行、监控和调整等环节提供有力保障，确保企业预算管理目标的实现。

在制度的制定方面，预算管理委员会深入分析和把握宏观经济趋势、行业变革方向以及企业自身的发展路径，精心构建与企业战略蓝图相契合的预算管理基础规则。面对新兴科技对传统制造业的冲击，预算管理委员会敏锐地识别数字化转型的紧迫需求，并制定了一系列倾斜制度，鼓励各部门积极投入智能制造升级的预算，为新技术引进和自动化生产线建设提供有力支持。在流程设计环节，预算管理委员会注重细节，确保从预算编制启动到执行偏差调整的每一个环节都有明确的指导和规范。预算编制的启动时机经过精准把控，多轮研讨审核的节奏设定严格而有序，执行偏差调整的应急通道规划也充分考虑了实际情况和需要。此外，预算管理委员会还制定了详细的年度预算编制计划。每年初秋，预算编制工作正式启动，各部门需按照规定的时间节点提交首轮草案，预算管理委员会则按照审议日程进行审议。这一流程紧凑高效，确保了预算编制工作与企业运营周期的无缝衔接。通过这些措施，预算管理委员会为企业预算管理工作的顺利开展提供了坚实的制度保障，推动了企业战略目标的实现。

在审议预算方案时，预算管理委员会的委员们以严谨的态度对各部门提交的方案逐项进行细致的分析和评估。对于销售部门提出的市场扩张计划，预算管理委员会结合行业增长趋势和竞争对手的布局，审慎评估新增区域的销量预测是否合理，并深入分析营销费用的投入产出比，确保预算资源的有效利用。对于研发部门的前沿创新预算，预算管理委员会综合考虑技术的可行性、人才梯队的匹配程度以及成果转化的时间效率，以避免资源的浪费和空耗。在遇到预算瓶颈问题时，如重大项目资金缺口或部门间资源争夺的僵局，预算管理委员会充分发挥高位统筹的优势，迅速采取措施进行协调。预算管理委员会可能指导财务部门开辟专项融资途径，或者权威裁定资源分配的优先级，以确保预算方案顺利执行，推动企业攻克难关，然后持续发展。通过这些举措，预算管理委员会确保了预算方案的合理性和有效性，为企业的稳健运营和持续发展提供了有力支持。

（二）预算管理办公室

预算管理办公室堪称预算管理委员会的“左膀右臂”与日常运转“引

擎”，肩负组织协调全局重任，以专业、高效串联起预算管理各环节。

预算编制季节到来时，预算管理办公室承担起统筹协调的重要职责。为确保各部门提交的预算草案风格一致、数据可比，预算管理办公室精心设计了标准化的预算模板，涵盖了财务数据格式和业务关键指标的详细解释。同时，组织多轮预算培训研讨会，向业务人员讲解复杂的财务术语和成本核算技巧，向财务人员普及业务流程细节，促进双方的协同编制工作。在信息收集与汇总方面，预算管理办公室凭借强大的信息整合能力，将分散于销售订单系统、生产排程软件和采购数据库等各个系统的数据集中起来，经过清洗和校验后转化为清晰的洞察。此外，预算管理办公室每日精准追踪销售业绩进度、生产物料消耗和费用开支明细，每周生成简报呈递给预算管理委员会。对于特殊情况，如关键原材料价格波动导致采购成本大幅上升，预算管理办公室会立即进行预警和汇报，为决策层提供及时、准确的决策依据。通过这些措施，预算管理办公室为预算编制工作的顺利进行提供了有力支持。

执行监控中，预算管理办公室宛如精密的“监控仪”，实时比对数据。若察觉生产部门某产品线产量未达预期，办公室则迅速联合工艺、设备专家现场排查，是设备故障延误，还是人力调配失衡；若发现费用科目超支，预算管理办公室则深挖是预算编制疏漏，还是执行环节违规操作，根据问题症结精准施策，或微调预算，或督促整改，全程确保执行轨迹契合预设航线。

（三）各职能部门

各职能部门作为预算执行的“前沿阵地”与方案源头，深度嵌入预算管理肌理，依循企业战略与自身职责，匠心雕琢预算草案，全力践行预算指令，实时反馈执行战况。

销售部门作为营收先锋，年初依循市场调研、公司权威报告、历年销售大数据、销售团队一手情报，细致勾勒年度销售宏图。按区域、产品线、客户层级拆解销量目标，精准预估各品类产品淡旺季销量起伏，为每款新品量身定制上市推广预算，涵盖广告投放平台选择、促销活动场次规划、销售团队激励方案设计，力求每一分预算都能精准转化为市场份额与销售收入。执行期内，销售团队每日追踪订单动态、客户反馈，区域主管每周剖析销售数据，一旦市场风向突变，如竞品突袭降价、流行趋势转向，迅速反馈给总部，协同调整预算策略，灵活调配营销资源，力保销售曲线稳健上扬。

生产部门根据销售预期紧锣密鼓布局生产节奏，采购专员全球搜罗优质低价原材料，精准计算安全库存与补货节点，依据供应周期、价格波动灵活调整采购批次与批量；车间主管根据预算编排人力排班表，严控设备维护周期，从原材料上线到成品下线，全程对标预算工时、耗材标准，遇生产瓶颈，让经验丰富的工匠迅速排查工艺瑕疵、设备故障，及时矫正偏差，保障产量、质量双达标，按时足额向市场输送产品，以高效的执行力夯实企业运营根基、助力预算闭环优化。

第二节 预算控制理论

一、预算控制的基本概念

1. 定义

预算控制在企业全面管理体系中占据着举足轻重的地位，堪称企业运营的“指挥中枢”与“规范标尺”。从本质而言，它是以精心雕琢的预算方案作为基准参照，全方位、不间断地渗透至企业经济活动的每一处细微褶皱。企业在运营年度初始，基于对市场格局的深度研判、自身战略的精准锚定以及资源储备的清晰梳理，构建起一套涵盖财务收支、业务运营、资源调配等多维度的量化预期体系，此即预算。随后，借助信息化技术平台、严谨的制度流程以及高效的组织架构，从原材料采购的第一笔支出，到产品交付后回笼的最后一笔资金，从研发实验室里的技术探索，到销售终端的客户签约，对这一漫长且复杂的经济活动链条全程“盯梢”。通过高频次、高精度的数据采集、比对、剖析，敏锐洞察实际运营与预设预算轨道的偏离态势，并及时施展调整矫正之术，确保企业这部庞大“机器”的每一个运转部件——无论是生产车间的设备，还是市场拓展的团队——都能精准契合预算蓝图，实现人力、物力、财力等宝贵资源的最优化部署，最终驱动企业沿着既定战略航道稳健前行，驶向预设的商业彼岸。

2. 内涵

（1）目标导向性

企业的战略愿景在预算编制阶段被拆解为一系列具体、可量化、有时限的阶段性目标，而预算控制恰似强力磁石，将所有运营活动紧紧吸附于这些目标周围。以一家立志在智能穿戴设备领域登顶的科技企业为例，该企业年初定下年度销售额增长 50%、新品上市周期缩短 20% 的预算目标后，预算控制机制迅速被激活。销售团队的日常拜访客户计划、参加行业展会安排、线上营销推广时段，乃至销售话术的调整，都紧密围绕提升销售额这一核心；研发部门的技术选型、原型机开发进度、测试环节优化，无一不是瞄向加速新品面市。从高层战略会议桌到基层操作工位，每一项决策、每一个动作都接受预算目标的审视与校准，确保所有努力汇聚成实现目标的合力。

（2）过程监控性

现代企业借助高度集成的财务及业务信息化系统，实现对预算执行的全景式、实时洞察。大型连锁商超集团旗下成百上千门店，通过收银系统、库存管理软件、物流配送追踪平台实时上传数据，总部财务人员及业务主管可瞬间知晓每类商品的销售速度、库存水位、补货成本。若某区域门店办公用品费用在季度初便超出月度预算 30%，系统即刻警示，管理者能迅速溯源，排查是采购流程失控、门店扩张过快，还是费用核算有误，及时掐灭成本超支火苗，保障整体利润目标达成。

（3）资源配置性

制造业企业在编排生产预算时，如同钟表匠组装精密的机芯，依据产品订单量、工艺复杂程度、交货期限精打细算。以汽车制造为例，一款新型轿车在量产筹备期间，依据设计产能与市场预售订单，精确计算所需钢材、塑料、电子元件等原材料采购量，匹配专业生产设备开机时长、模具更换频次，合理安排各工序熟练工人数量，从零部件供应商的选择与订单分配，到车间生产线排班调度，确保每一份人力投入产出最大化，每一台设备运转效率最优化，每一批物料供应无延误，实现资源效能极致释放。

（4）调整适应性

市场环境波谲云诡，企业需灵活应变。如国际油价因地缘政治冲突一夜飙升，化工企业以原油为原料的产品线成本预算瞬间崩塌。此时，企业迅速启动调整机制，生产部门紧急评估替代原料可行性，调整工艺参数，削减高成本原油依赖产品产量；销售部门重新定价，与客户协商成本共担机制，拓展高附加值下游衍生品市场；采购部门全球搜罗低价原料，签订长期固定价格合同，同步调整采购预算、生产预算、销售预算等关联板块，确保企业在风暴中稳舵前行。

3. 原则

（1）全面性原则

预算控制的“触手”无所不及，伸向企业运营的每一寸肌理。销售端，从新品铺货计划、区域销售团队组建，到客户关系维护费用列支；生产环节，原材料采购品质把控、设备维护升级预算、生产安全环保投入；研发前沿，基础理论探索经费、专利申请成本、样机试制耗材；财务范畴，资金筹集渠道规划、税务筹划方案、财务报表审计安排，乃至行政部门办公用品采购、员工培训课程设计，无一遗漏。无论是核心业务部门冲锋陷阵，还是后勤保障部门默默坚守，所有经济活动脉搏皆被预算精准把控，形成无缝隙的管控闭环。

（2）严肃性原则

预算方案经企业高层审议、董事会拍板，便化身为企业内部运营的“宪法”。各部门领取预算指标后，如同士兵接到作战指令，必须无条件服从。生产车间不能因短期订单激增而擅自追加设备采购预算，罔顾全年成本规划；销售团队不可随意提高客户折扣率、增加赠品支出，突破销售费用上限；研发项目即便遭遇技术瓶颈，也需在预算框架内寻觅解决方案，如需追加预算，必须经过严苛审批流程，由财务、业务专家联合审查，确保每一份预算变动都有规定可依，维护预算权威，保障企业财务纪律严明。

（3）动态性原则

企业似逆水行舟，周遭环境瞬息万变，预算控制亦随之灵活调整。互联网企业置身流量竞争红海，算法更新、用户偏好迁移、竞争对手新招频出，年初制定的营销预算随时可能“过时”。若社交媒体平台流量规则有大的调整，企业则要迅速削减传统广告投放预算，转投新兴短视频合作、直播带货，重新配置内容创作团队人力，优化技术研发预算用于提升平台用户体验，确保营销资源始终精准击中流量靶心，让预算在动态中“保鲜”，持续赋能企业竞争力。

（4）成本效益原则

预算控制并非不计成本的严苛管束，而是要精妙权衡管控投入与产出效益。例如，企业在实施差旅费管控时，若一味压低费用标准，强制员工选择低价但耗时久的交通、偏远简陋的住宿，虽短期成本降低，却可能导致业务拓展受阻、员工效率下滑，得不偿失。明智之举是设定合理费用上限，鼓励员工优选高性价比方案，利用差旅管理软件精准规划行程，同时核算业务收益提升，如拜访优质客户促成大额订单，适度增加差旅投入亦划算，以精准成本投入撬动最大业务回报，实现管控效益最大化。

（5）权责相结合原则

清晰界定部门及员工在预算控制中的“责任田”“权力剑”“利益果”是成功的关键。生产部门主管肩负成本控制、产量达标双责，被赋予调配人力班次、物料领用审批权，若季度考核成本节约、产量超额，团队获得丰厚绩效奖金，成员晋升优先；研发人员承担项目按时交付、技术创新指标，有权调配研发资金、选用外部合作机构，成果出色则个人专利奖励、薪资晋级纷至沓来；财务人员把控预算合规审核，有权否决违规开支。若能精准预警风险、助力企业降本增效，同样收获职业荣誉与物质嘉奖。通过权责对等、利益挂钩，激发全员守护预算、创造价值。

4. 流程

（1）预算编制

企业战略规划是预算编制的“北斗星”，各部门据此施展专业“拼图术”。销售团队运用市场调研机构数据、历年销售大数据、销售渠道反馈，结合行业增长预测模型，以及细分区域、产品线、客户群的预估销量与收入，编制销售预算；生产部门承接销售草案，剖析产品工艺物料清单（Bill of Materials，BOM）、设备产能曲线、人力工时定额，精准核算原材料、设备、人力需求，生成生产预算；研发部门依据战略新品路线图、技术迭代周期，列支基础研究、原型开发、测试验证的费用，打造研发预算；财务部门统筹协调，融合各板块预算，以财务语言雕琢利润表、资产负债表、现金流量表预期，权衡资金缺口与盈余，敲定融资、投资计划。经过多轮上下博弈、横向协同，编织出涵盖业务全景、财务精算、资源统筹的严密预算体系，为全年运营奠基。

（2）预算执行

预算指标从部门总纲层层拆解至基层岗位“操作手册”，车间工人拿到每班产量、耗材限额；销售员明确每月拜访客户数、新单签约额；采购专员知晓每批物料采购价上限、到货期限。各岗位依“令”行事，每日生产报表、销售记录、费用报销单如实反馈执行进度，信息沿组织层级逆流而上，汇聚至管理层，确保高层实时洞悉运营一线实况，及时疏通执行堵点，保障预算落地不走样。

（3）预算监控

依托先进的ERP系统、商业智能系统（Business Intelligence，BI），企业为预算执行搭建“千里眼”和“顺风耳”。将财务数据与业务流程深度融合，系统实时比对销售回款与收入预算、生产物料消耗与成本预算、项目开支与研发预算。一旦偏差浮现，如项目研发费用超过预算10%且进度滞后，系统自动生成偏差分析报告，深挖是技术难题超预期、人力配置不足，还是预算编制粗放，用可视化图表直观呈现，推送相关责任人，为调整决策提供精准“靶点”。

（4）预算调整

市场异动、不可抗力来袭时，预算调整机制紧急“上线”。若突发公共卫生事件导致消费市场冰封，餐饮企业堂食业务归零，企业迅速重审预算，削减堂食广告、食材采购预算，转投外卖包装、配送合作，营销团队全员转型线上推广，生产部门调整菜品结构，主打外卖简餐，依规履行调整审批，经部门论证、财务审核、高层审批，确保调整后的预算贴合新形势，引领企业逆境突围。

（5）预算考核

季末、年末，企业变身“严苛考官”，以预算指标为“标准答案”，量化考核部门及员工绩效。以销售部门销售额完成率、新客户增长率，生产部门产量达标率、次品率，研发部门项目按时交付率、技术创新成果转化率等数据为依据，精准对标奖惩规则，绩优者奖金丰厚、晋升有望，未达标者绩效辅导、整改问责，考核结果公开透明，回溯复盘为后续预算循环蓄能，驱动全员持续奋进。

二、预算控制的基本原理

预算控制的基本原理是通过将企业的战略目标细化为具体的预算指标，以预算为标准对企业的经营活动进行监控、分析和调整，利用反馈机制不断优化预算执行过程，从而确保企业经营活动与预算目标相符，实现资源的合理配置和战略目标的达成。

1. 目标设定与分解

（1）明确战略目标

企业置身于复杂多变的商业竞技场，精准锚定战略目标是稳健前行的第一步。一家传统零售企业在电商崛起、消费升级的浪潮冲击下，深度审视自身优势与短板，结合行业发展大势，将长期发展规划聚焦于实现全渠道零售转型，旨在三年内使线上销售额占比提升至50%，同时拓展中高端产品线，实现利润率年均增长8%，增强品牌在区域市场的影响力，稳固市场份额前三名的地位。这一战略蓝图综合考量了市场竞争格局、消费者需求演变以及企业自身的供应链、品牌积淀等关键要素，为后续预算规划勾勒出清晰方向。

（2）细化预算指标

战略目标既定，便需如钟表匠拆解精密的机芯一般，将宏大愿景细化为颗粒度精细的预算指标。在销售领域，依据线上业务拓展规划，逐月拆解各电商平台的流量引入量、转化率、客单价目标，精准预估不同品类商品的线上销售占比提升进度；在成本维度上，细致核算物流配送成本优化指标，依据订单规模、配送距离设定每单成本下降梯度，同步严控采购成本，对各类商品原材料、成品进价设定季度降价目标；在资金流量方面，精准规划电商平台建设初期资金投入峰值、运营期资金回笼节点，结合线下门店资金周转节奏，编排全年资金融通计划，确保旺季备货、新店拓展资金不断档。从业务前端到财务后端，全方位编织严密预算指标网络，无缝覆盖企业运营的各个环节。

2. 过程监控与反馈

（1）实时监控

在预算执行的动态进程中，现代化企业依仗高度集成的财务信息系统与敏锐的业务数据收集平台，实现对运营实况的全景透视。大型制造企业车间生产线每台设备的运转时长、能耗数据通过物联网传感器实时回传，精准匹配生产预算中的设备利用效率指标；采购部门每一笔原材料入库信息瞬间录入系统，同步比对采购成本预算，追踪价格波动；销售终端收银系统即时上传每笔交易详情，按区域、产品线、客户层级拆解销售额、毛利数据，与预设销售预算分秒不差地校验。借助实时数据看板，管理层仿若置身运营指挥中心，一眼洞察企业各环节运转态势，为精准决策筑牢根基。

（2）及时反馈

一旦监控系统捕捉到实际数据与预算指标的微妙偏差，信息便如高速传导的神经信号，即刻送达相关部门及责任人。倘若某区域市场线下门店本周销售额较预算下滑 12%，系统自动推送预警报告至区域销售经理手机及邮箱，同步抄送市场、财务部门。报告详述偏差细节，精准定位是某几款主打产品滞销、促销活动效果欠佳，还是周边竞品新店冲击，同时附上同期竞品销售动态、本地市场舆情监测数据，为一线团队迅速响应、总部统筹施策提供一手情报，确保问题不过夜，决策不滞后。

3. 差异分析与调整

（1）差异分析

当执行与预算的“裂缝”显现，企业迅速组建跨部门专家团队，抽丝剥茧探寻根源。例如，某高科技企业新推智能手机，上市首月销量未达预算的30%，团队深挖成因。市场调研发现，竞品提前发布类似配置且价格亲民，抢占先机；营销层面，原定社交媒体推广因平台算法调整曝光量锐减，线下体验店因选址偏远客流量稀少；产品自身，电池续航测试未达宣传效果，引发部分消费者差评；供应链，因芯片供应紧张，采购单价超预算15%，加之组装良率低于预期，双重挤压利润空间。从市场、营销、产品、供应链全方位剖析，锁定症结核心。

（2）调整预算

基于差异洞察，企业灵活施展预算调整“手术”。局部调整，如营销费用，削减低效线下活动预算，转投热门短视频平台精准营销，追加预算招募网红博主带货；生产环节，暂停高价芯片采购，引入替代方案，重审物料清单降本，微调组装工艺提升良率，相应调整物料、人工成本预算。若市场环境剧变，如突发公共卫生事件导致消费市场低迷，企业则大刀阔斧全面修订年度预算，大幅削减非必要项目投资、压缩行政开支，紧急调配资源扶持公共卫生事件相关产品线，使预算始终适配经营实景，确保企业在逆境中韧性求生。

4. 激励与约束机制

（1）激励机制

合理的激励机制能够有效激发员工对预算目标的追求。某制药企业的研发部门成功攻克了关键药品专利，使得新品得以提前半年上市，并在上市首季实现了超过预算 50% 的销售额，利润大幅增长。为表彰这一成就，研发团队不仅获得了丰厚的项目奖金，团队成员的薪资还上浮了 20%，研发骨干更是获得了破格晋升的机会，并有机会优先参与国际学术交流。这些激励措施不仅提升了团队的士气，也激发了更多员工对研发工作的热情。同时，销售团队也超额完成了年度销售目标。为了奖励高绩效成员，企业邀请他们参加豪华境外游，并在次年增加了晋升配额。对于新客户开发表现突出的员工，企业还额外奖励了豪车，并给予他们相应的荣誉。这些激励机制不仅让员工获得了物质上的奖励，更在精神上激发了他们的工作动力，使他们更加积极地追求预算目标，将预算规划转化为个人和团队的奋进动力。

（2）约束机制

约束机制严格维护预算的权威性，对违规行为实施明确的惩罚措施。具体而言，若生产车间在某季度的次品率超出了预算上限的 8%，该部门当季的绩效将被扣减 30%，主管将面临降职留用的处罚，而直接责任人则奖金归零。对于财务部门，若因审核不严导致费用超支频繁发生，全体成员绩效将受到扣分处理。对于违规报销的员工，公司将进行公开通报批评，并追回相关款项。同时，涉事主管也将被连带追责。这些严厉的措施旨在确保所有员工严格遵守预算纪律，不容许任何违反规定的行为发生。通过明确的惩罚机制，公司能够强化预算管理，提升整体运营效率，确保各项活动均在预算框架内有序进行。

5. 资源配置与优化

（1）资源分配依据

企业遵循预算指标作为行动指南，确保资源的有效配置与利用。面对电商购物节的到来，新兴互联网企业精心筹备。基于详尽的销售预算分析，企业能够预测流量高峰，因此提前数月开始规划服务器资源的调配。它们依据业务量的预期增长趋势，精确地扩大云计算带宽和增加存储容量，以满足高峰期的需求。在人力资源方面，企业优先保障客服与物流团队的扩充。通过高薪聘请临时工和加强兼职人员的培训，企业确保了订单处理的迅速与配送服务的时效性。在营销预算方面，企业集中力量于关键流量渠道。大量资金投入热门应用程序的开屏广告以及直播带货活动，以此吸引更多潜在顾客。从技术基础设施的强化、人力资源的充足配备，到市场营销策略的精准实施，企业的每一项资源投入都紧密围绕预算指标进行，确保资源使用的精准性和高效性。企业通过精细化的预算管理，全力以赴迎接业务高峰，实现业务增长与运营效率的双重提升。

（2）资源动态调整

在运营过程中，企业展现出敏锐的洞察力，灵活调整资源布局以适应市场需求变化。面对旅游旺季的到来，企业根据各旅游线路的预订情况，迅速采取行动。对于预订量较低的冷门线路，企业适时缩减团队规模，并将车辆和导游资源重新调配至热门景区，以满足更高的服务需求。在酒店业务板块，企业也采取了相应的优化措施。针对部分会议室在旺季期间的闲置情况，企业决定将其改造为客房，以增加客房供应量。同时，为了提升客房服务质量，企业追加了客房服务的人力和物资预算，确保客人得到良好的住宿体验。此外，企业还通过压缩行政办公资源，进一步释放资源效能。通过灵活的资源调配和合理的预算分配，企业确保了资源的有效利用，始终与市场需求保持同步。这种动态优化的资源布局策略，不仅提升了企业的运营效率，还有助于实现企业效益最大化，确保企业在激烈的市场竞争中保持领先地位。

第三节 计划管理理论

一、计划管理的核心思想

计划管理的核心思想是以目标为导向，通过对未来行动的预先规划、组织协调、资源配置、监控评估等一系列活动，实现对各项事务的有效管理和控制，确保目标的顺利实现。

（一）目标导向

1. 明确目标设定

在当今竞争激烈且多变的商业环境中，目标的精准设定是企业或组织迈向成功的基石。以一家立志在智能家居领域崭露头角的科技企业为例，该企业基于对自身长期战略规划的剖析，明确了未来五年内要成为国内智能家居系统市场占有率前三的企业这一宏伟目标。这一目标的确定绝非臆想，而是综合考量多方面关键要素后得出的。该企业深入研究市场需求发现，随着消费者生活品质的提升以及物联网技术的普及，智能家居市场正以每年 20% 的速率增长，潜力巨大。再审视自身资源状况，该企业拥有一支经验丰富的研发团队，过往积累了多项智能硬件相关专利技术，且手握充裕的资金可用于前期市场拓展与产品研发投入。基于这些切实条件，该企业锚定了极具挑战性却又切实可行的目标，且清晰量化为市场份额指标，设定了达成目标的明确时限，为后续行动提供坚实指引。

2. 目标分解与细化

总体目标确立后，紧接着便是精细拆解的关键环节。上述智能家居企业将五年战略目标按年度层层剥开，第一年聚焦于产品基础功能打磨与品牌初步搭建，设定销售额突破 5 000 万元，新用户获取量达到 10 万户的年度子目标；研发部门相应细化任务，需完成核心智能中控系统迭代升级，确保系统稳定性达到99%，新品研发周期控制在8个月内；生产部门则要达成生产线自动化升级，达到次品率降低至2%以下，产能提升30%等阶段性成果。每个部门的子目标如同精密的齿轮，相互啮合，共同驱动整体目标稳步前行，让基层员工也能清晰地知晓自身每日工作对企业登顶目标的推动作用。

（二）预先规划

1. 全面分析与预测

制订计划前，全面且深度的剖析不可或缺。仍以智能家居企业为参照，面对外部环境，市场调研团队全力追踪行业动态，发现智能安防领域因城市化进程加速与居民安全意识提升，需求呈井喷之势，有望在未来三年内占据智能家居市场40%份额，成为关键增长点；竞争对手方面，头部企业凭借先发优势大肆抢占高端市场，中小竞品则以低价策略蚕食下沉区域，知己知彼方能破局；政策法规上，国家绿色节能建筑新规出台，低功耗智能家居产品研发推广迎来利好局面。审视内部，研发实验室设备先进度在行业居上游，但技术人才储备在算法优化领域稍显薄弱；生产车间自动化水平尚可，但供应链环节原材料采购成本因供应商单一偏高。全面分析内外部环境，为精准规划蓄势。

2. 行动方案设计

洞察目标与内外部环境，详尽行动方案应运而生。产品研发规划多线并行，A团队主攻智能照明系统升级，依循严格的时间轴，前两个月完成用户需求调研与技术选型，中间四个月开展原型开发，后两个月进行严苛测试优化；B团队负责智能家电互联模块开发，各阶段紧密衔接，责任明确到人。生产计划同步匹配，采购部门一季度内拓展三家优质原材料供应商，每月依生产进度精准补货，车间依订单排期灵活调配人力，白班夜班无缝切换，从产品创意到成品交付，每项任务流程、时间节点、责任人清晰标注，确保计划可落地、能执行。

（三）组织协调

1. 资源整合

计划管理全程，资源的高效调配是关键命脉。大型制造企业筹备新生产线投产，依据项目规划整合资源。人力招募方面，从内部选拔熟练技术骨干，在外部广纳机械工程、电气自动化专业人才，依据岗位技能需求精准组队；物力筹备方面，全球采购先进生产设备，结合厂房布局与物流规划，优化设备安装调试顺序，确保设备进场即能高效运转；财力方面，财务部门统筹核算，合理安排自有资金、银行贷款、股权融资比例，保障前期建设资金充足，后续运营资金流畅，杜绝资源错配闲置，让每一份投入都物尽其用。

2. 部门协同

打破部门藩篱，凝聚协同合力至关重要。汽车整车制造过程涉及研发、生产、采购、销售等多部门联动。研发部门新车型设计定稿后，及时与生产部门对接，生产依据设计微调工艺参数，采购同步全球寻源零部件，依据生产节奏精准供货；销售团队提前介入，反馈市场偏好，助力研发优化配置，上市前期协同营销策划，各部门在统一项目计划下频繁沟通，周例会、即时通信群组确保信息畅通，共享进度，共面难题，携手攻克难关，共推新车成功面市。

（四）动态调整

1. 监控与反馈

计划执行全程，实时监控如影随形。互联网电商企业大促期间，借助大数据平台，每秒监测订单流量、支付成功率、物流配送进度。一旦发现某区域订单支付成功率低于 80%，系统瞬间捕捉异常，精准定位异常原因，判断是支付接口拥堵、银行系统延迟，还是优惠规则误导消费者；物流环节若配送时效较计划滞后 20%，即刻排查异常原因，判断是仓库爆仓、运力不足，还是恶劣天气阻碍，信息实时反馈至运营、技术、物流等关联部门，为迅速应对问题奠基。

2. 调整与优化

依据反馈，灵活调整优化是应变关键。旅游企业旺季遭遇热门景区临时限流政策，原定团队游计划受阻。企业迅速启动调整机制，紧急协商周边小众景点替换，重编旅游线路行程，调配车辆、导游资源，调整酒店预订，同步更新游客行程通知，优化营销话术，向游客重点推介小众景点特色，化危机为转机，确保旅游服务顺畅，游客满意度不减，目标如期达成。

（五）控制与激励

1. 控制机制

严谨的控制机制是计划执行的“安全阀”。比如，在执行建筑工程项目的过程中，设定关键控制点贯穿全程。在地基处理阶段，严格把控土质检测标准、混凝土浇筑厚度与强度；在主体施工时，严控钢筋规格、间距及混凝土标号，每日比对施工进度与计划，当偏差超 5% 时即刻停工整改；绩效评估周期性开展，对质量、安全、进度进行分项考核，未达标项目的团队限期整改，追加监理频次，以高标准控制确保项目从蓝图完美落地为精品工程。

2. 激励约束

合理的激励约束机制激发全员动力。比如，若销售团队的季度销售额超额 20% 且新客户开发量达标，其成员获得高额奖金，业绩突出者晋升机会大增；研发部门成功攻克关键技术难题，助力产品成本降低 15%，研发团队获专项奖励，其研发资源优先扩充；反之，生产车间若次品率超过容忍上限，扣除当月绩效奖金，主管连带追责，未按时完工项目的团队取消评优资格，以奖惩分明促计划高效执行。

二、计划管理的基本流程

计划管理的基本流程通常包括目标设定、计划制订、计划执行、监控与评估、调整与优化等环节。

（一）目标设定

1. 明确组织使命与愿景

组织的使命与愿景如同指引方向的北极星，具有超越短期市场波动的稳定性与宏观导向作用，为企业的长远发展锚定明确路径。以一家专注于可再生能源领域的企业为例，其使命被明确界定为“致力于通过创新能源技术的研发与应用，积极推动全球能源结构的转型，旨在为我们的子孙后代保护一个绿色、可持续的地球环境”。这一使命是该企业对环境保护和社会可持续发展的承诺，超越了单纯追求商业利益的范畴，彰显了企业的社会责任感。该企业的愿景则进一步具体化为“成为全球范围内领先的清洁能源一站式解决方案提供商，致力于将可再生能源普及每一个生活与生产的角落”。这一愿景不仅为企业设定了未来数十年的发展目标，也为企业追求卓越、引领行业变革提供了清晰的蓝图。围绕这一使命与愿景，企业在技术研发路径的选择、市场布局战略的制定以及团队文化的塑造，均紧密围绕这一核心价值体系展开。无论是推动技术革新、提升清洁能源利用效率，还是拓展市场份额、增强品牌影响力，抑或构建积极向上的企业文化氛围，企业都将使命与愿景作为行动指南，确保所有决策与行动都与其核心价值保持一致，推动企业不断向前发展，为实现全球能源转型和可持续发展贡献力量。

2. 开展战略分析

战略分析是企业洞察机遇、规避风险的关键“侦察行动”。仍以上述专注于可再生能源领域的企业为例，该企业聚焦外部环境，在市场趋势维度上，伴随全球各国碳减排承诺升级，清洁能源市场需求呈指数级攀升，风电、光伏装机容量年增速超30%，潜力无限；细究竞争对手，传统能源巨头携雄厚资金与庞大客户群跨界涌入，抢占高端市场，本土新兴企业则以灵活技术创新与本地化服务蚕食细分赛道；在政策法规层面，各国补贴政策持续倾斜，绿色金融扶持力度加大，但技术标准与准入门槛亦日趋严苛。反观内部，技术研发团队手握多项前沿专利，研发创新能力强劲，但产业化转化效率受制于生产工艺瓶颈；财务状况稳健，现金流充裕，却在原材料供应链上因单一采购源面临价格波动风险，人力架构在高端复合型人才储备上亟待夯实。该企业详尽剖析内外局势，精准定位战略坐标。

3. 制定战略目标

基于战略分析“拼图”，企业雕琢出精准且具挑战性的战略目标。以某光伏企业为例，该企业短期锁定“三年内实现国内分布式光伏市场份额提升至20%，年度净利润增长50%”，中期规划“五年内拓展至国际新兴市场，建立海外研发与生产基地，产品多元化覆盖储能、智能电网集成领域”，每个目标皆具有可量化指标与明确时间节点，恰似行军路线图上的关键地标，引导资源调配、业务布局调整，确保组织发展轨迹紧密贴合战略蓝图，从技术攻坚、市场拓展到财务增收，全方位驱动企业进阶。

（二）计划制订

1. 收集信息与数据

信息与数据是计划制定的“基石原料”。制造业企业筹备新品量产计划时，市场调研团队运用专业调研机构报告、行业大数据平台、客户反馈问卷等渠道，精准预估新品在不同区域、消费层级的市场需求规模与偏好趋势，预测年度销量波动区间；财务部门深挖历年成本数据，剖析原材料、人力、设备折旧成本走势，结合宏观经济通胀预期，核算成本变动系数；研发端梳理技术迭代路径、专利有效期，掌握行业前沿科研突破节点。从市场需求到成本结构，再到技术动态，全方位集成数据，为计划的科学性奠基。

2. 确定计划类型与范围

依循目标特性与运营节奏，灵活抉择计划类型与覆盖范畴。大型集团企业以年度计划统筹战略落地节奏，明确各子公司营收、利润、市场拓展指标；按季度细化执行步骤，动态校准资源分配；针对关键新品研发、大型基建项目专项制订项目计划，精准把控关键节点。计划范围横向贯通生产全流程，从原材料采购批量、到货周期规划，到生产车间排班、设备维护排期，再到成品质量管控、库存周转率设定；纵向串联财务收支预算、人力资源配置、市场营销策略，确保计划从业务实操到资源支撑无缝衔接，形成严密的管控闭环。

3. 制订具体计划

借助科学工具，将计划具象化为可实操“作战手册”。建筑工程项目运用甘特图，清晰呈现各施工阶段先后次序与时长，地基处理、主体施工、设备安装、内外装修等工序，精准标注各环节起始、结束时间，责任人信息；PERT 图则凸显关键路径，如在超高层项目中，核心筒施工进度直接牵制整体工期，重点聚焦资源倾斜保障，同步细化资源清单，人力依工种、技能等级精确组队，设备按施工阶段准时进场，材料依进度分批供应，确保每项任务执行细节明晰，资源匹配精准，时间规划紧凑合理。

（三）计划执行

1. 任务分解与分配

将宏大计划拆解成微观任务，精准落责到人。以软件开发项目为例，软件开发项目依功能模块细分，界面设计、算法编写、测试环节各设专项小组，小组内前端、后端工程师任务明确，如界面设计组依产品原型逐页敲定像素级布局、交互逻辑，责任精确至每处按钮、菜单设计；生产车间依生产线工位分解操作流程，上料、加工、组装、质检等工序专人专岗，每个岗位工时定额、质量标准清晰量化，确保计划从顶层设计到基层实操无缝传导，杜绝推诿扯皮，激活全员执行力。

2. 资源配置与协调

依据任务蓝图，资源如活水精准漫灌。以科技企业攻坚芯片研发项目为例，奋力汇聚全球顶尖半导体人才，依研发阶段梯次投入芯片架构师、制程工程师、测试专家；物力上，斥资购置超净实验室设备、先进光刻机、高精度测试仪器，设备进场依工艺步骤有序安装调试；财力保障上，财务部门统筹内外部资金，优先保障关键技术攻关，银行贷款、风险投资适时补充大规模量产资金缺口；部门协同层面，研发与生产频繁对接，生产提前筹备量产工艺优化，依据研发进度微调设备参数；采购紧密跟踪全球供应链，确保关键原材料稳定供应，化解资源供需矛盾，保障项目流畅推进。

3. 推动计划实施

借助多元手段，点燃员工执行激情。例如在启动新市场拓展计划时，组织全员动员大会，剖析战略意义、市场机遇，激发使命感；针对新兴业务技能需求，定制专业培训课程，提升员工胜任力；设立梯度激励机制，销售团队的新客户开拓量达标，其成员获高额奖金，市场份额提升则额外奖励，未达目标则绩效辅导、整改问责。以赏罚分明倒逼全员奋进，确保新市场拓展计划在组织末梢强劲落地，转化为实际成果。

（四）监控与评估

1. 建立监控体系

完备的监控体系恰似敏锐的“鹰眼”，紧盯计划轨迹。企业为生产计划设定关键绩效指标（Key Performance Indicator，KPI），涵盖产量达标率、次品率、设备利用率、能耗指标等指标，实时采集关键工序、设备安置传感器等数据，并回传中控系统；销售计划聚焦销售额、新客户开发数、客户满意度，通过客户关系管理（Customer Relationship Management，CRM）系统每日追踪订单进度、客户反馈；财务计划把控成本费用率、资金周转率、利润率，深度剖析月度财务报表。定期实地巡检车间、仓库、门店，周例会、月汇报全面汇总执行进展，确保问题实时暴露，决策精准高效。

2. 开展绩效评估

依循既定周期，绩效评估公正“度量”计划成效。期末比对生产实际产量与计划，偏差超 5% 的深挖根源，排查是设备故障、人力短缺，还是工艺瑕疵问题；销售业绩未达预期，细究是市场策略偏差、竞品冲击，还是团队执行不力；财务指标波动，剖析成本失控环节、资金闲置或断流的成因。从业务成果到执行过程，全方位对标找差，量化评估优劣，为后续调整校准提供翔实的依据。

（五）调整与优化

1. 分析偏差原因

偏差浮现，深度剖析成因是破局关键。如国际物流受阻导致原材料到位延迟，重创生产计划；消费市场偏好突变，昔日爆款产品滞销，销售计划遇冷；新技术突破致使竞品成本骤降，自身产品性价比劣势凸显，利润目标难以达成。内外部因素交织，从供应链脆弱、市场敏锐度缺失，到技术创新滞后，逐一排查，锁定核心症结，为精准调整计划、目标蓄势。

2. 调整计划内容

对症下药，计划灵活“重塑”。生产端紧急拓展本地供应商，重编生产排期，加班加点补产能；销售端迅速调整营销策略，转攻新兴细分市场，加大线上营销投入，推出定制化产品套餐；研发加速新技术导入，优化产品设计降成本，同步调整财务预算，追加应急资金、削减非必要开支，从业务运营到资源支撑全方位适配新形势，力挽狂澜保目标不失。

3. 持续优化流程

复盘计划全程，流程迭代“进化”。反思计划制订环节信息收集盲点、市场预测偏差，执行中部门沟通迟滞、资源调配延误，监控评估反馈滞后等短板，针对性革新计划制定模板、强化部门联动机制、升级监控技术手段，持续打磨流程精度与效率，推动计划管理从粗放迈向精益，赋能组织长效发展。

三、计划管理的作用

计划管理在企业和组织的运营中具有至关重要的作用，包括明确目标方向、合理配置资源、提高协同效率等。

（一）明确目标与方向

1. 提供清晰的行动指南

在复杂的商业运营版图中，计划管理宛如精细的导航地图，精准引领各层级前行。以一家汽车制造企业为例，其战略目标是在五年内实现新能源汽车市场的占有率提升至20%，跻身行业前三名。为达成此宏愿，计划管理将其拆解为年度关键任务：研发部门需逐年降低电池成本，目标设定为每年递减10%，并确保新车型续航里程逐年提升20%；生产部门依据销售预期，精准规划生产线升级节奏，三年内实现全自动化柔性生产，产能爬坡至月产5万辆；销售团队按区域、客户群体细化销售目标，一线城市主打高端智能车型，年销量增长30%，下沉市场聚焦高性价比车型，铺货率提升50%。从高层战略擘画到基层岗位实操，每位员工皆手握明晰任务清单与量化指标，知晓每日工作如何精准"添砖加瓦"，彻底告别行动混沌。

2. 凝聚团队共识

计划制订是一场全员深度参与的"战略共创会"，是凝聚心力的熔炉。某科技企业筹备下一代通信芯片攻坚项目，研发骨干、生产主管、市场精英齐聚一堂，共商大计。研发人员剖析技术瓶颈与突破路径，提出阶段性技术指标；生产部门依据工艺难度预估产能提升曲线；市场团队反馈客户对速率、功耗的极致诉求。众人围绕项目目标激烈研讨、反复权衡，最终敲定从实验室原型到量产上市全流程计划。这一过程不仅明晰业务路径，更让各部门深知自身肩负"芯片性能优化一毫瓦、市场份额抢占一分地"的使命，全员对项目的成功满怀热望，认同感与归属感爆棚。

（二）资源合理配置

1. 优化资源分配

计划管理恰似精打细算的"资源管家"，确保每一份投入皆效用最大化。大型建筑集团承接城市地标项目，开工前精准盘点资源。人力配置上，依据施工阶段需求，基础工程调用土方、打桩专业队伍，高峰时超千人齐上阵；主体施工则聚焦结构工程师、熟练建筑工人，按楼层进度分批进场；物力筹备上，塔吊、起重机依建筑高度、吊运频次精准选型、分批租赁，建材依施工顺序、用量精准采购，避免积压；财力方面，统筹自有资金、银行贷款、工程预付款，优先保障关键工序资金不断流，根据合同节点把控资金支付节奏，确保全程资金链稳健，资源在时空维度完美适配，无一丝冗余浪费。

2. 降低运营成本

科学的计划编排是削减成本的“利刃”。某制造业企业年初规划原材料采购，根据生产计划、市场价格波动曲线，淡季锁定批量低价货源，签订长期固定价合同，相较随采节省成本 15%；设备维护避开生产旺季，利用闲置时段集中检修、升级，减少停机损失；生产排程优化减少工序切换时间、物料等待损耗，效率提升 20%，同步压低库存，仓储成本锐减 30%。从采购、生产到仓储，全流程精打细算，成本“瘦身”成效斐然。

（三）提高协同效率

1. 明确部门职责与分工

计划管理明晰职责分工，为组织高效运转筑牢根基。电商企业备战购物狂欢节，运营部门提前数月策划促销玩法、页面布局，精准设定流量引入、转化率目标；客服团队依预估订单量扩充人力，培训应急话术，确保咨询响应时效在 30 秒内；仓储物流提前调配运力，优化仓库分区，依订单波峰波谷灵活排班，保障发货时效。各部门任务书详尽，边界清晰，避免推诿，似紧密咬合的齿轮，同向发力，驱动业务极速狂奔。

2. 加强部门间协作

计划执行全程，部门协作是强劲的“助推剂”。某药企研发新药，研发部门关键节点分享技术进展，生产提前介入优化工艺，确保实验室成果顺利放大；采购依研发需求全球寻源稀缺原料，保障供应不断档；销售同步收集市场反馈，助力研发精准定位疗效、剂型优化方向。周例会、项目管理软件实时沟通，信息共享无阻，难题协同攻克，合力加速新药上市，抢占市场先机。

（四）风险有效防控

1. 风险识别与预警

计划制订是洞察风险的“前哨站”。以国际航运企业为例，企业规划新航线通过考量地缘政治、海盗出没、气象灾害等因素，识别潜在风险。中东航线受局势影响，船舶延误概率大增，遂制定绕行预案；索马里海域海盗猖獗，强化安保配备，增设武装护卫；太平洋台风季中，依据气象预报提前调整航期、备足物资。运营中，实时监控风险指标，船舶位置偏离、气象突变瞬间触发预警，船员即刻响应，化险为夷。

2. 增强应变能力

计划管理的动态调整机制是应对危机的“安全阀”。例如，旅游企业旺季遇景区突发闭园，计划管理迅速“换挡”，紧急调配游客至周边替代景点，重编行程；协调酒店转订，协商无损退改；营销团队火速推广新线路亮点，安抚游客情绪，凭借灵活应变，将损失降至最低，企业韧性尽显。

（五）便于监督与控制

1. 建立监控标准

计划为监督管控立下“铁律”。比如在进行工程项目计划时，需要精细至每日工序，质量标准严苛量化，混凝土强度、钢筋间距分毫必究。管理者现场巡检、比对进度报告，偏差超 3% 的即刻停工整改，依计划标准严格把关，确保工程从蓝图完美落地。

2. 促进绩效提升

定期考核依循计划目标，是绩效评定的“公正秤”。例如，在销售绩效考核时，销售团队季末对标销售额、新客户开发量，超额完成获得丰厚奖金、晋升优先；研发以技术突破节点、专利产出量论英雄，成果斐然则资源扩充；生产车间以产量达标、次品率考核，优胜劣汰。这种赏罚分明的机制激发全员竞逐卓越，组织绩效节节攀升。

第四节 系统理论在全面预算管理中的应用

一、系统理论的基本观点

（一）整体性观点

1. 整体大于部分之和

在众多复杂系统中，全面预算整体大于部分之和这一特性表现得淋漓尽致。以航空航天工程为例，一架先进的商用客机由数以万计的零部件组成，从发动机精密的涡轮叶片、机身的高强度铝合金框架，到航空电子系统的复杂线路板与传感器等。若单独考量每个零部件，它们各自的功能仅是机械性的转动、支撑或简单的数据采集，功能有限且孤立。然而，当这些零部件依据严谨的工程设计规范，被精准组装并调试成一架完整飞机时，便催生出独特且强大的新功能——安全、高效地搭载数百名乘客翱翔于万米高空，实现洲际间人员与物资的快速运输，这远超各部件零散功能的总和，彰显了系统的整合魔力。类似地，交响乐团亦是如此。每位乐手手中的乐器单独发声，不过是单一的旋律线条或简单的节奏片段，可一旦在指挥精妙的调度下协同奏鸣，弦乐、管乐、打击乐交织融合，便能演绎出动人心弦、气势恢宏的经典乐章，其艺术感染力与引起情感共鸣的能力绝非个体演奏效果叠加可比。

2. 系统整体的制约性

企业场景中，整体对部分的约束极为关键。如一家强调创新与高效执行的科技企业，其整体文化推崇开放式思维、快速迭代以及团队协作至上。在此氛围下，研发人员即便个人极具个性、对技术有独特见解，但其创新方案设计也需契合企业追求市场快速响应的节奏，不能陷入过度理想化、不计研发周期的纯学术探索。新入职员工习惯自由散漫的工作节奏，入职后受企业严格考勤、项目进度汇报、团队例会等规章制度约束，迅速融入高效作业轨道，个人行为被重塑以适配企业整体目标，确保从基层代码编写、产品测试到高层战略决策，全员步伐一致地向企业战略愿景迈进。

（二）关联性观点

1. 内部关联

生态系统完美诠释了内部紧密关联的特性。在热带雨林生态系统里，植物间存在复杂的依存关系，高大乔木凭借粗壮的树干、繁茂的枝叶抢占高空阳光资源，构成林冠层；中层是稍矮的灌木，依赖乔木庇荫，通过适度的光线进行光合作用，同时为下层植物遮风挡雨；地面的草本植物则适应弱光环境，在林冠与灌木过滤后的散光下顽强生长，其根系与菌类形成共生关系，借助菌类分解腐殖质，高效摄取养分，菌类也借此获得植物光合作用产物维系生存。动物界食物链纵横交织，食草动物如羚羊、兔子以植物为食，食肉动物如猎豹、狮子则捕食食草动物，形成能量传递链条，任一物种数量波动，都会通过食物链波及整个生态。例如，如果狼群数量锐减，食草动物就会因天敌减少而种群膨胀，过度啃食植被，继而引发植被退化、土壤侵蚀，影响整个生态群落稳定。

2. 外部关联

企业运营深受外部环境关联影响。市场环境变幻莫测，消费者偏好转向健康、环保食品时，传统加工食品企业如薯片、碳酸饮料生产商的产品销量下滑，需紧急研发低糖、有机新品，革新包装为可降解材质，调整定价迎合新消费层级；政策环境上，环保新规趋严，化工、印染等高污染企业面临限产、设备升级压力，资金流向环保设备采购与工艺革新，生产规模与产品结构随之巨变；技术环境层面，互联网普及让零售企业从传统门店向电商转型，拓展线上销售渠道、构建数字营销团队、升级物流配送智能调度，企业借技术升级求存图强，亦反向推动技术应用拓展与迭代，如电商繁荣催生电子支付安全升级需求、物流大数据推动算法革新。

（三）等级结构性观点

1. 层次结构

生物系统层次分明。以人体生理系统为例，最基础层次是细胞，神经细胞专司电信号传导，红细胞负责氧气运输等，形态与功能各异；众多同类细胞有序聚集形成组织，肌肉组织具有收缩舒张能力，神经组织主导信号传递网络；不同组织协同构建器官，心脏是血液循环的动力泵，集成心肌组织、结缔组织等，各司其职保障泵血节律；多个器官联动组成个体生命系统，消化系统、呼吸系统等配合维系新陈代谢、生命体征平稳。种群层面则是一定地域内同种生物的集合，城市里人群依年龄、职业等细分种群；群落涵盖区域内多物种种群，城市公园有树木、花草、昆虫、鸟类等构成生态群落。生态系统则囊括生物群落及无机环境，森林生态系统含树木植被、动物群落、土壤、水源及气候等要素，各层次的独特结构支撑对应功能，层层嵌套、逐级升华。

2. 层次间的相互作用

社会系统层级互动频繁。如国家层面出台产业升级政策，鼓励新能源、高端装备制造发展，为企业指明战略方向，传统机械制造企业受政策引导加大研发投入，转型智能制造，淘汰落后产能，调整人力架构，高薪聘请自动化工程师、裁减低技能工人；企业发展态势又影响家庭，就业岗位增减决定家庭收入的稳定性，新兴产业催生新职业，家庭职业规划随之调整，子女教育选专业偏向新兴技术领域；家庭消费观念、储蓄行为共同影响国家宏观经济走势，高储蓄率有利于资金积累、低消费意愿或导致内需不振，各层级相互牵扯、协同演进。

（四）动态平衡性观点

1. 动态性

市场系统瞬息万变。智能手机行业堪称典型，技术创新日新月异，芯片运算速度连年飙升、摄像头像素不断破纪录，消费者需求也水涨船高，追求极致拍照、5G 高速网络体验、轻薄时尚外观；竞争对手策略多变，头部品牌频繁推出新机型、拓展线下体验店、线上营销创意迭出，中小品牌则以高性价比机型、细分特色功能（如游戏优化、长续航）切入市场；原材料供应受全球贸易局势、矿产资源分布制约，稀土供应波动影响屏幕、芯片生产。置身其中，手机厂商需动态调整，研发加速新品技术集成、生产灵活调配产能、供应链全球布局保障原料，营销依竞争格局重设卖点，全年产品规划依形势多次刷新，方能不被淘汰。

2. 平衡性

生态平衡是大自然维系稳定的精妙机制。湖泊生态系统中，水生植物、浮游生物、鱼类、微生物等构成复杂网络。若因过度捕捞致使食草鱼种群骤减，浮游植物则会因天敌减少而疯长，水体溶氧量随藻类夜间呼吸及死亡腐烂被大量消耗，好氧鱼类缺氧死亡，厌氧菌滋生致水体发臭，生态失衡。但在自然调节下，肉食性鱼类因食草鱼匮乏转向捕食浮游生物，控制藻类生长，水体逐步恢复清澈，微生物分解鱼尸残骸释放养分供植物吸收，各物种数量经波动回归动态平衡，保障生态系统持续繁荣。

（五）时序性观点

1. 时间顺序

项目管理全程依循严谨的时序。大型基建项目如高铁建设，启动阶段聚焦项目可行性研究，地质勘查团队沿线勘察地形、土壤、水文，评估建设难度与成本，设计单位同步构思线路走向、站点布局；规划期综合各方数据敲定设计蓝图，细化轨道铺设精度、桥梁隧道结构、车站建筑规格，采购部门依此锁定钢材、水泥、电气设备供应商，签订长短期供货合同；执行阶段施工队伍分批进场，土方作业、基础浇筑、轨道安装依次推进，每日施工量、质量标准明确，监理全程把控；监控利用卫星测绘、无人机巡检、传感器监测施工的偏差和质量隐患；收尾时精细联调联试，信号、供电、轨道平整度校验无误后开通运营。各阶段紧密衔接，不容错乱，否则会延误工期、滋生隐患。

2. 周期变化

经济周期对企业经营具有深远影响，不同阶段对企业策略的调整提出不同要求。在经济繁荣期，市场需求显著提升，企业订单量大幅增加。为了满足市场需求，制造业企业通常会扩大生产规模，包括扩充生产线和招聘新员工。虽然难以满足旺盛的需求，但企业利润也有大幅增长。在此背景下，企业倾向于增加研发投入，积极开拓新市场，以期进一步提升竞争力。然而，当经济进入衰退期，市场需求明显萎缩，库存积压问题凸显。为应对这一挑战，企业通常会采取减产、裁员以及压缩开支等措施，以降低运营成本。在研发投资方面，企业态度变得更为谨慎，更加注重成本控制，以确保企业能够平稳度过经济衰退期。在萧条期，市场需求几乎停滞，企业运营面临巨大挑战。部分实力较弱的企业可能因无法承受压力而破产倒闭，行业经历洗牌。对于幸存的企业而言，它们需要艰难维持运营，等待市场需求的回暖。随着经济的复苏，市场需求逐渐恢复，幸存企业迎来新的发展机遇。它们通常会采取谨慎的扩产策略，并逐步升级技术，以更好地满足市场需求。在等待下一轮经济繁荣的过程中，企业需要保持稳健的运营策略，以确保能够持续稳健发展。例如，房地产企业在经济周期的不同阶段也表现出显著差异：在繁荣期，企业通常会高价拿地，快速建设并销售，以获取高额利润；而在衰退期，企业则可能采取捂盘缓建的策略，通过促销手段加速资金回笼，以缓解资金压力。因此，房地产企业需要深刻洞察经济周期的规律，以便在经济波动中灵活调整策略，实现可持续发展。

二、系统理论与预算管理的结合

系统理论与预算管理的结合，能够为企业预算管理提供更为科学、全面和有效的方法。

（一）目标设定与战略协同

1. 整体视角规划预算目标

在现代企业复杂的运营架构中，系统理论的整体性思维为预算目标设定指明方向。以一家处于转型期的家电制造企业为例，其战略目标是在未来三年内实现从传统家电向智能家电领域的深度跨越，占据高端智能家电市场20%的份额。在制定年度预算目标时，销售部门并非孤立地追求销售额增长，而是与整体战略紧密契合。依据市场调研机构数据及自身渠道反馈，规划在一线城市重点推广高端智能套系家电，预估销量增长30%，带动整体营收提升25%；生产部门同步考量，依据新品研发进度及销售预期，安排生产线升级改造预算，淘汰旧款低附加值产品产能，调配资源确保智能家电生产线高效运转，规划产能爬坡节奏以满足销售旺季需求；研发部门聚焦核心技术突破，列支人工智能交互模块、节能芯片研发专项经费，确保关键技术按时交付，赋能产品竞争力；财务部门统筹资金，精准测算转型资金缺口，规划融资规模与节奏，平衡短期资金成本与长期战略投入。各部门目标如同精密的齿轮相互啮合，协同驱动企业迈向智能转型战略高地。

2. 动态调整预算目标

市场环境波谲云诡，企业战略亦需灵活因应，预算目标随之动态优化。如上述家电企业，年初设定智能冰箱国内市场销量增长20%的目标，然而年中突发全球性芯片短缺危机，原材料成本飙升30%且供应中断频发，严重冲击生产计划。此时，企业迅速启动战略调整，预算目标随之重塑。一方面，削减智能冰箱短期产量目标10%，放缓产能扩张计划，避免库存积压与资金无效占用；另一方面，加大研发投入，加速推进芯片替代方案研发，将原本次年启动的智能家居生态系统整合项目提前，预算资源向核心技术攻关与供应链多元化倾斜，从短期市场应对到长期战略布局，动态校准预算轨迹，确保企业在逆境中稳健转型。

（二）预算编制的系统性与协同性

1. 全员协同

全员参与编制系统理论驱动预算编制成为企业全员“交响曲”，各部门各司其职、协同奏鸣。新季度伊始，销售团队呈上市场“战报”与规划，基于区域市场调研、竞品动态剖析，细分产品销量预估。如高端智能空调在华东地区因夏季高温预期与房地产新盘交付，预估销量上扬 40%，连带促销活动、渠道拓展费用预算；生产部门紧锣密鼓响应，依据销售草案核算物料需求，智能家电主板芯片依订单量精确采购，定制专属模具，规划设备维护避开销售高峰，成本预算严控每道工序耗材、工时；采购团队全球寻源，依生产排期锁定优质供应商，批量议价降成本，签订供应合同锁定价格与到货期，规避市场波动。各部门穿梭沟通，历经多轮研讨磨合，编织出契合企业运营实景的预算蓝图。

2. 多维度预算编制

从单一财务维度破局，多维度预算编制全方位勾勒企业经营轮廓。除常规财务预算精细雕琢利润、成本、现金流外，业务预算深入肌理。如连锁餐饮企业编制门店运营预算，细化到每日食材采购量、菜品出餐时效、客流量高峰低谷时段的人力配置；市场预算精准锚定，分析各区域门店市场份额增减、新菜品市场接受度、竞品开店冲击下的影响，依此规划广告投放平台、营销活动场次；客户预算温情聚焦，考量会员客户复购率、满意度调研反馈，针对性设计会员专属优惠、增值服务预算。从舌尖味蕾到客户心间，全面预算精准导航企业运营方向。

（三）预算执行与控制的动态性

1. 实时监控预算执行情况

在信息化浪潮赋能下，企业依循系统反馈机制，为预算执行装上“智能天眼”。大型零售集团借助集成化 ERP 系统，实时追踪旗下千家门店经营实况。每一笔销售交易瞬间录入系统，按区域、门店、品类拆解营收数据，比对预算目标；库存模块同步联动，补货指令依销售节奏自动触发，若某畅销服装单品库存低于安全线 20%，预警即刻推送至采购与物流部门；严控费用开支，差旅费、水电费实时比对预算上限，超标即冻结审批，财务与业务数据高频比对，偏差分析精确至小时，为管理决策提供一手资讯。

2. 动态调整预算执行策略

执行偏差现形时，企业巧用系统灵活“变阵”。某化妆品企业新品上市，首月销量距预算销量差30%，深入剖析后发现线上营销话题热度低、线下铺货不及时。该企业随即调整策略，线上追加社交媒体KOL（Key Opinion Leader，关键意见领袖）合作预算50%，打造热门话题标签，精准投放信息流广告；线下紧急调配物流运力，优化配送路线，确保产品快速上架；同时生产部门微调产量，依照新销售节奏补货，采购部门追加原料订单，财务部门灵活调配资金。各部门如敏捷的舰队，迅速响应调整航向，力挽狂澜保执行不失控。

（四）预算考核与评价的综合性

1. 建立综合考核体系

系统理论整体性思维催生预算考核“全科试卷”，财务与非财务指标并驾齐驱。某制造业企业季末考核，财务指标权重60%，严核营收完成率、成本降低率、资金周转率；非财务指标占40%，市场份额增减洞察竞争态势，电话回访、线上问卷追踪售后体验，产品质量抽检严控生产工艺，员工满意度问卷摸底团队协作、职业成长困惑，全方位考量部门与员工绩效，挖掘价值贡献深层密码。

2. 反馈与持续改进

考核结果落地有声，化为企业持续改进的“推进器”。科技企业年度考核后，研发部门虽有亮眼的技术突破但新品上市时间延迟，依据反馈重审项目管理流程，引入敏捷开发机制；销售团队业绩达标但客户流失率偏高，强化客户关系管理培训，优化售后服务流程；财务部门梳理成本管控漏洞，升级预算编制精度，考核结果与奖金、晋升挂钩，激励全员复盘改进，推动预算管理日臻完善，护航企业长效发展。

第三章 全面预算管理体系的构建

第一节 全面预算管理体系的目标与原则

一、全面预算管理体系的目标

（一）战略落地

在当下这个竞争激烈且瞬息万变的商业环境中，企业所制定的战略成为引领其前行的核心指引，而全面预算管理则是将这一宏观战略细化为具体行动方案，并使之具备可操作性的关键环节和重要桥梁。以一家矢志在新能源汽车领域弯道超车的企业为例，其制定的战略目标极具挑战性：未来三年内要在竞争白热化的国内市场占有20%的份额，且产品口碑与技术创新能力跻身行业前三。为实现这一愿景，该企业应当加强全面预算管理，首先是销售预算。依据市场调研和公司精准数据、行业增长模型预估，将销售预算细分到各区域、各车型，一线城市主打高端智能款，年销量增速定在50%，下沉市场聚焦性价比车型，铺货量逐季提升30%；市场推广预算火力全开，线上社交媒体平台年度投放预算超千万，精准触达潜在客户，线下车展、试驾活动场次翻倍，品牌知名度与美誉度两手抓。研发预算重兵布局电池续航突破、自动驾驶升级，每年投入不少于1亿元，逐年攻克关键技术节点；生产预算随销售预期灵活扩能，新建智能工厂，设备采购、生产线调试精准匹配市场节奏，从顶层战略到基层执行，步步为营，借预算之力将战略蓝图扎实落地。

（二）资源优化配置

企业资源至关重要，唯有通过精细化的优化配置策略，方能确保资源利用高效精准，实现各项任务与目标的圆满达成。大型集团企业旗下多元业务线纵横交错，资源分配考验管理智慧。在年度预算规划中，财务团队化身“资源精算师”，依据各业务板块过往业绩、市场潜力、战略契合度打分评估。新兴的半导体芯片业务，虽短期盈利微薄，但关乎企业未来十年的核心竞争力，研发资金一路绿灯，高薪招揽顶尖人才，设备购置预算优先保障，力求技术突破后迅速占领高地；传统家电制造业务，严控成本，淘汰落后产能，资金流向生产工艺改良、产品智能化升级等方面，提升产品的附加值；职能部门精简高效，行政开支压缩10%，释放资金活水注入业务一线。资金、人力、物力精准滴灌，确保资源在刀刃上发光，收获最大投入产出比。

（三）经营活动协调

全面预算管理通过科学机制，确保企业各部门之间协同合作，实现整体运营流程的高效无缝衔接。比如快消品企业迎战销售旺季，销售团队率先洞察市场风向，依据消费趋势、竞品动态制定爆款新品推广计划，预估销量飙升80%，订单需求如雪片飞来；生产部门迅速响应，依销售草案精确核算物料，原材料采购量、生产排班、设备维护全链优化，保障供货不断档；采购团队全球寻源，锁定优质供应商，批量议价降成本，加急补货确保生产不停；财务部门实时监控资金流，灵活调配短期融资，保障原料采购、加班费支出等资金需求；物流部门优化配送路线，增配运力，确保产品新鲜上架。各部门以预算为纲，信息实时共享，协同作战，奏响经营“和谐曲”。

（四）业绩考核依据

预算指标在企业绩效考核中占据核心地位，是衡量员工工作成效的关键依据。随着制造业企业季末考核的启动，各部门业绩将被全面评估并公开，以确保考核结果的公正性，为企业的持续发展提供有力保障。生产车间对标产量达标率、次品率，超产且质量上乘则团队获丰厚奖金，工人薪资上浮，设备维护得力、工艺创新者获额外嘉奖；销售团队拼销售额、新客户增长率，业绩卓越者晋升快车道开启，未达标者深度剖析区域市场、客户策略短板，整改后再出发；研发部门论技术突破时效、专利成果转化率，成果斐然则资源扩充、荣誉加身，滞后则复盘研发流程、调整资源配置，赏罚分明，激发全员竞逐卓越，为企业发展注入澎湃动力。

二、全面预算管理体系的原则

（一）战略导向原则

企业战略目标在复杂多变的商业环境中起到了稳定与指引的核心作用，而全面预算管理则是紧密围绕战略目标所构建的精细化管理体系，为企业实现既定目标提供全面、准确且高效的导航与支持。以一家立志在全球高端智能制造领域登峰造极的企业为例，其长期战略规划明晰：未来十年内，凭借自主研发的核心技术与智能制造解决方案，成为全球前三的工业 4.0 设备供应商，产品覆盖五大洲主要制造业国家。在制定年度预算时，研发预算首要的是贯彻战略意图，每年拨出营收的 20% 用于新技术攻关，聚焦人工智能驱动的自动化生产系统研发，组建国际顶尖科研团队，在全球设立三大研发中心，依循战略节点逐步攻克技术难题；市场拓展预算剑指国际，针对欧美成熟市场与亚洲新兴市场差异化布局，欧美重点投入高端展会、行业论坛，树立品牌技术权威形象，亚洲则加大本地化营销团队建设，深耕新兴产业集群，预算分配精准契合市场渗透节奏；生产预算紧跟战略转型，逐步淘汰旧有低附加值生产线，斥资引进智能柔性生产线，培训高技能技术工人，产能爬坡与技术迭代、市场拓展协同推进。从预算编制源头到执行末梢，全程锁定战略航道，确保每一份资源投入都为战略登顶添砖加瓦。

（二）全员参与原则

全面预算管理是一项涉及企业全体员工共同参与的长期性、系统性工作，其复杂性和持续性堪比一场全员投入的企业“马拉松”，在这一过程中，任何个体或部门都无法置身事外。高层管理者作为战略引领的核心，扮演着至关重要的领航员角色，在预算制定初期，他们需依据当前宏观经济形势、行业发展态势以及竞争格局，审慎决策重大投资预算的分配、市场进入策略的规划等关键事项，为企业未来的发展路径奠定坚实基础。中层干部则是连接高层战略意图与基层具体执行的枢纽协调员。在生产领域，生产主管需紧密依据销售部门提供的市场预期，科学合理地编排生产计划，精确核算物料需求与人力成本，并与采购部门、人力资源部门保持密切沟通，确保各项资源的高效配置与协同作业。基层员工则是这场全面预算管理“马拉松”中的坚实执行者。在车间生产一线，工人需严格遵守工艺标准，严格控制每道工序的耗材使用与工时消耗，确保生产质量符合标准、生产效率达到预期。在销售领域，销售人员则需密切关注市场动态，精准捕捉客户需求与竞品动向，及时反馈市场信息，为预算的调整与优化提供有力支持。通过全体员工的共同努力，全面预算管理得以在企业内部形成闭环，为企业的持续健康发展提供有力保障。例如在一家连锁餐饮企业的新店筹备期，店长参与选址调研，依据周边人流量、消费层次预估营业额，厨师长负责菜品研发、定制食材采购预算，服务员参与人力排班与服务耗材规划，全员合力，从店面装修到菜品上架，每个环节精打细算，凝聚全员智慧与力量，共筑企业运营根基。

（三）过程控制原则

预算执行过程需要采取严密的监控措施，确保执行过程的精准无误。通过动态监控，及时发现执行偏差，并结合实际情况进行即时调整，以确保预算目标的实现与资源利用的高效性。大型建筑集团承接地标性项目时，需建立严苛的预算执行跟踪体系。每周项目例会变身“预算复盘会”，项目经理逐项比对工程进度与预算，若基础施工阶段混凝土用量超出预算的8%，迅速深挖根源，细究是地质复杂导致浇筑超量，还是施工工艺瑕疵导致浪费物料，当场敲定整改策略；每月财务深度剖析成本费用，如果发现设备租赁超支是因工期延误，即刻与施工团队重审计划，优化工序衔接，追回延误工期；季度末，高层审视全局，若整体进度滞后影响营收节点，果断追加人力、设备投入，调整资金分配，确保项目在预算轨道内加速冲刺，按时交付精品工程，全程以高频监控、敏捷调整捍卫预算目标。

（四）量入为出原则

预算编制应遵循量入为出、精打细算的原则，确保资源合理配置与有效利用。中小制造企业在面对原材料价格波动、市场需求变化等挑战时，需严格遵守财务纪律，审慎规划预算，以应对外部不确定性，保障企业的稳健运营与发展。年初规划时，财务团队细致盘点上年度营收、利润，结合本年度订单预估与市场增速谨慎框定支出上限。若企业盈利能力有限，且资金回笼周期拉长，即便面对扩充产能的诱惑，也应严控资本支出，放缓非关键设备的采购，优先保障原材料采购、员工薪酬等刚性支出；营销费用摒弃烧钱式推广，聚焦精准数字营销，以小额投入撬动高转化率；研发投入分步走，小额立项探索新技术可行性，待成果初现再适度追加，杜绝债台高筑，确保财务稳健，在收入约束下雕琢最优支出组合，维持企业运营“血液循环”顺畅。

（五）效益优先原则

预算资源的分配应如同风险投资般严谨，注重效益与回报的评估。多元化集团在对旗下各项业务进行审视时，需依据各业务的实际效益进行资源分配，确保资源向高效益业务倾斜，实现集团整体效益的最大化。例如，在年度预算分配过程中，某集团的医药研发板块因其高利润特性及创新药管线的广阔前景，获得了显著的资源倾斜。该板块的研发资金实现了 30% 的增长，旨在加速推进临床试验进程，并进一步扩大研发团队的规模。这一举措旨在加快新药研发速度，确保创新产品能够快速进入市场，从而捕捉更多利润机会。

与此同时，尽管该集团的传统纺织业务拥有庞大的规模，但其利润水平也相对较低。因此，在预算分配上，该业务板块的资金流被适度收紧。资金将主要用于设备升级，特别是节能改造项目，以提升产品的生产效率和降低运营成本。此外，还将加大对高附加值面料的研发投入，以优化产品结构，提高市场竞争力。同时，通过淘汰落后产能，推动业务向更高效益的方向转型，实现可持续发展。对于新业务拓展项目，公司采取了严格的成本效益分析策略。所有项目均须经过详尽的评估，其中，投资回报率超过 20% 的项目将被优先立项。这一举措旨在确保每一笔预算都能产生最大的经济效益，避免资源浪费在低效或无效的项目上。通过严控项目质量，公司能够确保有限的资源得到最合理的配置，从而转化为推动企业发展的新动力。综上所述，公司在年度预算分配中，充分考虑了各业务板块的特点和发展需求。医药研发板块因前景广阔而获得更多资源支持，传统纺织业务则通过优化升级提升竞争力，新业务拓展则注重效益分析，确保资源的高效利用。这一系列举措旨在实现公司整体效益的最大化，让每一笔预算都能为企业创造更大的价值，推动公司持续健康发展。

第二节 预算管理组织架构的设立

一、预算管理的决策层

（一）预算管理委员会

预算管理委员会在企业预算管理体系中处于绝对核心的地位，它承担着企业财务规划与资源调配的重任，堪称企业运营管理的“大脑中枢”。预算管理委员会的成员构成汇集了企业运营管理的精英力量，他们共同致力于确保预算管理的科学性与有效性。其中，总经理作为领航企业整体航向的掌舵人，以其全局视野和战略思维为预算管理委员会提供宏观指导；副总经理则凭借各自分管领域的专业洞察与丰富经验，从多元的业务维度出发，为预算的制定与调整提供关键性思路与建议；财务总监则运用其深厚的财务专业知识与敏锐的数字嗅觉，对预算方案进行细致审核，把控财务风险，确保资金流向的合理性与安全性。预算管理委员会通过成员间的高效沟通与紧密协作，共同推动企业财务规划与资源调配工作的顺利开展，为企业的持续健康发展提供有力保障。在每年预算季拉开帷幕之际，预算管理委员会便全身心投入紧锣密鼓的筹备工作当中。制定预算管理目标时，成员们会深度剖析宏观经济走势，若察觉行业正处于技术革新引发的快速增长期，便会将提升市场份额、加大研发投入以抢占技术高地设定为关键目标；细究政策法规动态，当环保新规趋严，立即将与节能减排相关的设备升级改造预算列为重点考量；精准解读市场调研数据，依据消费者偏好向智能化、个性化转变，确定新产品研发及营销推广方向。基于这些综合考量，编制出清晰、可量化且具有挑战性的预算目标，如“本年度新品销售额占总营收的30%”“研发投入同比增长25%以突破关键技术瓶颈”等。

制度制定环节，预算管理委员会精心构建涵盖预算编制方法、执行监控规则、调整审批流程的全套制度体系。为契合复杂多变的市场，引入滚动预算以持续校准计划；针对成本管控，制定严苛成本否决制度，超预算成本项目若无合理缘由一律暂停。程序设计上，从部门草案提交、多轮研讨审核，到最终方案敲定，每个环节精准定时，确保预算编制高效有序，如规定各部门初稿在10月1日前提交，首轮集中审核在10月10日至15日完成。

在审议年度预算方案的过程中，预算管理委员会的成员们以严谨的态度，对各部门提交的方案进行逐项细致审查与甄别。销售部门制定了雄心勃勃的市场扩张计划，该计划基于对行业增速的深入分析以及竞品布局的细致考量，合理预估了新增区域的销量潜力，并深入挖掘了营销费用的投入产出比，以确保市场扩张的效益最大化。研发部门则专注于前沿创新，其预算分配充分考虑了技术可行性、人才梯队匹配度以及成果转化时效，旨在避免资源空耗，确保研发活动的高效推进。同时，公司建立了严格的监控机制，一旦发现生产与销售环节衔接不畅、研发资金过度集中于短期难见成效的项目等问题，将立即要求相关部门进行整改优化，以确保公司整体运营的高效性和资源的合理配置。这一系列举措旨在推动公司持续健康发展，实现长期效益最大化。

执行过程中，预算管理委员会会持续监督，每月接收关键指标进度报告，涵盖营收达成率、成本控制成效、项目里程碑完成情况等。若某主打产品销量未达预期致营收滞后，迅速召集人员细究是产品竞争力不足、市场推广不力，还是生产供应延误问题，协调各方资源，或加大营销资源倾斜，或加速产品迭代，或优化生产流程，确保预算执行回归正轨。季度末、年末严格依据设定的指标进行考核，奖惩分明，为预算管理注入强劲执行力。

（二）董事会

董事会作为企业治理结构的顶层，稳居于权力架构的核心位置，拥有预算管理的最终审批权，并对预算管理的全过程实施严格监督。其从企业战略的整体视角出发，全面审视并指导预算管理工作的有序开展。

年初，董事会审议预算管理委员会提交的年度预算方案，该方案全面反映了企业全年的运营规划和资源需求。董事会成员在审阅时，不受部门局限和短期市场波动影响，从企业长远发展和核心利益角度出发，进行审慎权衡。例如，审议大型基建项目预算时，不只聚焦项目直接投资回报率，更考量其对企业产业链整合、区域市场辐射带动的战略价值；评估研发预算，着眼于技术储备能否支撑企业未来 5 ～ 10 年的竞争优势，即便短期难见效益，若关乎企业转型关键技术突破，亦全力支持。经多轮研讨、专家咨询，最终以投票表决定乾坤，批准预算方案，赋予其法律效力，确保企业资源按战略蓝图精准投放。

预算执行的全程，董事会通过定期报告、专项审计保持密切监督。季度财报会议上，董事们细究财务数据背后的业务实质，若发现某区域市场销售费用飙升但市场份额未提升，即刻责令深入调查，细究是营销策略失误，还是内部管理失控的问题；重大项目执行关键节点，如新药研发临床III期启动、新厂建设主体封顶，要求专项汇报，比对计划进度，偏差超阈值则深度剖析根源，判断是不可抗力、技术难题，还是人为疏失。

当遭遇不可抗力的冲击时，如突发公共卫生事件或企业战略转型调整，原有预算严重脱节时，董事会迅速介入，主导预算调整。紧急召集核心管理层、外部专家研讨应对策略，权衡削减非关键业务预算、紧急融资补充流动性、战略转移资源投向新兴机遇等策略，拍板新预算框架，引领企业穿越危机，确保预算管理始终贴合企业动态发展需求，护航企业稳健前行。

二、预算管理的工作层

（一）预算管理办公室

预算管理办公室在企业预算管理体系里扮演着“润滑剂”与“推进器”的关键角色，虽日常隐匿于财务部门幕后，却把控着预算流程的每一处关键细节，让整个预算机制顺畅运转。

每年度预算编制季开启时，预算管理办公室就化身为忙碌的“调度员”，穿梭于企业各部门之间。在组织编制预算草案阶段，预算管理办公室精心筹备，为各部门定制详尽的预算编制指南手册，内容涵盖数据格式规范、成本核算方法、各类业务预算模板等方面，确保各部门提交的草案风格统一、数据可比；同时，开展多轮次的预算培训研讨会，邀请财务专家深入浅出地讲解财务术语、成本结构剖析、预算逻辑关联等知识要点，为业务人员拨开迷雾，填平专业沟壑，助力销售、生产、研发等部门顺利勾勒各自业务范畴的预算雏形。

收集草案后，预算管理办公室立刻转换角色，成为严谨的“审核员”，对海量数据展开汇总、甄别与平衡。他们仔细比对各部门草案，检查数据的连贯性与合理性，如销售部门预估下季度销量增加30%，办公室随即联动生产部门审视产能是否匹配，若发现现有生产线满负荷运转也无法满足增量需求，便将其标记为重点问题；针对成本预算，深挖费用构成，若某部门差旅费预算较上年飙升50%，要求详细说明缘由，是业务拓展需求新增出差频次，还是预算编制粗放。经反复校验、沟通协调，整合出企业总体预算草案，这份草案不是简单的数字堆砌，而是对企业未来一年经营路径的精准描摹，涵盖从原材料采购的第一笔支出，到产品交付后回笼的最后一笔资金流向，随后呈交预算管理委员会审议，为高层决策提供坚实基础。

预算执行期间，预算管理办公室又变身敏锐的“监测员”，借助先进的财务软件与信息化业务系统，实时跟踪每一笔费用支出、每一项业务进展。每周生成简洁直观的预算执行简报，重点标注与计划偏离的关键指标，如某产品实际生产进度滞后预算的10%，即刻深入车间调研，联合生产主管排查是设备故障、物料短缺，还是人力调配失衡的问题；每月开展深度预算分析，运用数据透视、趋势对比等工具，剖析偏差成因，若是原材料价格因国际局势波动导致采购成本超支，迅速量化影响范围，精准提出调整建议，如协商供应商分担成本、寻找替代原料，或微调产品定价策略，确保预算执行不偏离航线。

岁末年初，预算考核工作提上日程，预算管理办公室此时成为公正的“裁判”，精心制定考核指标体系，兼顾财务成果与业务过程。财务指标涵盖营收完成率、利润达成度、成本控制率等硬指标；业务指标囊括项目按时交付率、产品质量达标率、客户满意度提升度等软指标，为各部门量身定制差异化权重，确保考核公平公正。统计考核数据时，他们严谨核对每一份业务报告、财务凭证，杜绝数据造假，如实呈现各部门全年预算执行绩效，依据考核结果奖惩，为企业预算管理闭环注入激励动力，鞭策全员在新的一年继续奋进。

（二）专业预算小组

专业预算小组作为企业预算管理架构中的核心组成部分，承担着明确且专业的职责，深入关注各业务环节的细节，以高度专业化的视角，精心制定各领域的预算方案，为构建全面、稳健的企业预算体系奠定坚实基础。

销售预算小组作为企业营收的“先锋官”，每年编制预算方案时，全员扑向市场前沿。他们广撒市场调研“网”，综合运用专业调研机构报告、行业大数据平台、销售团队实地走访情报，精准剖析市场容量、增长趋势、消费者偏好迁徙。

生产预算小组紧盯销售预期，化身企业生产链条的“规划师”。拿到销售草案后，生产预算小组即刻盘存设备产能、物料库存，结合生产工艺路线精细编排生产节奏。如汽车制造企业，新款车型预订量激增，小组紧急核算冲压、焊接、涂装、总装等各车间设备开机时长，依据设备维护周期合理穿插检修时段，避免生产中断；精准计算钢材、塑料、电子元件等原材料采购量，依据供应周期、价格波动灵活调整采购批次与批量，与供应商签订阶梯价格合同锁定成本；人力调配方面，依据产量爬坡需求，提前规划加班班次，或从关联车间抽调熟练工支援。从设备到物料，再到人力，全方位保障生产与销售无缝对接，严控成本与质量，让产品按时、足额下线。

采购预算小组作为企业供应链的“精算师”，全球搜罗资源，保障物料供应稳定且价廉质优。日常工作中，采购预算小组密切追踪原材料市场动态，与全球供应商建立深度情报网，从大宗商品期货走势到产地政策法规异动，无一遗漏。比如，编制预算时，基于生产计划精确下单，如果电子行业芯片供应趋紧，提前半年与主要供应商锁定产能，预付款项确保货源；同时，多维度议价，对比不同供应商价格、账期、物流成本，综合权衡选定最优伙伴，批量采购时争取折扣、返点，在成本节约与供应安全间寻得精妙平衡，严控采购成本在预算范围内波动，守护企业利润源头。

成本预算小组则是企业成本管控的“卫士”，从产品设计源头介入，贯穿生产全程。新品研发阶段，成本预算小组与研发团队并肩，评估不同设计方案对成本的影响，若采用新型轻量化材料虽能提升产品性能，但成本超过预算的 15%，联合研发寻求替代或优化工艺；生产环节，深入车间剖析每道工序成本构成，核算工时、物料消耗标准，引入精益生产理念，消除浪费，定期复盘成本结构，若某产品因工艺升级致废品率下降 8%，相应调减废品处理成本预算，追加良品产出奖励，以成本“紧箍咒”保障企业效益底线。

资金预算小组如同企业资金流的“调度中枢”，统筹资金进出，确保企业财务“血脉”畅通。每月精准预测营收回款、贷款到账等资金流入，依业务计划规划原材料采购、薪酬发放、债务偿还等支出节点，绘制详细资金流量表。若企业扩张期资金缺口显现，小组提前谋划融资路径，权衡银行贷款、债券发行、股权融资成本与时效，优化资金结构；日常监控资金池水位，对闲置资金进行合理的理财，达到增值效果，在资金紧张时灵活调整支付优先级，确保关键业务不停摆，以资金稳健运营托举企业战略前行。

三、预算管理的执行层

（一）各部门

在企业预算管理的精细架构中，各部门无疑是将蓝图转化为实景的关键“施工队”，肩负着预算执行的核心重任，主宰着企业运营的日常节奏与成效产出。

每年度企业总体预算方案一经敲定，各部门旋即开启紧锣密鼓的承接部署工作。销售部门，作为企业营收的冲锋舟，依据企业战略宏图及销售预算小组的精细指引，率先将宏大目标拆解至微观末梢。区域销售团队依据市场潜力与过往业绩，进一步细分任务，华东区锁定高端产品线，鉴于区域内高净值客户密集、消费升级诉求强烈，立下年度销售额提升 35% 的“军令状”，对应分解出客户拜访量、新品铺货率、营销活动场次等具体指标，落实至每位销售代表；客户经理岗位人均新增客户签约目标 10 家，每月拓展任务精确到周，配套个性化营销方案预算，确保每一份投入都精准锚定客户需求，推动销售指标稳步上扬。

生产部门宛如精密钟表的机芯，依循销售节奏与生产预算要求精密运转。以汽车发动机组装车间为例，车间主管拿到生产总量与交付节点后，深入剖析产品工艺路线，将整机生产拆分为缸体加工、曲轴装配、活塞嵌入等数百道工序，依据设备产能、工人技能熟练度，为各工序班组核定工时定额，每班产量误差控制在极小范围；物料管控专员紧盯原材料消耗，依据生产批次精确计算钢材、零部件领用额度，引入实时库存管理系统，一旦库存临近安全线，自动触发补货流程，联动采购部门，确保物料供应不中断，同时严控成本，杜绝一丝一毫浪费，保障产品按时、保质下线。

研发部门则是创新引擎，依预算全力驱动技术突破。项目团队围绕新品研发主线，分解关键里程碑，AI 芯片研发项目组锁定算法优化、原型测试、量产工艺调适等节点，逐月细化任务，算法团队依据阶段成果交付要求，安排每周代码编写量、模型训练轮次，硬件工程师同步跟进芯片版图设计、流片计划，经费使用严格对标预算科目，定期复盘。若某技术难题致研发周期拉长、费用超支预算的 8%，迅速剖析根源，调配专家资源攻克，或调整预算分配，确保项目在技术与财务双轨上稳健前行。

职能部门同样深度嵌入执行链条，人力资源依托业务扩张节奏，精准定编定岗，新兴业务板块招聘计划细化到专业、学历、到岗时间，培训预算聚焦新技术、新管理方法赋能；财务部门严守资金审批关卡，每笔支出严格比对预算，超支预警即时拦截，定期剖析财务数据，为各部门提供成本效益洞察，助力优化执行策略；行政部门严控办公用品采购、办公场地租赁费用，依据人员规模动态调整资源配置，各部门周会、月总结深度剖析执行偏差，跨部门研讨协同解决方案，形成自驱动执行闭环。

（二）基层员工

基层员工身处预算执行的第一线，直接参与并推动着企业战略的落地实施，通过每日的具体操作和工作实践，不断细化并执行预算要求，为企业的预算管理成果提供坚实的支撑和保障。

生产线上的工人师傅们，手持详尽的工序操作卡，严格遵循工时与质量标准作业。机械加工岗位工人紧盯设备参数，每一刀切削深度、每一次进给量精准无误，确保零部件尺寸公差控制在微米级，废品率远低于预算上限；物料搬运工按配送路线图高效穿梭，定时定量配送物料至工位，杜绝生产停滞；一旦察觉设备异常振动、物料瑕疵，立即上报，触发维护、更换流程，保障生产流畅，每日下班如实填报工时、物料消耗报表，为成本核算提供一手数据。

销售员们每日奔波于客户之间，按行程规划拜访客户，熟练推介产品卖点，精准捕捉客户需求，对每份销售合同条款反复斟酌，确保营收颗粒归仓。遭遇客户异议，迅速反馈至团队研讨策略，若遭遇竞品低价冲击，则及时建议调整促销方案；每日记录客户动态、市场风向，在周末汇总并上报，为区域销售策略调整输送情报，助力销售预算精准校准；线上营销专员紧盯流量数据，实时优化推广关键词、创意文案，点击率、转化率波动分毫必究，依数据驱动广告投放预算动态优化，让每一分营销投入都“物超所值”。

研发基层人员沉浸于技术攻坚，程序员们遵循代码规范，每日定量完成功能模块编写、测试，代码注释详尽清晰，确保项目协同高效；实验员严格遵循操作流程，精准调配试剂、操控仪器，记录实验数据，若实验结果异常，则回溯步骤排查，为技术难题破解提供线索；技术员在设备调试中，依手册精细调校参数，监测运行稳定性，遇故障隐患即刻反馈维护，保障研发进度不延误。

各基层员工依岗位职责忠实履行预算任务，为企业创新续航，以个体涓滴之力，汇聚成推动企业预算目标达成的澎湃洪流，托举企业持续前行。

四、预算管理的监督层

（一）内部审计部门

内部审计部门在企业预算管理体系中扮演着至关重要的角色，通过执行公正严格的审计工作，全面且深入地审查预算管理流程的所有关键环节，确保企业财务状况的健康以及运营的合规性，为企业的稳定发展奠定坚实基础。

每年预算编制季伊始，内部审计团队便深度介入，聚焦编制的准确性、合理性与合规性开启严格核查。针对销售预算，审计人员详细比对历年销售数据、市场调研机构权威报告以及销售团队实地反馈，若某区域销售部门预估新品销量飙升 50%，审计将深挖依据，审视市场容量增长趋势、竞品动态、产品差异化优势是否足以支撑该激进预估，防止盲目乐观导致资源错配；成本预算方面，深入剖析成本结构，原材料采购价格参考过往合同、行业均价及供应商报价单，若某项关键物料预算单价高于市场峰值 10%，即刻标记异常，追溯是调研疏漏还是存在潜在利益输送；合规性审查更是细致入微，确保编制过程遵循企业财务政策、会计准则及行业法规，如研发预算中政府专项补贴资金列支科目须精准匹配政策要求，杜绝违规挪用风险。

预算执行全程，内部审计保持高频监控，定期审计与专项审计双管齐下。常规季度审计中，审计人员实地走访各部门，查阅业务凭证、合同协议，检查实际操作是否严格依循预算规划。生产车间物料领用，比对领料单与预算额度，若某批次产品物料消耗超出预算的 8%，则深入排查是工艺缺陷、物料浪费，还是超计划生产；销售费用报销逐笔审核，差旅费、招待费是否超标，推广活动执行细节是否契合预算方案，一旦发现虚假报销、超范围支出，当即追溯责任人严肃问责。专项审计则剑指高风险领域，如重大项目投资预算执行，全程跟踪基建项目资金流向，从土地购置、工程招标到施工款项支付，确保每笔资金流向合规、进度匹配计划，若发现施工方虚报工程量套取资金，则迅速冻结款项，协同法务追究责任，及时止损。

遇预算调整的情况，内部审计严格把关审批程序。企业因市场突变拟大幅削减某产品线研发预算、转投应急新品项目时，审计团队全程监督，审查调整申请依据，如市场需求骤降报告、竞品冲击分析等是否充分；评估调整流程合规性，从部门提议、专业论证到高层审批，各环节签字盖章是否完备，调整额度计算是否精准，确保预算调整是基于真实业务需求与严谨决策，而非随意操控，以专业审计意见为预算管理“校准航向”，护航企业稳健穿越复杂商海。

（二）财务部门

财务部门在预算管理监督中承担着资金管理和数据处理两大核心职责。一方面，财务部门负责掌控资金的流入与流出，严格监控财务风险，确保资金使用的合理性和安全性；另一方面，财务部门通过精确的数据计算和分析，为绩效考核和奖惩机制的实施提供坚实的数据支持，从而保障预算管理整个流程的准确性和有序性。

在预算执行的“资金战场”，财务部门依托先进财务软件与严谨审批流程，实时盯梢资金流向。每日资金池水位变动、每笔大额款项进出皆在严密监控之下，企业拨付原材料采购款时，财务人员仔细核对采购合同金额、供应商账户信息、预算列支科目，确保资金支付精准无误，若遇付款金额超过预算的3%，立即拦截，启动差异核查，核查是价格波动调整，还是预算录入错误的问题；销售回款环节，实时追踪应收账款回收进度，依销售合同账期预警逾期风险，若某客户欠款超期15天未还，迅速通报销售部门催收，同步评估坏账风险，计提准备金，防范资金链断裂；资金理财配置依循预算规划，闲置资金投向低风险理财产品，期限、收益严格匹配预算预期，保障资金在安全前提下稳健增值，让每一分钱都按预算“剧本”高效流转。

核算分析各部门预算执行结果时，财务部门化身“数据工匠”，以专业财务工具深度挖掘数据价值。每月末结账后，迅速整合各业务系统数据，生成多维度财务报表，销售部门营收按区域、产品、客户层级拆解，直观呈现业绩达成差异，若某区域销售额距预算差12%，财务进一步剖析是产品滞销、客户流失，还是市场推广不力；成本核算细化至工序、物料，生产车间各生产线成本效益一目了然，对比标准成本，定位成本超支工序，为降本增效提供靶点；费用分析聚焦变动、固定费用走势，差旅费、水电费波动关联业务量、季节因素精准解读，为费用管控“号脉开方”。这些翔实的数据不仅为内部管理所用，更是预算考核的“铁证”，企业根据这些精准的数据评定部门与员工绩效，赏优罚劣，激发全员守护预算、创造价值的热忱，驱动预算管理从规划迈向卓越执行。

第三节 预算管理制度与流程的制定

一、预算管理制度的制定

（一）明确目的与适用范围

预算管理制度的核心目标在于全面且细致地规范企业预算管理的各个环节。从预算编制的初步规划阶段，到执行过程中日常业务的精确实施，再到监控阶段对业务活动的实时跟踪与监控，以及调整阶段对策略的审慎评估与优化，直至最终考核阶段对绩效进行公正评价，整个预算管理流程均有明确的指导原则和规定可循。其适用疆域广阔无垠，全方位地将企业总部这一战略核心枢纽、各分支机构凭借地缘优势在区域市场开拓的前沿阵地，以及全资或控股子公司等不同股权架构下的经营实体，统统纳入麾下。这意味着，无论是总部高层谋划战略布局时的资金规划，还是偏远地区分支机构日常运营费用的列支，或是子公司重大项目投资预算的敲定，所有经营活动、所有人员编制与预算执行，均需遵循这套统一的“法典”，彻底消除行动准则的模糊地带，确保企业财务大船在预算航道上整齐划一地破浪前行。

（二）预算管理职责界定

在职责界定部分，各层级被明确划分并赋予了各自的责任，共同构成了预算管理体系的完整框架。董事会作为最高层级，负责把握企业的战略方向，从宏观角度审视并决定影响企业未来发展的关键预算事项，确保企业战略目标的实现。比如在面对企业是否跨界进军新兴产业的重大抉择时，董事会依据对宏观经济走势、行业竞争格局十年磨一剑的预判，审定相关巨额投资预算议案，一锤定音决定资源流向；预算管理委员会则在大厦中层充当枢纽，统筹协调各方运转，细致入微地制定预算管理各项细则，小到费用报销单填写规范与预算科目勾稽关系，大到不同业务板块预算编制的特殊考量，同时对各部门呈上的预算草案逐行甄别、审批，确保草案质量过硬；预算管理办公室作为基层执行先锋，一头扎进烦琐的事务，组织各部门开启编制工作，而后在漫长的执行期中跟踪每笔资金流向、分析每项业务数据波动，及时为高层奉上精准的情报；各部门作为大厦承重墙，负责基于业务专长初拟本部门业务预算，销售部门依据市场调研勾勒销售计划、生产部门依据订单量规划产能预算，随后在日常运营中严格执行，基层员工则是每块坚实砖石，依岗位职责落实领料、操作设备、拜访客户等基础任务，各环节紧密咬合，职责分明，杜绝推诿扯皮。

（三）预算编制规则设定

预算编制规则确保了编制流程的有序进行，通过明确的规定和步骤，推动整个预算编制过程精确、高效地向前推进。在编制周期设定上，年度预算编制如一场跨年马拉松，每年下半年启动，全员参与，各部门倾尽全力勾勒来年经营全景；季度或月度滚动细化则像短途接力赛，紧跟市场动态，每个周期末及时复盘调整，如互联网企业应对流量高峰，月度微调推广预算。编制方法多元适配，面对成熟稳定业务，固定预算施展威力，如连锁商超基础门店租金、物业费预算年度恒定；波动剧烈业务，如时尚服装应对换季潮流，弹性预算大展拳脚，销量增减联动成本费用灵活调配；新项目登场，零基预算从零出发，科技企业孵化全新 AI 项目，摒弃历史包袱，依技术难度、人才需求全新核算资源。编制流程恰似紧密咬合的链条，销售部门打响头炮，凭借市场情报预估销量，生产部门即刻承接，依产能利用率规划产量、核算物料，采购部门依此锁定供应商，财务全程统筹资金，环环相扣，逻辑严密，不容脱节。

（四）执行与监控规范

执行与监控规范为预算的实际执行提供了严格的指导原则，各部门在执行预算时，必须严格遵守相关规定，确保每项大额支出都经过预算的仔细核对与审批，以此保证预算的有效实施和资金使用的合理性。制造业企业购置昂贵设备，财务人员逐项核对预算明细、采购合同，超预算的部分皆被拦截；数据反馈机制如密集情报网，日报、周报或月报按时回传关键数据。快消企业销售日报精确汇报各区域销量、库存，生产周报呈现设备利用率、次品率；关键指标预警阈值则像危险红线，当毛利率下滑 5%、费用率超支 8% 时，瞬间触发系统警示，相关部门即刻排查，是市场竞品冲击，还是内部管理疏失，确保偏差露头即被扑灭，执行不偏正轨。

（五）预算调整机制

预算调整机制设定了严格的条件和控制措施，以确保预算调整的审慎性和合理性。市场剧变时，如国际油价因地缘政治一夜飙升，导致化工企业原料成本预算崩塌，紧急调整；政策转向之际，环保新规从严，印染企业大幅削减高污染产能预算，转投环保设备；重大战略变更瞬间，企业剥离夕阳业务、并购新兴赛道资产，对应预算须全面重塑。调整流程严谨有序，部门遭遇合法调整事由，精心撰写申请，详述前因后果、数据支撑，经财务、业务专家多部门论证合理性、可行性，由预算管理委员会终审定夺，全程公开透明，杜绝肆意篡改，保障预算权威性与适应性平衡。

（六）考核与奖惩条款

考核与奖惩条款锻造出预算管理的激励“利剑”与约束“缰绳”。量化考核指标体系是多维度精密罗盘，财务成果维度，以营收完成率、利润达标度衡量创利能力；业务进度方面，以项目按时交付率、新品上市周期把控运营效率；成本控制层面，以单位产品成本降低率、费用开支节约率严控资源损耗。考核期末，用数据说话，绩优者收获丰厚奖金，销售冠军团队成员薪资上浮 30%，研发功臣优先获得晋升机会；未达标者严格问责，接受绩效辅导，剖析短板并整改，费用超标部门扣罚当季奖金的 20%，以奖惩分明促使全员敬畏预算、奋力拼搏，实现制度刚性落地。

二、预算管理流程的制定

（一）编制流程

预算编制是一个系统性的过程，各部门按照既定的顺序参与其中，各自承担特定的职责，共同制定企业的未来规划和发展蓝图。销售部门作为冲锋在前的“市场尖兵”，年初便全员动员开启深度市场调研，分析行业报告、拆解竞品策略，结合历年销售大数据沉淀及销售团队实地走访客户收集的一手情报，预估不同区域、产品线的销量起伏。若新兴市场需求呈井喷之势，预估某款创新产品销量增长80%，同步考量成本波动、市场竞争态势精准定价，细致编制销售预算，涵盖销售额、销售成本、毛利等关键指标，按季度、月度拆解目标，为后续环节打响头炮。

生产部门化身高效“制造引擎”，紧密承接销售订单与库存规划指令。拿到销售草案后，即刻盘存现有原材料、半成品库存，依据产品工艺路线精确计算各零部件用量，结合设备产能、维护周期及工人技能熟练度，敲定每日、每周产量计划，精细编排排班表，确保生产线24小时高效运转不停歇；物料需求规划严丝合缝，小到螺丝钉、大到核心组件，精准核算采购量与到货节点，生成生产预算，如电子制造企业依新品订单激增，提前规划芯片、显示屏等关键物料双倍采购量，保障生产无缝对接。

采购部门作为精明“资源猎手”，依循生产计划撒网全球供应链。通过密切追踪原材料市场价格走势、供应商产能动态，核算各类原材料、设备采购量与最佳时机。大宗商品如钢材、原油价格波动频繁，采购团队运用套期保值工具锁定成本；设备采购考量技术更新换代，引入先进自动化设备提升生产效率，编采购预算时详细列支采购金额、供应商选择、物流配送安排，确保资源按时、优质、低价就位。

费用部门好似精细“成本管家”，按业务战略规划与实际运营需求，严谨列支管理、营销、研发等费用预算。行政部门严控办公用品采购频次、规格，推行无纸化办公节省耗材；营销团队依据推广计划分配广告投放、促销活动经费，线上社交媒体精准投放、线下展会活动重点布局；研发部门依据项目进度、技术难度合理安排人员薪酬、实验设备购置费用，杜绝浪费，保障每一分钱都用在刀刃上。

财务部门最后担纲“总导演”角色，汇总各方数据，凭借专业财务知识与分析工具平衡全局。检查各部门预算数据逻辑连贯性，如销售增长是否匹配生产扩充、费用增长是否契合业务拓展节奏，经过多轮与各部门的上下沟通、数据校准，雕琢出预算初稿，再呈交预算管理委员会审议定夺，确保这份预算方案既具前瞻性又贴合实际，为全年运营奠基。

（二）执行流程

预算获批宛如出征号角，各部门迅速将宏大战略拆解至微观岗位“作战手册”。员工投身业务战场时，一切行动受预算铁律约束。费用报销环节，销售员出差归来须逐项填写报销单，交通、食宿费用严格比对差旅预算标准，超标部分需额外说明缘由并附审批文件，经财务人员或授权审批人依预算细则核准确认无误后，方可支付；物资领用场景下，生产工人依工单领取物料，系统自动比对领料额度与生产预算，超量领料即刻预警拦截，车间主管审核必要性后调整或驳回；在项目立项之际，研发团队提交新项目申请书，详细列支人力、设备、技术合作等预算，与年度研发预算比对，确保资源向重点项目倾斜，资金流、业务流全程紧密绑定预算轨道，每一步操作都有预算的“影子”相随，保障执行不跑偏。

（三）监控流程

监控流程恰似企业运营的“健康监测仪”，财务部门化身尽职的“数据医生”，定期精准采集各业务板块数据，从销售回款到生产物料消耗，从费用开支到项目进度节点，运用专业财务软件迅速比对实际与预算差异，一键生成可视化报表，以红、黄、绿信号灯直观呈现指标健康度，毛利率下滑、费用率超支等红灯指标瞬间触发预警。预算管理办公室随即紧急“会诊”，召集相关部门剖析成因。若市场份额因新竞品低价冲击导致销量下滑，则深挖对手优势、自身短板，制定反击策略；若是内部流程烦琐、管理不善使生产效率低下、成本超支，则锁定效率瓶颈，为调整优化蓄势，确保问题精准定位，对策有的放矢。

（四）调整流程

调整流程作为预算管理的“应急修复机制”，严谨有序启动。部门遭遇不可抗力或战略变更等合理调整事由，如突发公共卫生事件使旅游企业业务归零，或企业战略转型放弃传统业务、强攻新兴领域，须迅速填写申请表，详述变动因素，量化分析对营收、成本、利润的影响金额，附上拟调整方案，从资源重新配置到业务流程重塑。经业务关联部门围坐研讨，供应链考量原料库存处置、新供应商寻源，生产评估产能转移、工艺调整，销售谋划市场转向、客户维系策略，综合权衡后呈预算管理委员会审议，获批后信息技术部门即时更新预算系统并同步全员，确保预算在风云变幻的市场中动态适配运营实况，企业航船灵活转向。

（五）考核流程

期末考核好似公正的“期末大考”，财务部门率先核算各部门实际业绩，对照预算指标逐项量化评分，精准计量营收完成率、成本控制率；人力资源部门协同作战，依据预先设定权重汇总各指标得分，划分部门与员工绩效等级。销售团队超额完成目标、利润贡献突出者登上榜首，生产车间次品率高、成本超支团队居末位。绩效面谈环节，主管与员工一对一沟通结果，对绩优者表彰奖励，提供奖金、晋升机会，对未达标者剖析问题根源，制订整改计划督促其奋进，考核结果存档入库，为下期预算编制提供宝贵经验教训，闭环管理驱动企业持续优化，步步登高。

制度与流程落地生根，须持续宣贯培训“灌溉”、定期复盘优化“修剪”。通过新员工入职培训、定期专题讲座、线上学习平台推送，确保全员熟知制度精髓、流程细节；按季度、年度复盘执行痛点、偏差根源，优化编制方法、调整审批权限，不断打磨，使其融入企业血脉，护航经营管理稳健远行。

第四节 预算编制与控制工具的选择与应用

一、电子表格软件

（一）工具特点及适用场景

Excel 等电子表格软件在企业预算管理领域堪称经典实用工具，其蕴含丰富函数库，能轻松处理复杂数据的四则运算、统计分析，如 SUMIFS 函数按多条件精准汇总销售额、VLOOKUP 函数迅速匹配关联数据，实现预算数据即时计算；公式设置灵活多变，自定义规则适配各类业务逻辑，生产物料成本依产量、损耗率动态核算，销售提成按业绩梯度精准厘定；图表制作多样精美，柱状图鲜明比对各季度营收、折线图顺滑呈现成本走势，可视化效果大幅提升。

小型企业运营架构简洁，业务线条单纯，预算编制复杂度低。如夫妻店式烘焙坊，原料采购预算聚焦面粉、奶油、糖等品类，依据过往月均用量、季节波动微调，配合少量设备维护、店面租金开支，Excel 足以完美承载。凭借其灵活的界面，店主单人能高效编定年度预算，快速响应市场变化。企业内部部门层面，若财务部门编制月度费用预算，项目固定为办公用品、差旅费、水电费等常项，编制规则年年相似，只需年初依新政策微调科目限额，Excel 模板套用，数据录入即得结果，便捷高效，是中小规模预算编制的不二之选。

（二）应用要点

搭建预算模板是关键起始步，企业依据业务流程定制专属“框架”。以连锁咖啡店为例，其预算模板表头涵盖门店、月份、预算项目等维度，行明细列示咖啡豆采购量、价格及金额，牛奶、纸杯等同理，公式预先植入，咖啡豆采购金额单元格设为“采购量＊单价”，录入数据自动出结果；各门店预算表经数据链接层层汇总至总部总表，通过一键更新，可实时呈现全局。

数据分析展示时，数据透视表是“透视眼”，能多维剖析。如餐饮企业按菜品类别、门店区域、季节时段深挖销售数据，迅速洞察各季度火锅菜品在北方门店销量最高，沙拉在南方夏季畅销，精准指导备货；图表绘制则让数据“说话”，制造企业用柱状图对比各车间成本，高低立现，折线图追踪月产量波动，趋势一目了然，辅助决策。

在协作难题上，企业要严控数据准确与版本。大型项目预算编制涉及多部门，预先锁定关键单元格，限定编辑权限，安排专人审核数据；文件命名添加日期、版本号，云存储设共享权限，对旧版归档，如建筑项目预算各阶段迭代，始终保障数据唯一、准确，团队步伐协同，让 Excel 在预算管理中稳健发力。

二、专业预算管理软件

（一）工具特点及适用场景

专业预算管理软件宛如为大型企业复杂预算管理需求量身定制的精密“智脑”，其核心优势在于一系列专属功能模块的精巧构建。预算编制模块仿若智能设计师，依据企业多元业务逻辑，引导各部门分步输入数据，并自动汇总校验，大型集团旗下制造、研发、销售等多板块业务，能各自定制专属模板，并行编制后无缝融合；执行监控模块化身敏锐的“电子眼”，实时紧盯业务进程，资金每笔收支、项目各阶段进度与预算比对，超支或延误瞬间警示，对连锁商超门店销售、库存变动进行实时反馈，确保运营不偏离轨道；调整审批模块好似严谨的“把关闸”，规范流程线上流转，要求部门申请附详细数据支撑，经多轮电子签名、权限校验，战略调整或市场异动时，预算变动有理有据、全程留痕；分析考核模块则是公正的“判官”，内置财务与业务分析模型，多维剖析业绩，按指标权重打分，精准定位贡献突出与待改进之处，驱动持续优化。

此类软件对规模庞大、架构复杂企业堪称刚需。跨国制造企业，全球工厂、销售网络纵横交错，不同国家和地区法规、市场差异巨大，各子公司独立编制预算后需总部统筹协调，专业软件凭强大运算、协同能力，打破时空壁垒，保障全球预算编制按时高质量完成；多元化集团涉足金融、地产、能源多领域，业务板块间成本分摊、资源共享复杂，软件自动关联数据，精准模拟在不同战略下的资源流向，助力集团战略落地，是大型企业驾驭复杂预算管理的利器。

（二）应用要点

选型环节，企业需如审慎的工匠精挑细选。若企业注重实时数据交互、移动端便捷操作，则选择支持多终端登录、数据实时同步的软件，销售团队外勤随时录入订单、查询预算；若强调成本管控精度，则选择内置先进成本核算方法、能深挖成本动因的产品；行业特性也很关键，药企研发周期长、合规要求严，适配软件需强化项目预算跟踪、法规遵从功能。

初始化设置如精密仪器的调校，关乎软件效能。组织架构录入，包括大型企业多层级母子公司、事业部关系精准映射，权限依职责分配，总部定战略指标，子公司编定执行计划；预算项目梳理详尽，制造企业细分原材料、设备、人力成本，金融机构盯紧资金成本、风险拨备；编制流程依企业惯常顺序设定，审批权限匹配内控要求，金额阈值、业务性质对应不同审批层级，确保软件运转与企业制度“同频共振”，让专业软件深度赋能预算管理。

三、ERP 系统

（一）工具特点及适用场景

ERP 系统作为一款综合性的企业管理软件，具有高度集成性和数据共享性的显著特点。它将企业的财务、采购、销售、生产、库存、人力资源等各个业务模块整合在一个统一的平台上，打破了部门之间的信息孤岛，使得企业内的各类业务数据能够实时流通和共享。在预算管理方面，其优势在于能够实现预算数据与实际业务数据的无缝对接和实时交互。

ERP 系统特别适用于业务流程复杂、部门协作紧密、对数据实时性和准确性要求较高的中大型企业。例如，一家大型制造企业，其生产过程涉及多个车间、多种原材料采购、复杂的销售渠道以及大量的财务核算工作。通过 ERP 系统，该企业可以将预算管理贯穿于从原材料采购到产品销售的整个业务流程中，实现对各环节预算执行情况的实时监控和动态调整，确保企业运营与预算目标紧密结合。

（二）应用要点

预算编制的集成对接：在ERP系统中进行预算编制时，要充分发挥系统的集成功能，将各个业务模块的预算数据进行深度整合。例如，销售部门根据市场预测和销售计划在系统中录入销售预算数据，包括产品销售量、销售价格、销售区域等信息。这些数据会自动传输到生产模块，生产部门依据销售预算和库存情况制定生产预算，确定生产数量、生产计划安排等。同时，采购部门根据生产预算和原材料库存，生成采购预算，明确原材料采购量、采购时间和采购价格等。而财务部门则在各业务预算的基础上，结合企业的财务政策和成本核算要求，编制财务预算，如利润预算、现金流量预算等。通过这种方式，确保了销售、生产、采购等业务预算与财务预算的无缝契合，避免了数据不一致和预算脱节的问题。

预算控制规则的设置：为了实现对预算执行的有效控制，企业需要在ERP系统中精心设置预算控制规则。以采购业务为例，企业可以在系统中设定采购订单的预算控制参数，当采购人员创建采购订单时，系统会自动比对采购金额与相应的采购预算，如果采购金额超出预算额度，系统会立即发出预警，提醒采购人员和审批人员关注预算差异。对于一些严格控制的预算项目，系统甚至可以将其设置为禁止超预算操作，确保企业的资金支出严格按照预算执行。再如费用报销环节，员工在提交费用报销申请时，系统会自动检查该费用是否在预算范围内，若超出预算，须经过额外的审批流程或提供合理的说明，从而有效控制费用支出，避免预算超支。

四、滚动预算工具

（一）工具特点及适用场景

滚动预算仿若企业在波谲云诡的市场浪潮中的“动态舵盘”，持续校准航向。其打破传统年度预算“一锤定音”局限，以灵动之姿逐季或逐月迭代更新。编制时，刚结束周期数据迅速沉淀为经验养分，新市场情报、业务异动即时融入下期规划。如科技企业身处技术迭代疾风，每月依芯片算力升级、竞品创新突破微调研发预算，追加前沿算法人力投入、升级实验设备；销售端随消费热点迁移，灵活调配广告投放平台、促销策略预算，确保资源与市场脉搏同频。

此工具是市场“变色龙”型企业刚需。以互联网电商企业为例，流量风向、用户偏好瞬息万变，上月旺季促销爆品大热，下月或被新潮流淹没，企业借助滚动预算，上月销售尾声即开展复盘，依新消费洞察重置下月选品、推广预算，仓储物流依流量预估弹性调配运力；新兴生物药企面临研发成败难测、政策法规多变的情况，在临床试验阶段，依阶段性成果、法规细则动态调整资金、人力部署，加速成果转化，助力企业在不确定性迷雾中精准“落子”，掌控命运。

（二）应用要点

构建预算调整机制是关键“基石”。企业需预设清晰触发点，定量定性结合，当市场份额月降10%、新品研发关键指标未达标等信号一亮，立即启动调整流程。组织跨部门研讨，销售、研发、财务围坐，剖析根源，如快消品因竞品新口味冲击销量下滑，研发速推改良配方计划，财务重配资金，生产调度产能，一周内敲定调整方案，更新预算数据。

强化分析监控则似精准的“瞄准镜”。企业设专职团队日盯关键数据，周析业务走势。连锁餐饮门店日查客流量、客单价、食材损耗，周度比对同商圈对手，若某店午餐时段客流量连跌3日，深挖菜品、服务、周边竞争因素，及时调整菜品结构、优化出餐效率，或加大周边写字楼地面推广人员预算，下月预算同步纠偏，全程以数据驱动，保障执行偏差露头即灭，预算精准赋能运营。

五、零基预算工具

（一）工具特点及适用场景

零基预算宛如一场预算编制领域的“革新风暴”，摒弃历史预算的“路径依赖”，以全然归零的姿态启航。过往数据不再是桎梏，编制起点纯净如白纸，每个预算项目皆直面严苛审视，毫无“资历”庇护。评估环节是深度“X光扫描”，从业务本质挖掘必要性，企业行政部门常规办公用品采购，摒弃惯例份额，依员工实际用量调研、办公无纸化推进重新核定；效益性测算精细入微，营销活动预算不再参照旧例，根据目标客户触达率、转化率、品牌影响力提升等多维指标量化评估，投入产出明晰量化。

成本严控关键期，企业勒紧“钱袋子”，制造业削减非增值工序预算，依零基审视设备闲置能耗、低效人力环节，关停并转；资源向高回报区倾斜，科技企业转型期，研发资源撤离夕阳技术，依新兴技术突破潜力、市场刚需全新配置，助力弯道超车；新业务破茧时，从零规划资源拼图，金融科技企业涉足区块链新领域，依技术人才稀缺度、研发周期、市场准入壁垒，构建稳健的财务根基。

（二）应用要点

全面梳理项目是根基“马步”。企业组建跨部门智囊团，逐行剖析预算表。生产型企业审视车间布局，根据新工艺、新设备重置设备采购、车间改造预算，淘汰落后产能关联开支；职能部门打破陈规，人力资源培训不再“一锅烩”，而是依据员工技能短板、业务战略技能刚需定制课程，精准厘定费用，确保每项预算关联业务核心诉求。

沟通协调则似紧密的“齿轮啮合”。财务部门主导“预算说明会”，规则流程细致交底；业务部门详述需求，研发人员讲技术难点、销售谈市场痛点；多轮研讨“打磨”分歧，预算草案公示求谏，全员监督。如大型项目招标预算编制，采购、工程、法务协同，依法规、质量、成本综合权衡，透明的流程保障预算科学合理，为企业运营精准“导航”。

第五节 预算管理人员培训机制的建立

一、培训需求分析

（一）岗位技能评估

全面且精准地对预算管理体系内各岗位技能实施评估是雕琢高效预算团队的首要工序。于财务知识维度，预算编制环节要求财务人员熟稔各类成本核算手法，不仅能精准运用传统的品种法、分批法核算产品成本，在复杂生产环境下还可灵活切换作业成本法，深挖成本动因，剔除无效消耗；利润预测时，熟练构建本量利分析模型，精准预估不同销量、售价、成本组合下的利润区间，为定价与产量决策输送关键数据。数据分析能力层面，需考察相关人员能否驾驭结构化查询语言（Structured Query Language，SQL），从海量业务数据库提取预算相关数据，运用Python编写脚本高效清洗、整理数据，并借助数据透视表、回归分析等工具深度剖析预算执行偏差根源，精准定位是市场需求波动、成本管控不力，还是生产效率低下所致。软件操作熟练度考查重点聚焦专业预算软件，如能否在Hyperion系统流畅搭建多版本预算方案、高效配置审批流程，对Excel高级功能，如通过宏编程实现一键生成复杂报表、高级筛选精准定位异常数据等操作，能否运用自如，进而锁定每位员工技能缺口，量体裁衣定制提升方案。

（二）业务知识衔接

紧密跟进企业业务演进轨迹开展调研，是保障预算管理与时俱进的关键。当企业业务布局有重大调整时，如传统制造业向智能制造转型，预算人员需迅速洞悉工业互联网、智能设备融资租赁、高端人才招募及技术引进的成本结构，将转型战略拆解为设备升级、系统集成、人员培训等阶段性预算；新品研发项目登场，需吃透从基础研究、原型开发到量产各阶段的费用特性，以及技术迭代、临床试验（若涉及医药等行业）对预算的动态影响；市场拓展计划方面，若挥师进军国际市场，需深谙目标市场汇率波动、关税政策、文化差异下营销推广与渠道建设预算分配之道。以电商领域为例，预算团队务必钻研线上营销生态，明晰搜索引擎优化、社交媒体广告投放成本效益，精准把控流量获取、转化率提升与预算投入关联，确保预算编制紧扣业务创新脉搏，资源精准滴灌业务前沿。

（三）战略理解深度

深度探测预算人员对企业战略规划、竞争策略领悟程度，是校准预算方向的核心。在差异化竞争战略指引下，企业拟凭独特产品性能、卓越服务体验突围，预算管理应成为战略落地先锋。此时，评估预算人员能否将抽象战略具象为关键预算指标，如大幅提升研发预算占比，精准规划人才引进、实验室建设、专利申请费用，确保技术领先；品牌塑造维度，合理列支广告创意、公关活动、品牌合作经费，在预算资源分配中鲜明凸显战略偏重，避免平均用力。若企业推行低成本战略，预算则聚焦成本削减目标，严控采购成本、优化生产流程降低制造成本、精简运营开支，让预算成为战略的忠实执行者。

二、培训课程体系设计

（一）基础夯实模块

该模块作为预算管理知识大厦的基石，旨在为初涉预算领域的新手或基础薄弱者提供扎实起步支撑。财务会计原理课程，从会计恒等式、借贷记账法等基础理论讲起，深度剖析财务报表勾稽关系，学员通过实操练习，精准解读企业财务状况与经营成果，明晰预算数据源头；预算术语概念课程，全面涵盖固定预算、弹性预算、可控成本、不可控成本等核心词汇，详述定义、适用情境及在预算流程中的角色，消除沟通壁垒；编制流程规范课程，以经典制造业、服务业企业预算编制案例为蓝本，详细拆解从战略目标承接、部门草案初拟，到财务汇总平衡、委员会审批定案全程，课堂上学员依循步骤，手工编制或借助基础软件实操，掌握数据收集、公式运用、文档整理技巧，教师随堂纠错指导，确保流程内化于心，如模拟传统机械制造企业年度预算，学员从销售预估起步，经生产、采购等环节衔接，完整体验编制操作，为后续进阶蓄势。

（二）专业进阶专题

此专题面向有一定基础、渴求专业深度拓展的学员，犹如预算管理“进阶训练营”。在预算方法进阶板块，零基预算课程深入讲解从零起步评估项目必要性与效益性流程，以政府公共项目招标预算编制为实例，展示如何摒弃历史包袱、依托项目核心诉求核定资源；滚动预算课程聚焦动态更新机制，剖析科技企业月度滚动研发预算实操，依技术突破节点、市场反馈实时调整人力、设备投入，传授周期衔接、数据承继要点。复杂业务预算处理专题，针对跨国企业，详述汇率风险敞口计量、套期保值工具运用、海外税收政策适配等内容，结合跨国贸易企业实战案例，讲解不同结算货币组合下预算汇率设定及风险应对策略；行业前沿洞察部分，定期邀请头部企业首席财务官（Chief Financial Officer，CFO）、预算管理专家开展讲座，分享金融科技融合背景下预算智能管控、绿色产业碳预算编制等新兴实践，研讨沙龙中，学员围坐剖析行业标杆预算创新亮点，汲取灵感，拓宽专业边界。

（三）实战模拟特训

实战模拟特训恰似预算管理“战场演习”，全真复刻企业经营实景。学员分组模拟企业全年预算周期，每组设定销售、生产、采购、财务等关键角色，初始依据给定战略目标与市场环境资料编制预算，执行阶段按预设业务规则推进，周会、月会模拟企业例会，汇报预算执行进度、研讨偏差成因；过程中教师随机植入突发状况，如突发公共卫生事件导致市场需求雪崩，要求小组紧急重编预算，权衡成本削减、资金调配、业务转型策略；模拟结束后全面复盘，比对各组决策差异与绩效成果，深度剖析成败根源，总结应急调整、资源优化、团队协作经验教训。经过多轮循环，锤炼学员实战决策、应变协调能力，使其结业即能独当一面应对复杂预算挑战。

三、培训师资遴选

（一）内部专家传承

企业内部蕴含着丰富的预算管理实践经验和专业知识宝藏，内部专家传承是培训师资遴选的重要环节。这些内部专家通常包括财务总监、资深预算经理等，他们在企业中深耕多年，对企业的文化、组织架构、业务流程以及预算管理的实际运作情况了如指掌。

财务总监作为企业财务管理的核心人物，不仅具备深厚的财务专业知识，还对企业整体战略规划和资源配置有着宏观的把控能力。在培训中，他们能够从企业全局的角度出发，深入浅出地讲解预算管理如何与企业战略紧密结合，如何通过预算管理实现企业资源的优化配置。例如，在讲解预算目标设定时，财务总监可以结合企业过去几年的发展情况以及未来的战略规划，详细分析如何根据市场趋势、行业竞争态势以及企业自身的优势和劣势，制定出既具有挑战性又切实可行的预算目标，让学员们明白预算目标不是凭空想象的数字，而是与企业战略紧密相连的关键指标。

资深预算经理则是在预算管理一线摸爬滚打多年的实战高手，他们熟悉预算编制、执行、监控和调整的每一个环节，拥有丰富的实战心得和大量的内部案例。在培训过程中，他们可以通过分享自己在实际工作中遇到的问题以及解决方法，让学员们更直观地了解预算管理工作中的难点和痛点。比如，一位资深预算经理可以讲述在一次跨部门预算协调中，由于各部门对预算指标的理解和侧重点不同，导致预算编制工作陷入僵局。之后他通过深入了解各部门的实际需求和利益诉求，组织多轮沟通协调会议，最终达成了各方都满意的预算方案。通过这样的真实案例分享，学员们能够深刻体会到预算管理不仅仅是数字的罗列和计算，更是涉及企业内部各部门之间的沟通与协作，从而更加重视在实际工作中的沟通技巧和协调能力。

这些内部专家的授课能够将企业特有的文化、流程等元素融入培训内容中，使学员们更容易理解和接受，同时也能让学员们感受到预算管理工作在企业中的实际应用和重要性，拉近理论与实践的距离。

（二）外部行家赋能

为了拓宽学员的视野，引入外部行家赋能也是培训师资遴选的关键举措之一。外部行家主要包括高校教授和咨询顾问，他们分别从学术和实践两个不同的维度为学员带来丰富的知识和经验。

高校教授长期从事预算管理等相关领域的学术研究，对预算管理的理论基础和学术前沿有着深入的研究和独到的见解。他们能够在培训中系统地剖析预算管理的理论框架，从经济学、管理学等多学科角度解读预算管理的原理和方法，帮助学员们夯实理论基础。例如，在讲解预算控制理论时，高校教授可以引入委托代理理论、信息不对称理论等，深入分析预算控制在企业中的作用机制以及可能存在的问题，让学员们从理论层面更深入地理解预算控制的本质和重要性。同时，高校教授还能够凭借其对行业趋势的敏锐洞察力，为学员们介绍预算管理领域的最新研究成果和发展动态，如大数据、人工智能等新兴技术在预算管理中的应用前景，激发学员们对新知识、新技术的探索欲望，为企业预算管理的创新发展提供思路。

咨询顾问则在为众多企业提供预算管理咨询服务的过程中，积累了丰富的先进企业最佳实践经验。他们能够将不同行业、不同规模企业的成功案例引入培训课堂，为学员们呈现多元化的预算管理模式和方法。比如，咨询顾问可以分享国际500强企业在预算变革过程中的成功经验，介绍这些企业如何通过实施零基预算、滚动预算等先进的预算方法，优化预算流程以提升预算管理的效率和效果。通过对这些实际案例的详细分析，学员们可以学习到先进企业在预算管理理念、组织架构、流程设计等方面的创新举措，从而结合本企业的实际情况进行借鉴和应用，为企业的预算管理水平提升提供有益的参考。

外部行家的加入能够为培训带来多元视角和新鲜血液，让学员们在学习企业内部实践经验的基础上，接触到更广泛的行业知识和前沿理念，激发创新思维，为企业预算管理的优化和发展提供更多的可能性。

四、培训方式多元融合

（一）线上学习平台搭建

线上学习平台仿若一座24小时不打烊的知识宝库，企业着力构建功能完备的线上学习平台，为员工提供自主学习的便捷通道。在平台课程资源库中，精心上架一系列契合预算管理需求的微课程，涵盖财务法规更新板块，随着国家税收政策调整、会计准则修订，及时录制解读课程，详细阐释政策变化要点、对预算编制与执行的影响，并及时制定合规应对策略；软件教程专区则针对常用预算软件，如Oracle Hyperion、金蝶预算管理模块等，从基础功能演示到高级技巧运用，分步拆解操作流程，配以实操演示视频，员工可随时暂停、回放模仿练习。

为保障学习效果，平台嵌入线上答疑机制，专业讲师定时值守，员工遇难题一键提问，即时获精准解答；定期推送章节测验，题型丰富多样，含单选题考查概念理解、案例分析题检验知识应用，限时作答，系统自动评分反馈，帮助员工查漏补缺。学习进度跟踪功能宛如贴心学习管家，可视化界面实时呈现课程完成率、测验成绩走势，管理者依此精准洞察员工学习状态，针对性督促后进员工，确保全员稳步汲取知识，灵活适配员工忙碌日常中碎片化学习时段，打破时空束缚。

（二）线下集训强化

企业周期性组织线下集训，宛如一场场汇聚预算管理精英的知识盛宴，为深度学习与交流搭建实体舞台。集训现场，团队互动学习活动精彩纷呈，分组讨论环节，围绕复杂业务场景预算难题，如跨国项目预算汇率风险管理、大型基建工程成本超支应对，各小组头脑风暴，不同观点激烈碰撞，汇聚集体智慧；案例竞赛单元更是点燃全员激情，以企业过往棘手预算项目为蓝本，要求小组限时优化预算方案，从成本削减路径创新、资源调配效率提升等维度攻坚，各小组施展浑身解数，展示创意成果，评委依据方案可行性、创新性、效益预期严格打分评优，激发团队创新潜能。

集训尾声的复盘环节至关重要，全体学员围坐一团复盘全程，梳理竞赛得失，提炼成功方案亮点，剖析失败案例根源，将其沉淀为企业内部可传承经验宝库，将集训收获固化为岗位实操技能，强化预算团队专业素养与协作默契。

（三）轮岗实践拓展

精心策划轮岗实践方案，恰似为预算人员打开洞察企业运营全景的新窗，助力其突破预算工作局限。选派预算人员短期轮岗至业务前端岗位，如投身销售旺季冲刺，全程参与客户拜访、订单洽谈、促销策划，切身感知市场需求的瞬息万变，理解销售团队业绩压力下的预算诉求，从而在后续预算编制中精准预留弹性资源应对旺季冲击；深入生产车间参与排期调度，目睹设备维护成本、物料损耗细节，明晰生产流程瓶颈对成本制约，使后续编制生产预算时更能贴合实际，优化资源配置。

轮岗至财务关联岗位，如资金管理、成本核算部门，可帮助预算人员熟稔资金流转节奏、成本归集分摊精妙，换位理解财务协同难点，归岗后提升预算与财务整体协同精度，全方位拓宽视野，让预算工作紧密嵌入企业运营肌理，精准赋能业务发展。

五、培训效果评估与反馈

（一）即时考核检验

在每一轮培训课程收官之际，企业即刻启动全面且严谨的考核流程，旨在精准核验学员对所学知识与技能的即时掌握水平。理论笔试环节，精心设计试卷，深度覆盖培训涉及的财务预算原理、预算编制方法、成本管控要点等核心知识板块，以选择题的方式考查基础概念记忆，简答题检验原理理解深度，论述题剖析知识综合运用能力，要求学员剖析企业在特定市场波动下应选取何种预算策略及背后逻辑，限时作答，全面摸底知识储备。技能实操考核则模拟真实工作场景，如给定某企业一季度业务数据及战略调整方向，要求学员在规定时间内运用专业软件编制完整预算报表，精准设置公式、链接数据源，确保数据准确性与逻辑连贯性；或是提供一组预算执行偏差数据，学员需熟练运用数据分析工具，挖掘偏差成因，绘制趋势图表，提出初步纠偏措施，通过对操作熟练度、结果准确性、方法规范性等维度评估，量化技能掌握程度，明晰个体及整体知识技能短板，为后续个性化辅导与集中强化训练精准锚定方向。

（二）长期绩效跟踪

企业深知培训成果转化非一蹴而就的事，故而建立长效跟踪机制，深度嵌入日常工作流程，持续观测员工经培训后在实际业务中的表现蜕变。聚焦预算编制效率提升指标，记录员工培训前后编制周期的时长，对比初涉预算工作时耗费数周梳理数据、反复调整草案，培训后借助优化方法与工具，能否在数天内高效完成高质量草案，分析效率进阶关键点；严守执行偏差控制成效关卡，密切监控各部门预算执行与计划比对情况，以季度为周期统计分析，查看培训后费用类预算偏差率是否从过往超 10% 缩窄至 5% 以内，收入类预算达成率能否从 80% 跃升至 90% 以上，深度关联个人及部门绩效指标，将预算管理绩效纳入绩效考核关键权重项。对表现卓越、持续精准把控预算的员工予以丰厚奖金、晋升机会奖励，对未达标的深入剖析原因，针对性补训或岗位辅导，鞭策全员将培训所学深度融入工作实践，确保培训投入产出效益最大化。

（三）反馈闭环构建

构建敏捷高效的反馈闭环是培训机制持续优化的“永动机”。培训刚落幕，便趁热打铁发放详尽的课程反馈问卷，鼓励学员毫无保留地评价课程的适用性，细究内容深度是否契合岗位需求，进度节奏是否紧凑合理，案例选取能否映射实际难题；对师资表现，从专业素养、授课风格、答疑解惑及时性等维度打分，如学员直言某位讲师理论讲解透彻但案例陈旧，或实操指导细致入微但互动不足；广泛收集改进建议，如增设前沿技术应用专题、引入更多互动教学形式。定期召集培训组织方、讲师团队、学员代表围坐研讨，依据反馈逐条剖析，优化调整下期培训计划，如依学员业务难点新增专项课程，革新内容摒弃过时知识，借鉴先进教学方法丰富课堂互动，迭代升级培训机制，让培训始终紧贴业务的需求、引领专业成长，为预算管理团队注入源源不断的学习动力，强劲赋能企业预算管理进阶，稳健护航战略落地生根。

第四章 全面预算管理的实践应用

第一节 战略规划与年度预算计划的制订

一、战略规划制定

（一）环境洞察

企业战略规划的起点在于对外部环境进行 360 度无死角的深度剖析。

宏观维度，经济走势研判举足轻重，经济繁荣期企业可大胆规划扩张项目，加大产能与市场投入，而经济下行阶段则需收缩战线、严控成本，如房地产企业在市场遇冷时，削减高价土地储备计划，转向盘活存量资产；密切跟踪政策法规动态更是生死攸关，随着环保政策持续收紧，火电、钢铁等高污染高能耗企业面临关停限产危机，倒逼企业投入巨资升级环保设备、研发清洁生产技术，探索绿色转型生机；贸易政策变动左右进出口企业布局，关税提升促使外向型企业转向内销或海外建厂，进行“曲线救国”。

中观层面，行业竞争格局宛如战场态势瞬息万变，企业需借助竞争情报系统，剖析对手成本结构、供应链韧性、研发创新速度等，若智能手机市场新品牌凭借快充技术异军突起，竞品企业则须加速研发或并购相关技术团队迎击；新品研发动向是行业“风向标”，药企紧盯同行临床试验进度、新靶点药物突破，以防自家产品被竞品“弯道超车”。

微观视角下，客户需求迭代是产品创新的“指挥棒”。如消费级无人机企业察觉消费者从追求飞行性能向看重拍摄画质、智能操控转移，迅速升级相机模块、植入智能跟随算法。在技术革新浪潮中，企业如逆水行舟，不进则退。如传统零售企业目睹电商崛起、移动支付普及，全力搭建线上商城、融合线上线下全渠道零售，借大数据精准营销，方能在变革洪流中站稳脚跟，以敏锐的洞察将外部变数转化为战略机遇。

（二）目标设定

企业愿景与使命如同明确的导向标，为战略目标的设定提供了清晰的方向指引。科技企业怀揣“成为全球智能硬件领军者”的壮志，在分解目标时，市场份额拓展路径明晰，计划五年内从区域小众品牌跻身全球前三阵营，依据不同区域市场潜力、竞争密度，细分各洲销量与占有率目标，如亚洲市场年增速定在30%；技术专利储备上，年度新增核心专利不少于50项，构建技术壁垒，稳固行业话语权；品牌价值提升具象化为品牌知名度达到行业前三，客户满意度超90%，借权威机构排名、用户口碑调研量化追踪，以兼具定量精度与定性深度的目标体系，确保全员朝既定方向精准发力。

（三）战略选择

战略选择需审慎权衡企业资源禀赋与核心能力。成本领先战略在制造业屡试不爽，行业巨头倚仗庞大采购规模压低原材料单价，如汽车制造企业全球集采钢材、零部件，成本直降15%；生产流程引入精益六西格玛方法论，消除浪费、提升质量，将次品率从8%锐减至2%，借规模经济与高效流程，以价格优势横扫市场。

差异化路线则是产品“吸睛”利器，美妆品牌通过研发独家活性成分、雕琢艺术感包装，提升产品辨识度；营销奇招频出，跨界联名时尚大牌、玩转社交媒体话题，从货架到线上社交圈迅速“出圈”，在细分赛道一骑绝尘。聚焦战略多见于专业领域深耕者，如专注特定慢性病药物研发的药企，其汇聚顶尖医学专家、投入巨额研发资金，精准攻克疑难病症，凭借专业深度与疗效口碑，在小众高壁垒市场独占鳌头，以适配战略夯实竞争根基。

（四）规划细化

战略落地需拆解为多元精细规划协同推进。业务规划层面，企业依据行业趋势、自身竞争力果断抉择，如传统出版企业收缩纸媒业务，削减印刷产能的30%，全力拓展数字出版、有声读物新业务，进行战略资源转移；市场规划恰似棋局落子，综合市场潜力、文化壁垒、政策优惠，布局国内外重点区域，如智能家居企业首攻欧美成熟市场，建本地化营销团队、设售后中心，再谋新兴市场渗透。

产品规划按产品生命周期有序铺陈，科技企业每年春季发布旗舰新品，秋季迭代升级，依据技术成熟度、市场反馈，提前两年锁定研发日程，从原型设计到量产全程管控；人才规划为战略续航，新兴金融科技企业预见到区块链技术风口，提前一年全球猎聘顶尖算法工程师、密码学专家，定制专属培训，打造攻坚团队，各维度规划紧密咬合，驱动战略从蓝图驶向实景。

二、年度预算计划制订

（一）衔接战略分解目标

年度预算计划是战略规划落地的关键“施工图”，第一步便是精准承接战略目标，将宏大愿景拆解为年度可触达的关键指标。若企业战略规划设定五年内营收翻倍，财务团队依此规划年度增长路线，结合市场增速、行业竞争态势预估，分解出第一年增长15%，后续逐年递增并细化至季度、月度目标；非财务指标同步锚定，客户满意度提升至90%以上、新产品上市周期缩至10个月等，确保发展质量与速度并重。各部门依职能“领命”，销售部门作为营收先锋，肩负销量年度增长20%、客单价提升8%的重任，细分到各产品线、区域市场，高端产品线瞄准一线城市高净值客户，通过提价10%，靠增值服务拉动利润；下沉市场主推性价比款，销量冲刺增幅30%；生产部门聚焦产能利用率从70%提至85%，产品单位成本降低10%，依订单节奏优化排产、革新工艺，部门联动，步步为营推进战略落地。

（二）销售预算编制首发

销售预算编制打响年度预算“第一枪”，销售团队化身市场“侦察兵”，深度融合多方情报开启规划。在市场洞察上，剖析权威机构报告、竞品策略及客户调研，捕捉需求先机，如智能家居企业发现老龄化社会养老需求飙升，针对性规划老年关怀智能设备销量；复盘历史业绩，依据过往销量走势、淡旺季规律校准预期，如服装企业参考历年换季销量波动，精准预估各季度铺货量；梳理销售渠道，评估线上电商平台流量转化率、线下门店坪效，拓展高潜力渠道，如连锁商超计划新开店面 20 家，预估新增销售额；规划协同营销，依据广告投放、促销活动节奏，如 3C 产品企业“618”“双 11”等大促节点调增销量预期 50%，按产品、区域细化至单品日销量，为企业运营勾勒营收轮廓，牵一发而动全身。

（三）成本费用预算铺陈

生产部门接过销售“接力棒”，依据销售预期精打细算成本账。直接材料成本依 BOM 精准核算，如制造业依产量与工艺损耗率锁定钢材、塑料等采购量，全球寻源、批量集采压价；人工成本按工时定额、计件薪酬核定，优化排班避峰填谷，控制加班成本；制造费用细抠设备折旧、水电费、车间管理费，引入节能设备、精益生产削减开支，如汽车制造车间通过设备升级，能耗降低 15%。职能部门同步严控费用，研发按项目里程碑列支，如新药研发依临床阶段递增投入，前期实验设备采购、中期样本测试、后期临床试验步步为营；营销费用依推广策略分配，如快消品牌新品上市首轮广告投放占预算的 40%，并通过地推活动覆盖重点城市商圈，依市场反馈动态调整，杜绝资源浪费，为利润“兜底”。

（四）资源预算配套支撑

资源保障是预算执行“弹药库”。采购预算未雨绸缪，依生产计划与库存策略锁定资源，如原材料供应受国际形势影响，化工企业提前半年与海外供应商签长约，锁定价格与量；逢大宗商品价格低谷，加大采购量囤货，平衡成本波动；资金预算恰似资金“调度官”，融资规划考量利率走势、企业信用，年初低息发行债券募集资金，满足扩张需求；投资决策权衡项目收益、风险，严控非主业投资，日常运营精确测算资金缺口，预留应急资金，保障工资发放、货款支付，严防资金链断裂；人力预算按需调配，新兴业务板块依据项目进度提前三个月招聘专业人才，组织入职培训、技能进阶培训，业务收缩则合理分流，匹配企业发展节奏，护航业务畅行。

（五）预算汇总平衡优化

财务部门担纲“总协调”，汇总各方预算时严格审查。审查数据逻辑，销售增长需匹配生产扩充、资金支持，若销售计划激进但产能预算滞后，即刻召集部门会商；比对资源匹配，研发资源投入与战略新品重要度挂钩，防止过度倾斜；横向对比各区域、产品线预算合理性，纵向校验年度与季度、月度连贯性。遇矛盾冲突，如市场推广导致费用超支，需与销售、营销协同重审计划，删减低效活动或协商财务追加资金；经多轮跨部门研讨、数据模拟，分析不同市场情境下企业财务表现，平衡收支、熨平资源供需“褶皱”，数易其稿敲定年度预算终稿，呈报高层审批，为企业全年运营铺就稳健财务基石。

制定全程高层掌舵定调，把控战略方向；多部门携手跨“楚河汉界”，打破壁垒协同作战；战略规划季度回顾，依据市场变化灵活纠偏，年度预算逐月跟踪，遇突发调整策略，如突发公共卫生事件，迅速削减非必要开支，转产与公共卫生事件相关的物资，两者动态适配，护航企业穿越商海波澜，稳健逐梦。

第二节 预算编制方法的选择与实施

一、固定预算法与弹性预算法

（一）概念及特点

1. 固定预算法

固定预算法，也被称作静态预算法，在企业预算编制体系中占据着基础地位。它秉持着一种相对恒定的编制理念，即在着手编制预算之际，仅仅锚定预算期内最为常规、切实具备达成可能性的单一固定业务量水准，以此作为整个预算架构搭建的唯一根基。比如一家传统文具制造企业，基于过往多年稳定的市场需求以及成熟的生产运营模式，判定来年依旧能够平稳维持每日生产文具 5 000 套的规模，那么在编制各类成本预算以及销售预算时，便围绕这一固定的日产量数值展开精密运算与规划。

这种方法的鲜明特质在于其高度的稳定性，一旦预算方案历经层层审核最终敲定，在整个预算有效期限内，只要未遭遇极端特殊的市场异动、政策颠覆性调整或者不可抗力因素冲击，便如同镌刻在石板上的法典一般，不会轻易做出任何更改或调整。它宛如企业运营轨道上预先铺设好的一段刚性轨道，企业运营活动通常只能沿着既定路线前行，甚少出现临时变轨的情形。

2. 弹性预算法

弹性预算法则与固定预算法大相径庭，它以灵动多变的姿态活跃于预算领域，又被称为动态预算法。其编制根基深植于严谨的成本性态剖析土壤之中，紧紧依托业务量、成本以及利润三者之间的联动纽带。它绝非局限于单一业务量设定，而是高瞻远瞩地预估预算期内有可能涌现的一连串多元化业务量层级，进而针对每一个潜在业务量节点量身定制一整套完备详尽的预算规划，为企业应对复杂多变的市场丛林准备了多套应急预案。

该方法最为突出的优势便是其宽阔的预算覆盖范畴，绝非拘泥于某一固定数值，能够游刃有余地包容业务量的起伏跌宕；与此同时，因其针对不同业务情境均编制了相应的预算蓝本，所以在不同时段、不同业务量条件下生成的预算成果之间具备极强的横向可比性，如同拥有了一把万能标尺，随时可以精准丈量企业在各种运营状态下的财务表现差异。

（二）编制方法

1. 固定预算法

固定预算的编制流程往往呈现出较为直观、线性的特点。多数情况下，编制团队会审慎挖掘并梳理历史数据宝藏，从中提炼出具有代表性、规律性的成本开支、销售业绩以及资源消耗等关键信息，以此作为基础参照坐标。随后，巧妙融合对未来宏观经济走向、行业竞争格局、消费趋势更迭等多元要素的前瞻性预判，为各项预算指标逐一敲定固定不变的金额数值。

比如一家成熟的服装制造企业，凭借过去十年间积累的海量生产运营数据，清晰洞察到自身在常规生产节奏下，生产每一款式服装的平均材料耗用率几乎恒定。基于此种洞察，结合下一年度时尚潮流预测以及市场容量预估，确定将主推某经典款服装 80 000 件。进一步核算得出，每件服装所需的面料成本稳定在 80 元，辅料成本每件约为 20 元，人工缝制成本平均每件 50 元，再综合考虑厂房租赁、设备折旧等固定制造费用分摊后，每件服装的制造费用核定为 30 元。依此逻辑，直接材料预算径直锁定为 800 万元（80 000 件 ×100 元 / 件），直接人工预算精准定位在 400 万元（80 000 件 ×50 元 / 件），制造费用预算则确凿无疑地设定为 240 万元（80 000 件 ×30 元 / 件），各个预算项目皆以笃定的固定金额姿态呈现，构成了一套完整且静态的预算体系。

2. 弹性预算法

弹性预算编制的起始步骤在于慎之又慎地抉择业务量衡量标尺，这一标尺的精准定位关乎后续整个预算编制的科学性与有效性。可供挑选的业务量计量单元丰富多样，涵盖产量、销售量、直接人工工时、机器运转时长等，企业需紧密契合自身生产运营特质以及成本驱动关键要素来精准择取。

以一家汽车零部件制造企业为例，由于其生产流程高度机械化，机器设备的开动时长与成本消耗之间呈现出强关联性，故而明智地选定机器运转工时作为业务量计量基准。紧接着，需凭借对企业产能极限、过往业务量波动区间以及市场需求弹性的深度剖析，严谨框定业务量的浮动范围，常规操作是以企业正常生产能力作为中轴线，向两侧适度延展，一般设定在正常生产能力的 70% ～ 110%，旨在全方位覆盖从低谷到高峰的各类潜在业务情境。

后续关键环节在于对成本架构进行庖丁解牛式的深度剖析，运用专业成本分析工具与方法，将总成本细致拆解为固定成本、变动成本以及混合成本三大类别。固定成本犹如企业运营的基石，无论业务量如何起伏，始终维持恒定，诸如厂房购置成本分摊、长期设备租赁合同费用等；变动成本则恰似灵动的精灵，与业务量的涨落同步起舞，像原材料采购成本，每多生产一件产品，便会相应增加一定额度的材料消耗费用；混合成本较为复杂，兼具固定与变动双重属性，需要运用数学模型或统计方法进行精准分离。

待成本性态厘清之后，便可以着手针对不同业务量层级逐一构建成本预算矩阵。假设该汽车零部件企业正常生产能力为每月机器运转 10 000 工时，当业务量下滑至 7 000 工时，变动成本部分依据单位变动成本率相应缩减，而固定成本保持不变，混合成本则依据既定分解规则调整，以此类推，针对 8 000、9 000、10 000、11 000 等不同工时节点，均缜密计算出对应的成本预算额度，编织成一张疏密有致、全面覆盖的弹性成本预算网。

（三）适用范围

1. 固定预算法

固定预算法在企业或部门业务模式高度稳定的情况下，能够充分发挥其优势。这种方法通过预测和规划，确保资源合理分配，提高成本控制效果，从而为企业或部门的稳定运营提供有力支持。诸如公用事业企业，无论是供水、供电还是供气领域，因其所提供的产品或服务深深嵌入民众日常生活刚需中，需求曲线长期处于平稳态势，年度间业务量波动幅度微乎其微。以自来水公司为例，其供水服务面向固定区域内的海量居民与企事业单位，人口流动与经济周期波动对用水量影响甚小，每日供水量基本稳定在特定区间，故采用固定预算法能够精准匹配其运营特质，高效完成预算规划与管控。

政府机构预算编制亦是固定预算法的拥趸。政府职能范畴相对固定，各类行政事务、公共服务项目以及政策执行活动均遵循既定规划与法规有序推进，业务活动内容与规模不会骤然剧变。诸如教育部门的基础教育经费预算，依据学区内适龄儿童数量、学校规模以及教育资源配置标准，提前数年便能精准预估每年所需教育资金额度，以固定预算确保教育事业平稳运行，避免预算频繁变动带来的管理紊乱。

2. 弹性预算法

弹性预算法对于业务量波动较大的企业而言至关重要。它能够根据业务量的变化灵活调整预算，确保企业在面对市场波动时能够保持财务稳健，有效应对各种不确定性，支持企业的持续运营与发展。如制造业企业，其产品销量随着市场需求潮汐、消费者偏好转向、竞争对手策略突袭而剧烈波动。以智能手机制造企业为例，新品发布周期、技术革新速率以及市场流行风尚的瞬息万变，都会导致手机销量在月度、季度乃至年度间呈现出天壤之别的落差。采用弹性预算法，企业便能针对不同销量预估情境提前布局成本控制、资源调配以及利润规划策略，确保在波峰浪谷间皆能稳健驾驭财务航船。

旅游企业同样对弹性预算法青睐有加，其业务量鲜明的季节性特征犹如四季更迭般泾渭分明。旺季时，旅游胜地游客如织，酒店一房难求，旅行社订单爆棚；淡季来临，景区门可罗雀，客房大量闲置，旅行团寥寥无几成为常态。借助弹性预算，旅游企业可依据淡旺季业务量的悬殊差异，灵活调配人力资源，旺季加大导游招募、临时工聘用力度，淡季则合理精简；对营销费用也能做到精准投放，旺季在热门渠道高强度推广，淡季则收缩战线、聚焦核心客户维护，从而实现成本效益的动态优化平衡。

（四）优缺点

1. 固定预算法

（1）优点

固定预算法最为显著的优势在于其编制流程简洁，无须复杂的模型构建与海量数据运算，普通财务人员稍微接受培训即可上手操作，极大降低了预算编制门槛与时间成本。企业各部门员工亦能轻松领会预算要义，在日常工作中明晰自身努力方向与业绩考核基准，便于全身心投入生产经营活动。

从考核评价维度审视，固定不变的预算指标仿若清晰可触的标杆，为各部门工作业绩衡量提供了直观参照。销售部门销售额目标既定，生产部门产量与成本控制指标确凿，在期末绩效评定时，只需将实际成果与预算数值进行简单比对，便能泾渭分明地判定部门工作优劣，并对该部门进行赏罚，激励机制得以顺畅运行。

（2）缺点

由于固定预算法以事先假定的某个业务量为基础编制预算，当实际的业务量与编制预算所依据的业务量发生较大差异时，预算可能无法及时调整，从而失去适应性。一旦现实业务量与预算预设的固定业务量出现较大偏差，预算便会沦为“纸上谈兵”，失去了对实际运营的管控效力与考核价值。设想一家原本预估年销售量为 50 000 台空调的企业，因极端高温天气刺激，市场需求飙升至 70 000 台，此时原材料采购预算却依旧锚定在 50 000 台产能对应的规模，必然导致原材料供应短缺、生产停滞，预算控制完全失效；反之，若市场遇冷，销量萎缩至 30 000 台，生产部门却按预算持续过量生产，库存积压如山，成本失控，考核结果也无法真实反映部门实际效能，企业陷入运营困境。

固定预算法往往基于过去的经验和历史数据，对未来的变化和创新缺乏考虑，可能限制组织的创新能力和发展潜力。在当今全球化、信息化飞速发展的时代，市场信息瞬息万变，新竞争对手闯入、原材料价格异动、政策法规朝令夕改，固定预算却无法迅速捕捉并内化这些变化，导致预算方案与现实经营渐行渐远，企业战略执行受阻，错失发展良机。

2. 弹性预算法

（1）优点

弹性预算法能够根据业务量的变化灵活调整预算，确保预算与实际运营情况保持紧密一致，从而提高预算的准确性和适用性。无论市场需求如何风云变幻，企业皆能依据事先精心编制的弹性预算迅速做出资源调配、成本管控决策，如同拥有了应对市场万变的“万能钥匙”，极大增强了企业应对不确定性的韧性与适应性。

尤为关键的是，借由成本性态分析这一核心工具，弹性预算法清晰勾勒出成本与业务量之间的内在关联曲线，企业管理者得以一目了然地洞察成本变动规律。在成本控制战场上，这一优势尽显无遗，管理者能精准定位成本控制点，如针对变动成本，聚焦采购单价谈判、生产工艺优化降低单耗；对于固定成本，审慎评估资产购置必要性、挖掘闲置资产盘活潜力，实现成本的精细化管理与深度剖析，为提升企业盈利能力筑牢根基。

（2）缺点

弹性预算法虽灵活，但编制复杂且耗时，对预测准确性要求高，且管理难度大。同时，频繁的预算调整可能影响预算的严肃性和稳定性，不适用于长期规划，可能导致资源分配不合理，增加企业的运营风险。弹性预算法从业务量范围界定、计量单位甄选，到成本性态深度剖析、多元模型构建以及海量数据计算，每一步都需投入大量人力、时间与专业精力。编制团队不仅要熟稔财务会计知识，更需精通成本管理、统计学、运筹学等跨学科专业技能，方能驾驭这一复杂工具。

对于预算编制人员而言，这无疑是一场高难度的专业挑战马拉松。他们需持续更新知识体系，深度掌握成本性态分析前沿方法，动态跟踪行业成本结构变迁，不断提升数据分析与建模能力，稍有懈怠便可能在编制过程中陷入数据迷宫，导致预算结果偏差失控，影响企业决策科学性，为企业运营埋下隐患。

二、增量预算法与零基预算法

（一）概念及原理

增量预算法：增量预算法是一种基于基期成本费用水平来编制预算的传

统方法。它默认企业当前正在进行的业务活动是合理且必要的，在预算期内会继续按类似模式开展。因此，主要关注预算期内业务量的增减变化情况，以此为依据对基期的成本费用项目进行相应调整，从而得出预算期的预算金额。例如，一家服装制造企业，过去生产一款衬衫的成本为每件 50 元，其中原材料成本 30 元，人工成本 15 元，制造费用 5 元。在编制下一年度预算时，如果预计产量将增加 20%，那么在增量预算法下，原材料成本预计会相应增加到 36 元（30 元 ×1.2），人工成本增加到 18 元（15 元 ×1.2），制造费用增加到 6 元（5 元 ×1.2），每件衬衫的预算成本就变为 60 元。

零基预算法：零基预算法则摒弃了以往预算安排的影响，以零为基点，一切从实际需要出发。它要求对各项费用开支进行逐个深入分析和细致计算，依据其必要性和重要性来合理分配资金，进而确定预算。比如，某互联网公司计划推出一款新的在线教育产品，在编制该项目预算时，不参照以往类似项目的预算情况，而是全面分析新产品的研发、市场推广、人员配置等各个环节所需的费用。根据对市场需求的调研和对产品功能的规划，确定各项费用的必要性和优先顺序，如先确保核心课程研发的资金投入，再根据推广效果和用户反馈逐步安排市场推广费用等，从而编制出符合实际需求的预算。

（二）编制步骤

1. 增量预算法

确定基期成本费用项目和数额：企业需要详细梳理上一预算期或过去实际发生的各项成本费用项目及其具体数额，形成完整准确的基期成本费用数据清单。例如，一家连锁超市需统计上一年度各门店的房租、水电费、员工薪酬、商品采购成本、广告宣传费等各项费用的实际支出情况。

分析预算期内业务量的增减变化情况：通过市场调研、销售预测、生产计划等手段，对预算期内的业务量指标如预计销售量、产量、服务量等的变化趋势进行分析和预测。例如，某汽车制造企业根据市场需求分析和销售团队的预测，预计下一年度某车型的销售量将比本年度增长 15%。

根据业务量的变化情况调整基期成本费用项目：依据业务量的增减变化，按照一定的比例或既定的计算方法，对基期成本费用项目进行调整。例如，某物流公司预计明年业务量将增长30%，根据以往经验，运输成本与业务量呈线性关系，基期运输成本为100万元，那么明年运输成本预算将调整为130万元（100万元×1.3）。

汇总调整后的各项成本费用编制预算：将经过调整后的各项成本费用进行汇总，形成完整的预算报表。例如，将调整后的原材料采购预算、人工成本预算、销售费用预算、管理费用预算等汇总在一起，编制出企业的年度预算方案。

2. 零基预算法

动员各部门员工提出预算方案：企业管理层需要向各部门传达零基预算的理念和要求，发动全体员工参与预算编制。各部门根据自身业务实际情况，讨论并提出计划期内应该发生的费用项目及其数额，形成初步的预算方案。例如，一家科技企业在编制研发部门预算时，研发人员根据新产品研发计划，提出需要购置的实验设备、招聘的专业人才、开展的研发项目等费用项目及相应预算金额。

对各项费用进行成本效益分析：由专门的预算分析团队或财务人员对各部门提出的费用项目进行成本效益分析，将费用按照其性质和特点划分为可避免费用和不可避免费用、可延缓费用和不可延缓费用等不同类别。例如，某企业对市场推广费用进行分析，发现某些广告投放效果不佳，属于可避免费用；而一些针对核心客户群体的维护活动费用则是不可避免费用，且需要及时支出，不可延缓。

根据资金状况和费用轻重缓急排序并分配资金：结合企业的整体资金状况和战略目标，对各项费用项目进行综合评估和排序，优先保障那些对企业生存和发展至关重要、效益明显的费用项目，然后根据剩余资金情况合理分配其他费用项目。例如，一家处于发展阶段的电商企业，在资金有限的情况下，优先将资金分配给平台技术升级和供应链优化等关键项目，对于办公环境改善等非紧急项目则适当延缓或削减预算。

编制预算明确各项费用预算金额和支出时间等：根据资金分配结果，详细编制预算报表，明确各项费用的具体预算金额、支出时间、责任人等信息，形成具有可操作性的预算方案。如在企业的年度预算中明确规定，第一季度投入多少资金用于新产品研发，该产品由哪位项目经理负责；第二季度安排多少市场推广费用，具体的推广活动和时间安排等。

（三）适用范围

1. 增量预算法

增量预算法适用于业务相对稳定、经营模式和成本结构较为固定的企业或部门。比如一些传统的公用事业企业，如供水、供电公司，其业务量通常较为稳定，客户群体相对固定，生产和服务流程也相对标准化，在这种情况下，采用增量预算法可以在一定程度上简化预算编制工作，同时也能与企业过去的经营活动和预算执行情况较好地衔接。

2. 零基预算法

零基预算法更适用于预算管理基础薄弱、需要重新审视和优化资源配置的企业。例如，一些传统制造业企业在进行数字化转型过程中，原有的业务流程和成本结构发生了较大变化，需要对各项费用进行重新评估和调整，此时零基预算法就更为适用。此外，对于一些非经常性项目，如大型设备购置、新产品研发、企业并购等，由于这些项目具有一次性或独特性，以往的预算经验参考价值有限，也适合采用零基预算法。

（四）优缺点

1. 增量预算法

（1）优点

增量预算法编制方法相对简单，易于操作，工作量相对较小。它以企业现有的成本费用水平为基础进行调整，与企业过去的经营活动和预算执行情况相衔接，预算数据的形成较为直观，便于各部门理解和接受。例如，一家经营多年的零售企业，在编制年度预算时，按照以往的成本费用率和预计的销售额增长幅度，很容易就能计算出各项费用的预算金额，各门店和部门也能清楚地了解预算的依据和变化情况。

（2）缺点

增量预算法可能会受到原有不合理费用项目的影响，导致预算的浪费和低效。由于增量预算法默认基期的业务活动和费用支出是合理的，一些不必要的费用可能会因为以往存在而继续保留在预算中。例如，某企业过去一直为员工提供高额的交通补贴，但随着企业办公地点的调整和公共交通的改善，该补贴已不再必要，但在增量预算法下，可能仍会继续列支这部分费用。同时，这种方法不利于调动各部门降低费用的积极性，因为预算的增加往往是基于以往的水平，而不是实际需要，部门可能会为了争取更多资源而夸大业务量增长预期或保留不必要的费用项目。

2. 零基预算法

（1）优点

零基预算法不受现有费用项目和开支水平的限制，能够促使企业从实际需求出发，合理有效地进行资源配置，避免不必要的开支，提高资金的使用效益。例如，某企业通过零基预算法对行政部门的费用进行重新审视，发现一些办公用品的采购存在浪费现象，通过优化采购计划和控制用量，大幅降低了这部分费用。此外，零基预算法可以充分发挥各级管理人员的积极性和创造性，促使他们对各项业务活动进行深入思考和重新评估，提高其对企业经营管理的参与度和责任感。

（2）缺点

零基预算法编制工作量大，需要对各项费用进行详细的分析和论证，耗费时间和精力较多。例如，一家大型企业在采用零基预算法编制年度预算时，需要收集大量的数据资料，对每个费用项目进行成本效益分析和多轮的讨论审核，整个过程可能需要数月时间。同时，对预算编制人员的业务能力和综合素质要求较高，要求他们能够准确判断各项费用的必要性和效益性。在实际执行中，可能会因为过于强调零起点，而忽视了企业的历史经验和实际情况，导致预算过于激进或保守，影响预算的可执行性。例如，一些企业在初次采用零基预算法时，对市场情况预估过于乐观，制定的销售费用预算过高，而实际执行时却无法达到预期效果，造成资源浪费。

三、定期预算法与滚动预算法

（一）概念及特点

1. 定期预算法

定期预算法明确以固定的会计期间作为预算编制的周期，如常见的年度、季度、月度等。这种预算方法的显著特点在于其预算期与会计期间严格对应，这为企业的财务管理提供了清晰的时间框架。在实际操作中，企业可以方便地将每个会计期间的实际发生数与预算数进行直接对比分析，从而清晰地了解预算执行的偏差情况，进而对各部门和各项业务的预算执行情况进行有效的考核和评价。例如，一家服装制造企业采用年度定期预算法，每年年初制定全年的生产预算、销售预算、成本预算等，在年末时能直接将实际的生产数量、销售额、成本支出等与年初预算进行对比，清晰看出哪些环节完成了预算目标，哪些环节存在差距。

2. 滚动预算法

滚动预算法又称为连续预算法或永续预算法，其核心在于打破预算期与会计期间的固定联系。在编制预算时，随着时间的推移以及市场环境的动态变化，按照预先设定的一定时间滚动频率，持续对原预算进行修订和完善，并补充编制后续预算，逐期向后滚动推移，使得预算期始终维持一个固定的长度。例如，某连锁超市采用季度滚动预算法，每个季度末会根据本季度的实际销售情况、市场需求变化、竞争对手动态等因素，对下一季度的预算进行调整和优化，同时补充编制在下一季度的初步预算，从而确保预算能够实时反映市场的最新情况。

（二）编制方式

1. 定期预算法

通常是在预算期正式开始之前，企业依据自身的战略目标和详尽的经营计划，按照既定的、较为固定的预算编制程序，集中一次性完成整个预算期的预算编制工作。例如，一家大型机械制造企业在每年的 10 月至 11 月期间，会组织各部门集中开展下一年度的预算编制工作。销售部门根据市场调研和销售预测数据制定销售预算，生产部门依据销售预算和库存情况制定生产预算，采购部门再根据生产预算制定原材料采购预算等，最终汇总形成完整的年度预算。

2. 滚动预算法

滚动预算法一般采用长计划短安排的方式进行编制。以年度分季滚动预算为例，企业首先按年度分季编制出初步的年度预算，其中第一季度的预算编制得非常详细具体，涵盖了各项业务活动的具体指标和行动计划，而后三个季度的预算则相对粗略，主要是一个大致的规划框架。当第一季度结束后，企业会根据第一季度的实际执行情况，包括实际销售量、生产成本、市场占有率变化等，以及市场环境的新变化，如竞争对手推出新产品、宏观经济政策调整等因素，对第二季度的预算进行全面调整和细化，使其更符合实际情况。同时，补充编制下一年度第一季度的预算，以此类推，逐期滚动编制。例如，一家电子产品企业在年初制定了年度滚动预算，第一季度详细规划了各产品线的产量、销量、研发投入等，随着第一季度实际情况的明晰，第二季度对产品的市场需求预测更精准，于是调整了产量和销售目标，并进一步明确了营销活动的投入，同时初步规划了下一年第一季度新产品的研发进度和市场推广计划。

（三）适用范围

1. 定期预算法

定期预算法适用于业务相对稳定、经营环境变化不大的企业。这类企业的生产经营活动具有一定的规律性和可预测性，市场需求相对稳定，产品或服务的价格波动较小。例如，一些公用事业企业，如自来水公司、电力公司等，其产品或服务的需求相对稳定，用户数量和使用量在短期内不会出现大幅波动，市场竞争环境也相对稳定，采用定期预算法可以较好地进行预算管理和控制，按照固定的预算计划安排生产和运营活动。

2. 滚动预算法

滚动预算法更适用于市场变化快、不确定性因素多的企业。在这类企业中，由于市场需求、技术发展、竞争对手策略等因素变化迅速，需要企业及时调整预算以适应新的情况。例如，高科技企业面临着技术更新换代快、市场需求变化迅速等情况，产品的生命周期可能很短，市场竞争激烈。如智能手机制造商，在面对新技术的涌现、消费者对手机功能和外观偏好的快速变化等情况时，可以采用滚动预算法，以便及时根据市场动态调整产品研发投入、生产计划和销售策略等的预算。

（四）优缺点

1. 定期预算法

（1）优点

预算期与会计期间的一致性，使得企业在财务管理和控制方面具有很强的便利性。在预算执行过程中，能够方便地将实际发生的财务数据与预算数据进行对比分析，从而及时发现问题并采取措施加以解决。同时，其编制方法相对简单，工作量相对较小。在企业业务稳定的情况下，各部门可以根据以往的经验和固定的业务模式，较快地完成预算编制工作。例如，一家传统的食品加工企业，其产品种类和生产工艺相对稳定，每年按照固定的流程和模板编制预算，各部门能够高效完成任务，且这种办法在执行过程中便于考核和控制。

（2）缺点

由于预算是在预算期开始前一次性编制完成的，因此具有一定的滞后性。在预算执行过程中，一旦市场环境发生较大变化，如原材料价格大幅波动、市场需求突然转变等，预算可能与实际情况严重脱节，导致预算的控制和指导作用减弱。此外，固定的预算期容易使管理人员只关注预算期内的短期行为，忽视企业的长期发展战略。例如，某企业为了完成年度预算的销售额目标，在年底可能会采取过度降价、放宽信用政策等短期行为，虽然实现了当年的预算目标，但可能损害了企业的长期利益，如品牌形象受损、应收账款风险增加等。

2. 滚动预算法

（1）优点

滚动预算法具有较强的灵活性和适应性，能够根据市场的实时变化和企业经营情况的动态调整，及时对预算进行修订和完善，使预算更贴近实际情况，提高预算的准确性和有效性。同时，有利于企业管理人员树立长远的战略眼光，避免短期行为。因为滚动预算始终保持一个较长的预算期，促使管理人员在关注当前预算执行情况的同时，也要考虑企业未来的发展方向和长期目标。例如，一家互联网企业采用滚动预算法，能够根据用户流量的变化、竞争对手的新动作等及时调整广告投放预算、产品研发预算等，同时也会从长远角度规划技术创新和市场拓展等战略，而不仅仅局限于短期的盈利目标。

（2）缺点

滚动预算法编制工作量大，需要频繁地对预算进行调整和补充编制，对预算编制人员的要求较高，需要投入更多的时间和精力。由于市场情况不断变化，预算需要不断滚动调整，这可能导致预算的严肃性受到一定影响，使管理人员对预算的重视程度不够，在执行过程中可能出现随意性。例如，某企业由于市场波动频繁，每个月都要对预算进行调整，预算编制人员疲于奔命，而一些管理人员可能会认为预算会不断调整，因此对预算的执行不够严格，导致预算失去了应有的约束和控制作用。

第三节 预算执行与监控

一、预算执行流程

预算执行与监控环节在全面预算管理体系中占据着绝对核心地位，它宛如企业运营的“中枢神经系统”，精准指挥并严格把控着各项经济活动的运行轨迹，确保每一项业务操作都能紧密贴合既定预算规划，有条不紊地逐步推进。与此同时，它还肩负着“瞭望哨”的重任，时刻保持高度警惕，及时敏锐地捕捉并纠正任何细微的偏差，从而为企业整体战略目标的顺利实现筑牢坚实屏障。以下将详尽阐述这一复杂而关键的预算执行流程。

（一）预算指标分解下达

当企业精心编制的年度预算方案历经层层严格审批，最终尘埃落定之时，预算管理部门旋即开启一场精密细致的“拆解工程”。其核心使命在于将宏大而笼统的总体预算指标，如同拆解精密机械一般，层层细化、逐级下沉，直至精准无误地落实到每一个业务部门、基层单位，甚至细化至具体岗位的每一位员工身上，匠心构建起一个脉络清晰、责任明确的全方位责任预算体系。在这一体系中，“人人头上有指标”绝非一句空洞口号，而是实实在在的行动准则。

以一家大型电子制造企业为例，其年度销售预算数额高达数亿元，为了确保目标的可执行性，预算管理部门先是依据产品系列进行首轮切割，将其划分为智能手机、平板电脑、智能穿戴设备等多个品类；随后，再按照销售区域进一步细分，精准定位到国内各大区以及海外各国家市场的销售团队小组。如此一来，每个小组都能清晰知晓自己所负责产品在特定区域内的销售任务量、目标销售额以及毛利指标，深刻领悟自身工作与企业整体营收目标之间的紧密关联，从而有的放矢地开展销售活动。

在生产端，同样遵循这一严谨逻辑。生产预算会依据产品的复杂生产工序，细致拆解到冲压、焊接、组装、测试等各个车间，乃至每一道具体工序。车间主管能够精准掌握每个时段的生产任务量、所需原材料种类及数量、设备运行时长以及人力工时配额，明白自身产能进度对于满足销售订单需求、控制库存水平的关键作用，实现生产链条的高效协同。

（二）预算执行授权审批

各业务部门在接收并明晰各自分解后的预算指标后，便正式拉开业务活动的大幕。然而，但凡涉及资金支出、稀缺资源调配等关键业务节点时，必须无条件严格遵循企业预先精心设定的授权审批制度，这一制度恰似一道坚固的“关卡”，牢牢把控着预算执行的合规性与合理性。

不妨聚焦采购部门的日常运作场景，当采购人员因生产需求申请原材料采购资金时，一场严格的审批“接力赛”随即启动。若采购金额处于较低区间，首先需要获得部门直接负责人的细致审核，负责人会仔细比对采购申请单与既定预算项目明细，确认采购原材料的种类、规格、数量是否精准匹配生产计划，价格是否处于合理区间；紧接着，财务主管入场，凭借其专业的财务知识，运用成本分析模型及过往采购数据，核查该项采购是否存在预算超支的风险，资金安排是否契合企业当下的财务状况与资金规划；倘若采购金额突破特定阈值，分管副总将亲自把关，从战略层面审视该采购事项对企业供应链稳定性、产品质量提升以及成本竞争力的综合影响。唯有历经这一道道严格审核，且全程无任何异常，采购资金申请方能顺利获批，有效杜绝了任何随意性开支的滋生，确保每一分钱都花在刀刃上。

（三）业务活动开展与记录

企业全体员工宛如一台精密机器上的零部件，各司其职，严格依照预算规划全情投入日常工作，而业务活动的每一个瞬间，也同步开启了预算执行的精准跟踪程序。

在销售前沿阵地，销售团队成员每成功签订一份销售订单，便会迅速在客户关系管理系统中如实录入详尽信息，包括客户名称、所属行业、购买产品明细、销售数量、成交价格以及预计交付时间等关键数据点。这些数据不仅是销售业绩的直观体现，更是后续财务核算、销售分析以及客户关系维护的重要基石，为企业洞察市场需求动态、评估销售策略有效性提供了第一手资料。

步入生产车间，生产流程的每一个环节都被严密监控与实时记录。从原材料仓库领取物料瞬间，系统便精准记录领用的材料名称、批次、数量以及对应的生产工单编号，确保物料流向可追溯；工人在各工序操作时，工时管理系统一丝不苟地采集工时消耗数据，精准定位生产效率瓶颈；产品完工下线后，质量检测数据、实际产量以及入库时间等信息也被完整记录，全方位展现生产全貌，为成本核算、生产计划调整提供翔实依据。

而在费用管控层面，企业更是做到了事无巨细。员工提交费用报销申请时，必须附上清晰准确的对应预算科目代码，财务系统依据此代码将费用精准归集到相应成本费用项目之下，无论是差旅费中的交通、住宿分项，还是办公用品中的纸张、墨盒等明细，无一遗漏，从而确保业务活动与预算执行全程紧密嵌套，形成完整的数据闭环。

（四）预算执行数据收集与反馈

财务部门作为企业数据的“汇聚中心”，协同强大高效的信息系统，宛如精准的时钟，定时（按日、周、月等周期）启动数据采集程序，从销售、生产、采购、研发等各个业务端口全方位收集执行数据。这些海量数据在经过专业财务软件的深度整合与清洗后，迅速转化为一系列多维立体的预算执行报表。

其中，财务账表以严谨规范的格式呈现企业的财务状况，收入报表详细列示各业务板块、产品线的营收明细，成本报表深挖生产成本、运营成本的构成与变动趋势；而业务进度看板则以更为直观可视化的形式，为管理层与执行层呈现项目推进的实时状态，如新产品研发项目的关键里程碑完成情况，以进度条形式直观展示概念设计、原型开发、测试验证到量产准备各个阶段的实际进展，以及与预设时间节点的对比偏差。

这些丰富而翔实的报表资料，会通过多元化渠道高效反馈至企业各级人员手中。系统自动推送功能确保关键数据能在第一时间送达管理层手机端及电脑桌面，以便其随时掌握企业运营脉搏；定期召开的预算执行分析会议上，各部门负责人以PPT形式详细汇报本部门执行情况，展开深度讨论与问题剖析；邮件简报则以图文并茂的方式，为全体员工梳理关键数据亮点与业务动态，形成全员关注预算执行的良好氛围，为后续的监控分析环节储备充足素材。

（五）预算差异分析

在预算执行的关键月度或季度节点，企业如同经验丰富的医生，对自身运营状况展开深度“体检”——进行全面细致的预算差异分析。这一过程始于对数据表象的精准捕捉，先运用专业财务软件迅速计算出实际与预算之间的差异额及差异率，在利润表上清晰标注出实际利润与预算利润的差距数值以及百分比，成本费用项目逐一比对超支或节约情况，让偏差一目了然。

然而，分析绝非浅尝辄止，紧接着便会深入业务底层“追根溯源”。若发现销售收入未达预期，市场调研团队迅速出动，联合销售部门剖析原因，是宏观经济下行导致市场需求整体萎缩，还是竞争对手推出的颠覆性产品抢夺了市场份额，抑或自身销售策略失当，如促销活动力度不足、销售渠道拓展受阻等；若成本出现超支情况，生产部门联合成本管理专家深入车间，排查是原材料价格因国际市场波动大幅上涨，还是内部生产流程存在效率黑洞的问题，如设备频繁故障导致停工维修时间过长、工人操作熟练度欠佳导致废品率上升等；甚至还会回溯至预算编制源头，审视当初的假设条件、市场预测数据是否存在偏差，模型参数设置是否合理，借助数据透视表、回归分析等先进数据分析工具，层层钻取数据明细，直至精准定位问题症结所在，为后续调整决策提供坚实依据。

（六）偏差调整与决策

基于缜密详尽的差异分析结果，企业会灵活施策，采取差异化应对举措。对于那些影响轻微、处于可控范围的偏差，授权部门内部自行启动优化机制，通过微调资源配置、优化业务流程来实现自纠。例如，某公司销售部门一小组发现某区域某产品销量略低于预算，经内部研讨，决定临时调配部分营销资源，增加该区域的线上广告投放频次，同时优化销售人员拜访路线，提高工作效率，力求在短期内追回进度。

而面对那些足以撼动企业运营根基的重大偏差，企业则迅速触发跨部门紧急研讨机制，管理层亲自挂帅，统筹协调各方资源，制定系统性解决方案。倘若市场环境突发剧烈变化，如突发公共卫生事件致使某行业需求骤减，企业销售部门会同市场、研发、财务等多部门紧急商议，果断重拟销售策略，大幅削减非关键市场的推广支出，将资源集中投向受公共卫生事件影响较小的新兴区域或线上业务板块；必要时，财务部门紧急启动融资计划，追加应急资金，确保企业资金链不断裂，生产经营活动得以维持最低限度运转。调整方案在历经多层级严格审批后，会迅速更新至现有的预算体系中，重启新一轮执行循环，如同校准航向的巨轮，确保企业在复杂多变的商海浪潮中始终依循预算航道稳健前行。

值得强调的是，如此高效流畅的预算执行流程绝非凭空而生，它高度依赖于信息化技术的强大支撑，凭借先进的 ERP 系统、专业预算管理软件以及大数据分析平台，实现数据的实时采集、高效传输与精准分析；这些离不开全员参与的浓厚氛围，从高层管理者的战略引领到基层员工的日常践行，每一个环节都凝聚着全体人员对预算执行的高度责任感与执行力；更依靠制度刚性的有力保障，通过严谨完善的授权审批制度、考核奖惩机制以及预算调整规范，确保预算执行不偏不倚。唯有持续迭代优化这一流程体系，紧密贴合复杂多变的营商环境，方能为企业战略目标的达成提供源源不断的动力与坚实保障。

二、预算监控机制

预算执行与监控是两个紧密相连、相互支持的关键环节，它们共同作用，确保企业在全面预算管理的框架内稳定运行。通过有效的执行和严格的监控，企业能够实现预算目标，推动整体发展。而预算监控机制，则当之无愧地扮演着全面预算管理体系中“瞭望塔”与“纠偏仪”的关键角色，它时刻保持着高度的警觉，全方位、不间断地审视着企业预算执行的每一个细微环节，确保企业的经济活动如同按照精准导航行驶的巨轮，始终不偏离既定的战略航线，为企业战略目标的顺利落地构筑起一道坚不可摧的屏障。接下来，将对其核心构成要素逐一展开详细阐述。

（一）监控指标体系构建

1. 财务核心指标

财务核心指标作为企业经营状况的关键“晴雨表”，始终聚焦于营收、利润、成本、资产负债率等一系列历经时间考验的传统指标。对于制造业企业而言，单位产品成本的每一丝波动都如同牵动企业利润神经的敏感丝线，由于制造业生产流程相对固定、成本结构较为明晰，一旦单位产品成本偏离既定标准，哪怕只是细微的变动，都可能对整体利润空间造成显著侵蚀。因此，企业会借助先进的成本核算系统，实时监测原材料采购价格波动、生产工艺优化或劣化对成本的影响，一旦成本波动超出预设阈值，系统便会立即触发警报，促使管理层迅速排查原因，可能是近期原材料供应商因不可抗力因素减产提价，抑或生产线上某一关键设备老化导致废品率上升，从而及时采取应对措施，如紧急寻找替代供应商、加速设备更新改造计划等。

与之类似，服务业企业的经营效益则与客单价、获客成本紧密相连。以在线教育平台为例，客单价的微妙变化可能源于课程内容升级、市场供需关系调整，或是竞争对手推出差异化定价策略；而获客成本的波动则受到广告投放渠道效果、营销活动转化率等多种因素影响。平台运营团队通过每日分析用户注册、付费转化数据，精准监控客单价及获客成本走势，若发现获客成本在某一时间段内急剧攀升，且新增用户付费转化率未达预期，便会及时调整营销策略，如优化广告投放关键词、开展老用户推荐奖励活动等，确保经营效益维持在健康区间。

2. 业务关键绩效指标（KPI）

业务关键绩效指标具有鲜明的行业特性烙印，企业必须量体裁衣，依据自身所处行业的独特运营模式、业务流程以及战略重点，精心定制专属的KPI体系。对于连锁零售企业来说，同店销售额是衡量门店经营稳定性与增长潜力的核心标尺，它剔除了新店扩张带来的干扰因素，真实反映了老店在现有市场环境、客户群体基础上的销售能力变化。若某连锁便利店品牌旗下某门店销售额连续两个月出现下滑，管理层便会深入分析原因，可能是周边新开的竞争对手门店分流客源、店内商品陈列布局不合理影响顾客选购体验，或是近期促销活动缺乏吸引力等，进而有针对性地调整运营策略，如加强门店员工服务培训、优化商品组合、推出更具竞争力的促销活动等。

同时，库存周转率也是连锁零售企业不可忽视的关键指标，它直接关系到企业资金的回笼速度与库存管理成本。借助专业的库存管理系统，企业能够实时掌控各门店各类商品的库存水平、进货频率以及销售速率，确保畅销商品不断货、滞销商品不积压，维持库存周转率在合理高效区间，避免因库存积压导致资金占用成本飙升，或因缺货错失销售良机。

在软件企业领域，项目交付准时率和代码缺陷率则是关乎企业声誉、客户满意度以及后续业务拓展的关键命脉。项目交付准时率体现了企业项目管理能力与对客户承诺的履行能力，一旦某个大型软件定制项目出现交付延迟迹象，可能是开发团队在技术难题攻克上遭遇瓶颈、项目需求变更管理不善，或是不同开发模块间协同出现问题等，企业需迅速调集技术专家、项目经理组成应急小组，梳理项目进度节点，重新调配资源，加班加点追赶进度，确保项目按时交付，维护客户信任。而代码缺陷率则直接影响软件产品质量与稳定性，过高的缺陷率将导致客户投诉量激增、售后维护成本剧增，企业通过严格的代码审查流程、自动化测试工具以及质量管控体系，实时监控代码缺陷情况，一旦缺陷率超出可接受范围，立即回溯开发环节，加强代码审核、优化测试用例，从源头上保障软件产品质量。

3. 风险预警指标

在风云变幻的市场环境中，企业犹如在波涛汹涌的大海中航行的船只，必须时刻警惕各类潜在风险，而风险预警指标则是提前察觉危机信号的“敏锐触角”。市场份额流失率和客户流失预警指标如同企业市场地位的“守护者”，以某快消品企业为例，其凭借广泛分布的销售渠道和深入人心的品牌形象在市场中占据一席之地。但随着新兴竞争对手携创新产品强势入局，该企业若未能及时察觉市场份额的悄然流失，待市场格局已发生显著改变时再行应对，往往为时已晚。因此，企业借助专业市场调研机构数据、线上线下销售渠道监测以及客户反馈收集系统，实时跟踪自身产品在各细分市场、不同销售区域的占有率变化，以及客户购买频次、购买金额等行为数据，一旦发现市场份额连续两个季度下滑超过 5%，或某一关键客户群体购买活跃度骤降 30%，便即刻启动深度市场分析，研究竞争对手产品优势、自身营销策略短板，及时调整产品定位、促销活动方案，全力稳固市场根基。

在关乎企业生死存亡的资金链安全层面，现金储备天数和流动比率则是两道关键“防线”。现金储备天数直观反映了企业在无额外现金流入情况下，依靠现有现金储备维持运营的时长，房地产企业由于项目开发周期长、资金投入大、资金回笼速度相对较慢，对现金储备天数格外关注。如某房地产项目公司在项目预售阶段遭遇市场调控政策收紧，销售回款受阻，若前期未合理规划现金储备，当现金储备天数逼近警戒线时，企业可能面临无法按时支付工程款、农民工工资等严峻局面，从而引发一系列连锁反应，甚至导致项目烂尾。因此，企业通过紧密监控销售回款进度、合理安排融资计划、优化资金支出结构，确保现金储备天数维持在安全区间，同时密切关注流动比率，确保企业资产流动性处于健康状态，避免因短期偿债能力不足陷入资金链断裂危机。

（二）信息采集与反馈渠道

1. 信息化集成平台

在数字化浪潮汹涌澎湃的当下，信息化集成平台已然成为企业实现高效预算监控的强大“引擎”，其中以ERP系统、专业财务软件为代表的数字化工具，凭借其强大的数据整合与处理能力，成功打破了长期横亘在企业各部门之间的“数据孤岛”，实现了业务与财务数据的实时、无缝同步。在一家现代化的制造企业中，当销售团队成功签订一笔大额订单并录入系统瞬间，这一关键业务信息便如同插上了翅膀，通过集成平台实时飞抵财务部门，财务系统立即响应，精准更新营收数据，同步触发应收账款管理流程。与此同时，生产部门也能同步接收订单信息，依据库存状况、生产排期迅速组织原材料采购与生产任务安排。生产领料环节，物料管理系统自动扣减库存数量，并依据预设成本核算规则，精确归集生产成本至相应订单项目，实现了从销售订单生成、原材料采购、生产加工到财务核算全过程数据的一站式集成，为企业管理层提供了即时、全面、精准的决策依据，确保预算监控能够实时、动态地反映企业经营全貌。

2. 定期报告机制

定期报告机制宛如企业预算监控的“生物钟”，有条不紊地推动着各部门定期梳理、总结业务进展情况，并向管理层及时汇报。各部门依照既定周期（周、月、季）精心编制预算执行报告，报告内容翔实细致，不仅如实详述业务推进过程中的关键节点完成情况、实际业绩与预算目标的偏差详情，还会附上针对偏差问题所拟定并已付诸实施的应对举措及阶段性效果评估。财务部门则肩负起汇总、整合各部门报告数据的重任，运用专业财务分析工具与数据可视化技术，将海量复杂数据转化为直观易懂的可视化图表，如以仪表盘形式全景展示企业关键财务指标实时状态，红、黄、绿指示灯醒目提示指标是否处于正常区间；以柱状图、折线图对比分析各业务板块的营收增长趋势、成本变动曲线，让管理层洞若观火，精准把握企业运营全局态势，及时发现潜在问题与风险点，为战略决策调整提供有力支撑。

3. 专项会议沟通

专项会议沟通机制则是企业应对复杂多变市场环境、突发重大状况的

“应急指挥中心”。当企业启动重大项目时，如药企研发一款攻克疑难病症的创新药、科技企业布局建设新一代数据中心等，或遭遇突发状况，如全球性公共卫生事件冲击旅游、餐饮等行业时，企业会迅速召集专项会议。会议现场，项目组核心成员直面难题，深入剖析项目推进过程中遭遇的技术瓶颈、资源短缺、市场需求变更等难点、痛点。以新品研发为例，若研发团队在临床试验阶段发现药物的副作用超出预期，导致研发周期延长、预算超支，此时便需要跨部门协同作战。研发部门详细阐述技术难题细节、预估后续研发难点与时间成本；市场部门基于最新市场调研分析药物市场前景变化、潜在客户群体接受度进行调整；财务部门则精准核算资金缺口、评估不同应对方案对财务状况的影响，各方围坐一堂，头脑风暴，当场拍板敲定调整策略，确保信息在企业内部高效畅达流转，决策迅速精准落地，最大程度降低不利因素对企业预算执行与战略目标实现的冲击。

（三）监控频率设定

1. 高频实时监控

在企业运营的某些关键业务领域以及资金流动关键环节，高频实时监控机制如同 24 小时不间断运转的“电子眼”，时刻保持高度警惕，实施秒级甚至毫秒级别的实时盯梢，确保任何细微的异常都能在第一时间被精准捕捉。对于金融机构而言，资金交易安全是其安身立命之本，面对每秒数以万计的资金交易，借助先进的实时监控系统与智能算法，能够对每一笔交易的金额、交易对手、交易类型、交易时间等关键信息进行即时分析比对，一旦侦测到异常交易模式，如短期内资金频繁大额转出至可疑账户、交易金额超出客户日常交易范围且交易 IP 地址异常等疑似欺诈行为，系统将立即冻结交易，并同步推送警报至风控人员手机、邮箱，确保金融资产安全，防范洗钱、诈骗等违法犯罪行为发生。

同样，物流企业为保障货物按时、安全送达客户手中，对货物运输轨迹实施全程高频监控，借助 GPS 定位技术、物流大数据平台，每间隔几分钟便更新一次货物位置信息，一旦发现货物运输路线偏离预设规划、运输车辆长时间停滞不前或车速异常等情况，调度中心便能迅速响应，及时联系司机了解情况，排除车辆故障、道路拥堵等突发问题，必要时紧急调配周边车辆进行转运，确保货物运输时效，维护客户满意度。

2. 常规定期审视

常规定期审视机制则如同企业运营的“定期体检”，以月度、季度为周期，对企业整体经营状况进行全面、深入的扫描与剖析。每月度，企业财务、业务部门会携手开展细致入微的财务及业务指标核查工作，详细比对实际营收、成本、利润数据与预算目标的差异，深入分析各业务板块业绩贡献、成本费用明细变动原因，挖掘潜在的成本节约空间、业务增长机会点；每季度，企业则会上升至战略高度进行深度复盘，全面梳理当前业务发展态势与企业长期战略规划的契合度，评估资源配置合理性与效率，审视各产品线在市场竞争中的表现、利润贡献能力以及发展潜力，如某季度末经全面分析发现某传统产品线市场份额持续萎缩、利润微薄，且未来发展前景黯淡，企业管理层便会果断决策，逐步削减该产品线资源投入，将宝贵资源向新兴高增长产品线倾斜，优化业务布局，确保企业长期稳健发展态势。

（四）偏差识别与预警规则

1. 阈值设定

阈值设定是偏差识别与预警规则的核心“标尺”，企业需综合考量历史经营数据沉淀、同行业标杆企业参考数据以及自身战略目标容忍度等多维度因素，为每一个监控指标量身定制科学合理、精准灵活的“警戒红线”。以成本控制为例，若某企业所处行业原材料价格波动相对频繁，但企业凭借高效供应链管理与成本优化举措，过往年度单位产品成本波动幅度基本控制在5%以内，结合当前市场环境预测及战略成本目标，企业便可将成本超预算阈值设定为10%，一旦实际成本超出预算的10%，系统即刻启动预警流程。这一阈值并非一成不变，随着企业生产工艺改进、市场竞争格局变化以及战略重点调整，企业会适时动态校准阈值，确保预警机制既能及时捕捉异常，又不会因过于敏感频繁误报干扰正常运营决策。

2. 智能预警触发

智能预警触发机制则依托先进的信息技术与智能算法，实现了预警流程的自动化、精准化与高效化。当实时或定期采集分析的数据触碰预设阈值瞬间，预警系统如同被触发的“智能哨兵”，立即自动推送详细警报信息至相关责任人手机短信、工作邮箱等常用的通信终端，警报内容不仅清晰标注偏差详情，如某项目进度滞后具体百分比、某地区销售额下滑具体金额，还会附上基于历史数据与趋势预测模型生成的深度趋势分析报告，辅助责任人迅速判断偏差严重程度、潜在影响范围。例如，车间主管收到产量下滑预警信息后，借助附带趋势分析，可快速判断是短期设备故障导致的临时性波动，还是因市场需求锐减引发的长期趋势性下滑，从而有的放矢地启动应对流程，大幅提升问题响应速度与解决效率。

（五）纠偏调整程序

1. 偏差分级响应

偏差分级响应机制恰似企业应对预算偏差的“分层作战方案”，依据偏差严重程度精准匹配不同层级、不同力度的应对举措。当偏差处于轻微级别（偏差率小于 5%）时，授权部门内部自主决策，灵活调整业务策略，如销售团队发现某区域产品周度销量较预算滞后 3%，经内部快速商议，决定临时增加周末促销活动场次、加大线上推广力度，销售人员主动加班加点拓展客户资源，争取在短期内追回进度，维持预算执行平稳态势；若偏差升级至中度区间（偏差率介于 5% ～ 15%），则迅速启动部门联调机制，涉及跨部门资源重新配置、业务流程深度优化，如生产企业因原材料供应延迟导致多条生产线开工不足，成本上升，此时生产部门联合采购、物流、财务等多部门协同作战，采购部门紧急寻找替代供应商并协商加急供货条款，物流部门优化运输路线与配送计划，财务部门重新评估成本预算并调配资金确保应急采购资金充足，通过多部门高效联动，化解危机；一旦偏差迈入重度范畴（偏差率大于15%），则直接触达管理层战略审视高度，管理层可能果断决策暂停部分非核心项目、紧急追加关键项目投资、调整企业战略布局方向。例如，某科技企业在其核心技术研发项目上进度严重滞后且预算超支 20%，经管理层战略评估，暂停两项具有前瞻性但短期效益不明显的探索项目，集中优势资源全力攻克核心技术的难关，确保企业战略主线不受冲击。

2. 调整审批流程

调整审批流程则是确保纠偏调整方案合法合规、科学合理的“把关锁钥”。任何调整方案在正式实施前，都需历经严谨充分的论证过程，由提出部门详细阐述偏差成因、调整策略依据、预期效果评估以及潜在风险分析；财务部门运用专业财务知识与数据模型，严格审核调整方案对财务指标、资金流的影响，确保财务稳健性；法务部门则从法律法规合规性视角，仔细审查调整方案所涉及的合同变更、业务模式调整等事项是否存在法律风险隐患，确保企业运营合法、合规；最终，调整方案呈交高层管理层定夺，管理层站在企业战略全局高度，权衡利弊，拍板决策。唯有获批后的调整方案，方能迅速更新至现有预算体系，通过内部通告、系统推送等方式确保全员知悉，重启高效执行流程，保障企业预算执行重回正轨，朝着既定的战略目标奋勇前行。

预算监控机制绝非一蹴而就、一成不变的静态体系，它需要企业在长期实践过程中持续打磨优化，依据市场环境动态变化、企业战略转型需求以及内部管理提升要求不断迭代升级；同时，离不开全员高度参与、深度践行，每一位员工都应成为预算监控的“践行者”与“守护者”，将预算意识融入日常工作点滴；更需借助数字化技术赋能增效为制度体系保驾护航，方能精准把控企业运营脉搏，从容应对市场风云变幻，助力企业预算目标从“纸面蓝图”切实落地转化为“实地硕果”。

第四节 预算分析与调整

一、预算分析方法

预算分析方法作为企业实施精准预算管理的关键利器，在现代企业运营管理中占据着举足轻重的地位。它犹如企业前行航道上的精准导航仪，借助对预算执行各项细节的深度剖析，助力企业管理者实时洞察预算执行动态、敏锐捕捉潜在问题，并及时高效地作出战略调整与优化决策，确保企业始终稳健航行于既定发展轨道。以下将对一系列常见且实用的预算分析方法逐一展开详尽阐释。

（一）比较分析法

1. 与预算目标比较

这是最为基础且核心的比较维度，企业管理层通过严谨地将实际执行成果与预先精心设定的预算目标进行细致比对，能够即刻获取直观清晰的差异数据，包括精准量化的差异额以及以百分比形式呈现的差异率，从而精准判断业务运行是否精准契合预期轨道。以一家中型制造企业为例，在季度财务复盘时，财务团队会将当季实际销售收入数据与年初制定的季度销售预算目标逐项比对。假设预算设定该季度销售收入为 5 000 万元，而实际仅达成 4 500 万元，经计算，差异额为 -500 万元，差异率则达到 -10%，这一鲜明的数据对比直观揭示出该季度销售业绩未能达标，且清晰量化了偏离预期的程度，为后续深入探寻销售乏力的根源，诸如市场推广效果欠佳、产品竞争力下滑或销售团队执行力不足等问题，提供了关键的数据指引与分析切入点。

2. 与历史同期比较

为全面洞悉企业业务发展的动态轨迹以及在市场竞争格局中的稳定性表

现，将当下预算执行期的数据与过往历史同期数据进行系统对比是不可或缺的。以一家连锁餐饮企业为例，在进行成本费用管控分析时，财务人员会调取本季度与去年同一季度的成本费用明细数据进行对比，数据涵盖食材采购成本、员工薪酬支出、店面租金及水电费等各项开支。若对比发现，去年同期食材采购成本占营业收入的35%，而本季度这一比例攀升至40%，即便营业收入有所增长，但成本占比的显著上升仍警示着企业需深度审视食材采购渠道、供应链管理效率或菜品结构调整等环节可能存在的问题，进而结合市场动态与企业运营策略变化，精准判断成本波动究竟是短期偶发性因素所致，还是预示着长期成本管控隐患，以便提前布局应对举措。

3. 与行业标杆比较

在竞争激烈、行业格局瞬息万变的市场环境中，企业要想脱颖而出并实现持续进阶，对标行业先进典范是必由之路。通过与同行业的领军企业或行业平均水准进行全方位、多维度的数据对标，企业能够精准定位自身在行业生态中的坐标，明晰自身优势所在与差距短板，进而汲取标杆企业的先进经验与成功实践，为自身优化升级注入新动力。例如，在评估企业资产运营效率时，一家电子制造企业会将自身的资产周转率与行业内公认的标杆企业进行细致比较。若标杆企业资产周转率为1.5次/年，而自家企业仅为1.1次/年，这一差距便直观凸显出企业在资产盘活、生产流程优化或库存管理等可能存在滞后的环节，促使企业管理层对标先进做法，从优化生产线布局、强化供应链协同降低库存积压，到提升设备利用率加速资产周转等维度，全面挖掘潜力，提升运营效能。

（二）比率分析法

1. 盈利能力分析比率

盈利能力堪称企业生存发展的根基命脉，毛利率、净利率、净资产收益率等关键比率则是精准度量这一核心能力的关键标尺。以毛利率计算为例，公式为（销售收入－销售成本）/销售收入 ×100%，在一家服装制造企业中，若某季度销售收入为 8 000 万元，销售成本为 5 000 万元，依此公式计算，毛利率为（8 000 － 5 000）/8 000×100% ＝ 37.5%，这意味着企业在扣除直接用于产品生产的原材料、人工等成本后，尚有 37.5% 的利润空间可用于覆盖运营费用、研发投入以及实现盈利目标。净利率则进一步考量了企业所有费用支出后的终极盈利水平，净资产收益率聚焦于股东权益回报。这些比率相互关联、层层递进，从不同层面综合勾勒出企业盈利能力全景，为管理层优化产品定价策略、成本管控路径以及利润分配方案提供关键决策依据。

2. 偿债能力分析比率

稳健的财务结构与良好的偿债能力是企业抵御市场风浪、确保可持续发展的坚实盾牌，资产负债率、流动比率、速动比率等偿债能力比率则是量化评估这一关键能力的核心指标。以资产负债率为例，计算公式为负债总额 / 资产总额 ×100%，对于一家处于扩张期的房地产企业而言，若负债总额为 80 亿元，资产总额为 120 亿元，资产负债率即 80/120×100% ≈ 66.7%。一般而言，行业合理资产负债率区间因行业特性而异，房地产行业因项目开发资金需求大、周期长，该比率相对较高，但 66.7% 的资产负债率仍需结合企业现金流状况、融资成本及市场前景谨慎评估财务风险。流动比率（流动资产 / 流动负债）和速动比率（速动资产 / 流动负债）则更聚焦于企业的短期偿债能力，通过对货币资金、应收账款、存货等流动资产项目的精细化分析，判断企业在面临短期债务到期时能否迅速变现资产、足额偿债，为企业合理规划债务结构、优化资金配置提供关键数据支撑。

3. 营运能力分析比率

高效的资产运营效率是企业在激烈的市场竞争中脱颖而出的核心竞争力之一，应收账款周转率、存货周转率、总资产周转率等营运能力比率宛如企业资产运营的“效能仪表盘”，精准量化反映各项资产在企业经营循环中的周转速度与利用效率。以应收账款周转率计算为例，公式为销售收入 / 平均应收账款余额，假设一家软件服务企业年度销售收入为 1.2 亿元，年初应收账款余额为2 000万元，年末为3 000万元，平均应收账款余额为（2 000＋3 000）/2＝2 500万元，则应收账款周转率为1.2亿/2 500万元＝4.8次/年，这意味着企业平均每年收回应收账款4.8次，周转效率越高，表明企业资金回笼速度越快，坏账风险越低，运营资金流转更为顺畅。存货周转率（销售成本/平均存货余额）则衡量企业存货管理水平，总资产周转率（销售收入/平均资产总额）从整体资产层面评估企业运营效能，这些比率协同联动，为企业优化供应链管理、生产计划调度以及资产配置策略提供精准导航。

（三）趋势分析法

1. 时间序列分析

时间序列分析是一种极具洞察力的纵向数据分析方法，通过将企业各项关键预算指标按照时间先后顺序进行严谨有序的排列整合，能够直观呈现出指标随时间推移的动态演变轨迹，为企业洞察发展趋势、预测未来走向提供关键线索。以一家快速消费品企业为例，为精准把握市场需求脉搏、优化产品研发与营销策略，市场分析团队会精心绘制过去五年的销售收入走势图，横坐标为年份，纵坐标为销售收入金额。通过细致观察曲线走势，若发现销售收入在前三年呈现稳步增长态势，年增长率维持在10%～15%区间，而近两年增速放缓，甚至出现轻微下滑趋势，这一鲜明的趋势变化便会立即触发管理层对市场饱和度、消费者偏好转移、竞争格局异动等潜在因素的深度探究，以便提前谋划产品创新升级、拓展新兴市场或调整营销组合等应对策略，确保企业持续增长动能。

2. 移动平均分析

在数据波动频繁、季节性或周期性干扰因素较多的复杂市场环境中，移动平均分析凭借其独特的数据平滑处理能力，能够有效滤除短期随机波动噪声，更精准地勾勒出数据底层蕴含的长期趋势主线。以一家旅游企业为例，受旅游淡旺季分明以及突发事件（如公共卫生事件）影响，景区门票销量数据呈现出显著的季节性波动与不规则扰动。为清晰洞察门票销量的真实趋势，企业采用三个月的移动平均法进行数据分析，即计算前三个月门票销量的算术平均数作为当月的移动平均值。如此一来，短期内因节假日、天气异常等因素导致的销量高峰或低谷得以有效平滑，使管理层能够透过数据表象，精准捕捉到景区游客流量的核心趋势，如旅游旺季游客量增长斜率、淡季下滑速率以及长期潜在的游客需求变化趋势，为合理安排运营资源、制定精准营销策略提供可靠依据。

（四）因素分析法

1. 连环替代法

当企业试图深度剖析某一复杂经济指标背后多元驱动因素的作用机制与影响权重时，连环替代法堪称一把精准的手术刀。以产品成本分析为例，假设某产品成本受原材料价格、用量以及生产效率等三个关键因素的影响，企业首先明确基期成本计算公式及各因素基期数值，如基期成本＝原材料价格（P_0）× 原材料用量（Q_0）× 生产效率系数（E_0）。在分析期，各因素实际数值分别为 P_1、Q_1、E_1，分析时按照预定顺序依次替代各因素，先假定只有原材料价格变动（$P_1 \times Q_0 \times E_0$），计算出价格变动对成本的影响值；接着在价格变动基础上，替换原材料用量（$P_1 \times Q_1 \times E_0$），得出用量变动影响；最后替换生产效率系数（$P_1 \times Q_1 \times E_1$），获取生产效率变动影响。通过这一严谨有序的连环替代过程，能够精准量化每个因素在成本变动中的独立贡献与累积效应，为企业靶向施策、精准管控成本提供精细化决策支持。

2. 差额分析法

作为连环替代法的简化高效变体，差额分析法直击关键，通过直接计算各因素实际数与基数之间的差额，并迅速量化该差额对分析指标的影响程度，大幅提升了分析效率。仍以产品成本因原材料价格上涨为例，若基期原材料价格为每吨 5 000 元，本期上涨至每吨 5 500 元，原材料用量基期为 100 吨，本期维持不变，生产效率也无显著变化。运用差额分析法，直接计算原材料价格差额为 5 500 － 5 000 ＝ 500 元 / 吨，该差额对成本的影响即

为 $500 \times 100 = 50\,000$ 元，直观揭示出因原材料价格上涨导致产品成本增加 50 000 元，为企业快速评估成本冲击、及时启动采购策略调整（如拓展供应渠道、协商价格稳定条款）或产品定价优化提供即时数据依据。

（五）结构分析法

1. 成本结构分析

成本结构犹如企业运营成本的“基因图谱”，深入剖析成本构成明细及其动态变化趋势，是企业实施精准成本管控、挖掘降本增效潜力的关键前置步骤。以一家机械制造企业为例，通过精细化成本结构分析，拆解出原材料成本占总成本 45%、人工成本占 30%、制造费用占 25% 的详细构成。若对比过往年度数据就会发现，原材料成本占比逐年攀升，进一步深挖原因可能是特定原材料全球供应紧张导致采购单价上扬，或产品设计变更致使原材料用量超预期增加。针对这一洞察，企业可从供应链优化（全球寻源、签订长期协议锁定价格）、产品设计改良（轻量化、标准化设计降低材料消耗）以及生产工艺革新（提高材料利用率）等多维度精准施策，重塑成本结构，提升成本竞争力。

2. 收入结构分析

收入结构则是企业营收来源的“藏宝地图”，系统研究不同产品、地区及客户群体对总收入的贡献占比及动态变迁，能够精准指引企业优化产品布局、拓展市场版图以及深耕客户关系管理策略。以一家综合性家电企业为例，经深度剖析收入结构发现，冰箱产品收入占比从过往三年的 40% 逐步下滑至 30%，而空调产品收入占比则由 30% 稳步增长至 40%，且新兴市场地区收入增速远超传统成熟市场，高净值客户群体购买金额占比持续提升。基于这些关键洞察，企业可果断加大空调研发与市场推广资源投入，针对新兴市场定制专属产品与营销策略，聚焦高净值客户群体需求打造高端产品线，实现资源优化配置，驱动收入持续增长。

（六）敏感性分析法

1. 单因素敏感性分析

在复杂多变的市场环境中，企业需敏锐洞察各关键因素波动对预算指标的潜在冲击，单因素敏感性分析便是精准度量这一敏感度的实用工具。以一家日化产品企业为例，假设当前产品售价为每件 50 元，年销售量为 100 万件，成本为每件 30 元，年利润为（50 － 30）×100 万＝ 2 000 万元。现运用单因素敏感性分析，假设其他条件不变，仅模拟产品售价变动对利润的影响，若售价提升 10%，变为每件售价 55 元，利润将变为（55 － 30）×100 万＝ 2 500 万元，利润增幅达 25%；反之，若售价下降 10%，变为每件售价 45 元，利润则降为（45 － 30）×100 万＝ 1 500 万元，利润降幅为 25%，这清晰量化出产品售价每变动 1%，利润同向变动 2. 5%，凸显企业对售价因素的高度敏感性，为企业定价决策、促销策略制定提供关键数据支撑。

2. 多因素敏感性分析

现实市场中，多个因素往往相互交织、协同作用，共同影响企业预算执行结果，多因素敏感性分析则通过构建复杂数学模型，全景模拟不同因素组合变动下的预算指标动态变化，为企业提供前瞻性战略预警与决策支持。仍以日化企业为例，除产品售价外，还纳入原材料成本、广告宣传费用、市场需求增长率等多个关键因素，设定不同变动区间与概率分布，运用蒙特卡罗模拟等技术手段，进行数千次甚至数万次的多因素组合模拟运算，生成利润在不同市场情景下的概率分布曲线与预期值。模拟结果显示，在原材料成本上升 10%、广告宣传费用削减 20%、市场需求增长率放缓至 5% 的复合不利情景下，企业有 30% 的概率出现利润下滑 50% 以上的严峻局面，促使企业提前制定应急预案，如研发新材料替代原材料、优化广告投放策略或拓展新兴市场渠道，提升企业应对复杂多变市场环境的韧性与灵活性。

二、预算调整策略

预算调整策略在企业预算管理体系中扮演着至关重要的角色，它宛如企业在复杂多变的商业海洋航行时的“导航修正仪”，能依据内外部环境的风云变幻以及预算执行的实时状况，灵活且精准地对初始设定的预算方案进行修订完善，确保企业始终沿着稳健、高效的航线前行。以下将详细阐述一系列常见且实用的预算调整策略。

（一）基于市场环境变化的调整策略

1. 市场需求波动调整

市场需求作为企业生产经营活动的核心驱动力之一，其波动犹如企业前行路上的“晴雨表”，时刻牵动着预算规划的神经。当市场调研部门敏锐捕捉到市场需求呈现显著上扬态势时，企业必须迅速做出响应，积极拓展产能以迎合市场的热切召唤。例如，一家智能手机制造企业在新品发布后，市场反馈热烈，销量远超预期，订单如潮水般涌来，此时便需果断加大生产预算，紧急增购生产设备、扩充生产线，招募并培训更多熟练工人，确保充足的产品供应；同步适度提升销售费用预算，将资金精准投向广告投放、线下门店促销以及线上营销活动等关键领域，全力扩大品牌知名度与产品市场覆盖率，进一步巩固并拓展市场份额优势。

反之，当市场寒潮袭来，需求持续萎靡不振，企业则要迅速收缩战线，削减生产预算。如传统燃油汽车在新能源汽车的冲击下，销量下滑，车企需减少生产线开动班次，降低原材料采购量，合理控制库存水平，防止积压；销售端则需精打细算，削减不必要的营销开支，优化销售团队架构，聚焦核心区域与客户群体，确保每一分营销资金都能换来实打实的销售成果，平稳度过市场低谷期。

2. 竞争对手策略调整

在竞争激烈如战场的商业世界里，竞争对手的一举一动皆可能掀起市场波澜，企业必须时刻保持高度警觉，如同紧盯对手棋路的棋手，及时调整自身战略布局。当竞争对手推出降价促销这一“杀招”时，企业绝不能坐视不理。例如，在家电行业，某头部品牌突然大幅降低某款畅销空调价格，同业竞品企业为稳住阵脚，须即刻重新审视自身价格体系，权衡成本与市场接受度后，或选择跟进降价，直接调整销售收入预算，预估因价格变动带来的销量与利润变化；同时，巧妙调配营销费用预算，加大差异化卖点宣传，如突出企业自身空调的节能技术优势、智能操控体验或卓越售后服务，以此吸引消费者目光，在价格混战中另辟蹊径，守护市场份额的“阵地”。

（二）基于企业内部经营状况的调整策略

1. 成本控制调整

成本管控是企业盈利能力的“安全阀”，一旦发现成本有失控迹象，企业必须迅速深入成本构成的“肌理”，精准定位症结所在，实施靶向治疗。倘若原材料市场因国际形势动荡、供应短缺等因素引发价格飙升，如钢铁行业遭遇铁矿石价格大幅上扬，企业采购部门需紧急与供应商开启艰难谈判，凭借长期合作默契、批量采购潜力以及市场情报共享等策略，全力争取价格优惠；研发团队同步发力，加速寻找性价比更高的替代材料，测试其性能与适配度；采购计划也需重新优化，基于精准的市场预测与库存动态管理，避开价格高峰时段，合理安排采购量与进货周期，从源头上调整采购预算，缓解成本压力。

面对人工成本居高不下难题，企业人力资源管理部门需祭出“组合拳”。一方面，审视人员结构合理性，精减冗余岗位，优化部门职能分工，将有限人力聚焦核心业务流程；另一方面，通过加强员工技能培训、引入先进生产管理技术，如优化生产理念与自动化设备，提升劳动效率，实现人员精简化与效能最大化的双重目标；薪酬政策也可适度微调，构建更具激励性与灵活性的薪酬体系，将薪酬与绩效紧密挂钩，奖励高效产出，鞭策低效环节，从而合理调整人工成本预算，重塑成本竞争力。

2. 业务发展调整

企业内部业务板块犹如一艘巨轮的各个引擎，发展速度与前景各异，需精准资源“燃油”供给。当新兴业务板块展现出蓬勃生机，如某互联网企业旗下的短视频社交业务用户量呈指数级增长，市场潜力巨大，企业管理层当机立断，加大资源倾斜力度。从资金预算层面，大幅追加研发资金，招揽顶尖算法工程师、内容创作者，优化平台推荐算法、丰富内容生态；市场拓展预算也水涨船高，赞助热门综艺节目、开展跨界合作、投放社交媒体广告，全方位提升品牌热度与用户黏性；运营团队迅速扩充，增设客服岗位提升用户体验，构建本地化运营团队进军海外市场，助力业务腾飞。

相反，对于那些如同拖着沉重包袱的老旧业务，如传统胶卷冲印业务在数码摄影冲击下日渐式微，持续亏损、发展无望，企业需痛下决心，削减预算投入，逐步淘汰落后产能，转移剩余资源至新兴业务“造血干细胞”；或从战略高度重新评估，探索转型路径，如转型为高端艺术冲印工作室，服务小众专业市场，调整预算结构，为企业“瘦身减负”，实现资源高效配置。

（三）基于宏观经济环境变化的调整策略

1. 经济形势调整

宏观经济形势是企业经营的“大气候”，经济增长放缓、通货膨胀等“冷空气”来袭时，企业需未雨绸缪，及时披上“保暖衣”。在经济下行周期，市场需求疲软、投资风险攀升，企业需奉行稳健保守策略。例如，房地产企业面对市场观望情绪浓厚、销售回款艰难的局面，大幅压缩投资预算，暂停拿地计划，放缓新楼盘开发进度，避免过度扩张带来资金链断裂风险；经营目标也顺势调低，从追求高速增长转向确保资金回笼与债务偿还，优化成本结构，削减非必要运营开支，如降低办公场地租赁标准、缩简差旅费用，确保企业在经济寒冬中“现金为王”，平稳过冬。

2. 政策法规调整

政策法规宛如高悬企业头顶的“指挥棒”，每一次挥动都可能改变企业命运轨迹。当税收政策利好出台，如政府为扶持高新技术企业推出研发费用加计扣除、所得税减免政策，企业财务部门需迅速精准核算，调高利润预算，重新规划资金用途，加大研发投入力度，招揽高端科研人才，购置先进实验设备，加速技术创新迭代；或是利用税收优惠资金提前偿还高息债务，优化财务结构。

而环保政策趋严时，如化工行业面临排放标准大幅提升，企业须咬紧牙关增加环保投入，升级生产设备，安装高效废气废水处理装置，调整相关成本预算，预估设备采购、运维及环保耗材费用。投资预算也要向绿色技术研发、清洁生产工艺转型倾斜，淘汰落后高污染产能，顺应政策风向，实现可持续发展转型。

（四）基于预算执行偏差的调整策略

1. 轻微偏差调整

当预算执行出现轻微偏差时，企业可采取灵活且精细化的内部调整策略，以免过度反应。例如，针对公司某部门月度办公用品费用略高于预算的情况，部门负责人应迅速启动自我检查与纠正机制。具体措施包括：优化办公用品申领流程，推广无纸化办公模式，鼓励使用双面打印和旧物复用，以减少纸张消耗；加强办公用品库存管理，实施定期盘点与清理，确保资源有效利用，避免积压和闲置；同时，通过内部培训增强员工的节约意识，提升费用使用效率。通过这些细致入微的管理措施，部门能够在不影响整体运营的前提下，逐步将超支费用调整至预算范围内。这种做法不仅有助于维持整体预算平衡，还能有效避免因小问题引发的大范围预算调整，确保企业资源得到合理配置，整体运营效率不受影响。通过这样的精细化管理，企业能够在保持预算严肃性的同时，灵活应对各类轻微偏差，确保企业稳健前行。

2. 重大偏差调整

当预算执行出现重大偏差，严重影响预算体系稳定性时，企业必须立即启动全面的应急调整机制。此时，企业应重新召集相关部门进行深度讨论，依据最新的市场信息和业务动态，对业务目标的合理性进行再评估。例如，若某产品原定进军高端市场的策略因竞争对手的强烈阻击和技术瓶颈而未达预期，则需重新界定目标市场，并相应调整营销策略。在此基础上，企业需逐一对各项预算指标进行细致梳理与调整，包括生产规模、销售价格及成本结构等方面，以实现全面的预算重塑。同时，深入分析偏差产生的根本原因，无论是市场调研的失误、执行过程中的不足，还是外部环境的不可抗力因素，都需明确识别。针对发现的问题，企业应着手完善预算管理制度，强化监控机制，增设关键节点的审核流程以及实时数据预警系统，确保能够及时识别并应对潜在的预算风险，防止类似重大偏差再次发生，从而维护企业预算体系的稳健与高效。

（五）调整预算的方式和程序

1. 定期调整与不定期调整结合

企业预算调整需兼顾稳定性与灵活性，如同精准时钟与灵敏警报器协同工作。定期调整如同时钟准点报时，在预算周期关键节点，如季度末财务结算、半年度战略复盘之际，各部门依循既定流程，全面梳理业务进展、财务数据，结合市场最新趋势，对后续阶段预算进行有条不紊地修订，确保预算与业务发展“步伐”协调一致。

不定期调整则像警报器遇突发危机即刻鸣响，当内外部环境突发剧变，如突发公共卫生事件冲击旅游、餐饮行业，企业需迅速反应，即时启动预算调整程序，紧急削减线下运营成本、追加线上业务投入、调整营销方向，灵活应对“黑天鹅”事件，确保生存根基稳固。

2. 调整程序规范

规范的预算调整流程是确保企业预算既严肃又科学的关键机制。这一流程首先由直接面对市场的业务部门发起，它们能够敏锐捕捉到市场的变化，并迅速提出预算调整的正式申请。申请报告需详细阐述调整的具体缘由，包括市场波动、成本异常变动或政策调整等外部因素。同时，申请中应逐条列明调整所涉及的内容，清晰地展现生产、销售、财务等各个业务板块的调整细节，确保信息的透明度和可追溯性。在调整金额的申报上，须精确到具体数值，并附上充分的财务测算数据和逻辑依据，以支持调整的合理性和必要性。财务部门在此环节中扮演审核者的角色，运用其专业的财务知识和数据分析能力，对新申请进行全面而严格的审查，评估其对公司整体财务状况、利润目标及未来发展规划的潜在影响。最终，管理层将从企业战略高度出发，综合考虑各方面因素，权衡调整的利弊得失，作出是否批准调整的决策。通过这一系列标准化的流程，企业能够确保每一次预算调整都是充分论证和科学决策的结果，从而有效维护预算的严肃性和科学性。

第五章 全面预算管理的技术创新与智能化发展

第一节 大数据、云计算在预算管理中的应用

一、大数据在预算管理中的应用

（一）数据收集与整合

在当今数字化驱动的商业环境中，企业内部各系统宛如一个个蕴含海量数据的宝库。从核心的财务系统中能精准提取历年财务报表数据，涵盖资产负债详情、收支明细以及利润走势等关键信息；ERP 系统则贡献出企业资源调配、供应链流程以及生产运营环节的全方位数据，如原材料采购周期、库存周转率、生产订单交付时间等；销售系统能提供丰富的客户交易记录，包括不同区域、客户群体的购买频率、产品偏好、销售额分布等动态信息；生产系统输出的是实时生产进度、设备利用率、废品率以及人力工时消耗等数据。

与此同时，积极拓展数据收集边界，广泛吸纳外部市场数据与行业数据，从专业市场调研机构获取精准的宏观市场规模预测、细分市场增长率以及消费者趋势报告；密切追踪行业权威平台发布的竞争对手动态，如新品发布计划、市场份额变动、价格策略调整等资讯；还可收集政策法规变动信息，诸如税收政策调整对成本的潜在影响、环保新规引发的产业升级投入需求等。通过先进的数据接口技术、ETL（Extract-Transform-Load）工具，将这些源自不同系统、不同渠道的结构化与非结构化数据进行清洗、转换与融合，打破

以往横亘在各部门间的数据孤岛，构建起一个动态更新、全面翔实的预算数据基础平台，为后续预算编制工作注入充沛信息能量。

（二）预算编制的优化

企业借助大数据强大的分析与挖掘能力，深度剖析海量历史数据，解锁隐藏其中的关键规律与趋势。以一家电子产品制造企业为例，通过梳理过去十年的销售数据，运用时间序列分析精准捕捉到产品销量的季节性波动规律，发现每年第四季度因节假日促销与消费旺季叠加，销量通常会环比增长30%～50%；回归分析则进一步揭示出产品销量与广告投放强度、市场推广活动次数以及竞争对手价格变动之间的量化关联。

基于这些深度洞察，企业在编制下一年度预算时，便可运用预测算法为核心指标量身定制精准预算。针对市场需求预测，综合考虑历史销量走势、宏观经济指标、行业发展趋势以及即将推出的新产品计划，预估出不同产品线在各区域市场未来12个月的需求规模，误差率控制在5%以内；成本预算编制方面，深入分析原材料采购价格的历史波动、供应商产能变化以及工艺改进对成本的影响，当预测到某关键原材料因国际市场供应紧张将涨价10%时，提前规划采购策略，或签订长期合同，或寻求替代材料，确保成本可控；销售业绩预算同样依托数据分析，结合市场推广计划与销售团队能力提升规划，细化到各销售小组、各季度的销售目标设定，大幅提升预算编制的科学性与准确性，使预算不再是经验推测，而是数据驱动的精准规划。

（三）预算执行监控与预警

在预算执行的动态进程中，大数据技术搭建起实时数据采集与分析的高效流水线。通过与企业各业务系统无缝对接，每一笔费用支出瞬间触发数据采集，无论是差旅费报销、办公用品采购，还是生产原材料付款，系统实时记录并比对预算额度；销售订单成交一刻，营收数据即刻同步更新，与预设销售目标实时对标；生产环节各类成本数据，如设备运行耗电量、物料领用消耗，按小时甚至按分钟持续汇总、分析。

一旦系统侦测到异常，如某部门当月差旅费支出超出预算的20%，或是某产品线连续两周销售额低于预期的30%，预警机制立即启动。借助短信、邮件、系统弹窗等多元通知渠道，精准推送异常信息至相关管理人员手机与工作终端，附带详细偏差数据、历史趋势对比以及可能成因分析，促使管理人员第一时间介入调查，迅速判断该问题是市场突发波动、执行环节失误还是预算编制偏差所致，进而果断采取调整措施，如暂停非关键费用报销、紧急调配销售资源加大推广、优化生产流程降低成本，确保预算执行不偏离正轨。

（四）预算分析与决策支持

大数据赋能下的预算分析能够从多个精细维度展开，为管理层呈现立体式预算执行全景。按部门维度剖析，精准定位每个部门成本控制成效与收入贡献，研发部门可细分到各项目研发投入产出比，对比不同研发小组人力成本与技术创新成果转化率；销售部门依据区域、产品线深挖销售利润贡献，清晰呈现哪些区域市场潜力待挖掘、哪些产品需优化营销策略；生产部门聚焦各车间、各生产线成本效益，分析设备升级前后成本变动与产量质量提升关联。

从时间维度逐月、逐季对比分析关键指标完成进度，洞察全年业绩走势，判断业绩是稳步上扬、季节性波动，还是出现异常下滑拐点；在项目维度下，针对重大投资项目、新品研发项目，全程跟踪预算执行，从立项初期资源投入规划，到执行中成本超支风险预警、收益达成进度评估，为项目是否追加投资、调整方向提供关键依据。管理层基于这些全方位、深层次分析报告，犹如手握企业运营精密地图，精准洞悉优势与短板，在战略决策时胸有成竹，无论是资源重新配置、业务拓展收缩，还是战略目标调整，皆有翔实数据支撑，从而提升决策的科学性与及时性。

二、云计算在预算管理中的应用

（一）成本优化与资源配置

在传统的预算管理模式下，企业为搭建信息化管理体系，往往需要耗费巨额资金购置高性能服务器、存储设备等硬件基础设施，还得持续投入大笔开支用于采购各类专业财务软件、预算编制工具以及后续系统升级维护。以一家中型制造企业为例，该企业以往每年需斥资数十万元采购服务器设备，软件授权费用亦高达数万元，且配备专业 IT 运维团队，人力成本不菲。

而云计算模式的出现，彻底革新了这一局面。企业借助云服务，只需按需租用计算资源、存储容量及软件应用，无须再承担高昂的前期硬件投资与复杂软件部署成本。如该企业迁移至云平台后，每月依据实际业务量支付灵活的云服务费用，硬件及软件成本骤减超 60%。云计算的弹性扩展特性更是大放异彩，在预算编制季、财务结算期等业务高峰时段，企业可便捷地在云控制台轻点鼠标，瞬间扩充计算资源与存储带宽，确保系统流畅运行，满足大规模数据处理需求；待业务淡季，再相应缩减资源配置，避免闲置浪费，真正实现资源随需而动，精准匹配预算管理各环节动态需求，让每一分投入皆实现效用最大化。

（二）高效协作与沟通

预算编制绝非财务部门的“独角戏”，而是一场跨部门的协同“大合唱”，涉及销售、生产、采购、研发等众多部门联动。云计算平台恰如一座超级链接枢纽，为这场协作盛宴提供了全方位高效工具。

以某大型连锁企业年度预算编制为例，该企业借助云平台的在线文档协作功能，销售部门实时录入最新市场调研数据、销售预测及渠道拓展计划，生产部门即刻同步生产产能规划、原材料需求预估，采购部门则依据各方信息动态调整采购预算，不同地域、不同部门人员可同时在线编辑预算文档，实时看到彼此输入内容，批注修订建议，消除信息时差与版本混乱。视频会议功能让身处各地的团队成员能面对面沟通关键预算节点，如海外分公司通过高清视频会议向总部汇报当地市场特殊情况及预算考量，当场答疑解惑，敲定方案；工作流管理系统自动推送预算编制任务、审核流程，各环节责任人明确，进度可视化，从基层数据填报、部门汇总到高层审批，一气呵成，大幅压缩编制周期，提升整体效率超40%，确保预算方案按时“优质出炉”。

（三）数据安全与备份恢复

预算数据作为企业核心财务机密，关乎企业生死存亡，其安全性与完整性不容丝毫闪失。云服务提供商凭借专业安全团队与前沿技术壁垒，为数据保驾护航。

诸多领先云厂商如亚马逊AWS（Amazon Web Services）、微软Azure等，组建全球顶尖安全专家团队，7×24小时监控网络威胁，运用先进加密算法，从数据传输到存储全程加密，企业上传至云端的预算数据仿若套上“隐形铠甲”，外人无从窥视；精细访问控制机制确保每位员工仅能依权限操作特定数据，财务人员有权修改核心财务数字，而普通员工仅能查看部分预算执行结果，权限严格分明；防火墙技术则阻挡外部恶意攻击，如抵御每日数以万计的网络扫描与入侵尝试。

同时，云计算内置强大数据备份恢复体系。每日甚至每小时自动备份预算数据至异地冗余存储节点，无惧本地硬件故障、自然灾害。如某金融机构曾遭遇机房火灾，本地数据损毁严重，但因其采用云服务，依托云端备份迅速恢复前一日完整数据状态，业务几近无缝衔接，保障预算管理连续性，将损失降至最低，让企业稳坐“数据安全方舟”。

（四）实时分析与决策支持

云计算平台依托分布式计算架构与海量并行处理能力，可瞬间驯服预算管理中的海量数据“猛兽”。面对企业日积月累的海量财务交易记录、成本明细、市场动态数据，传统本地服务器可能需数小时甚至数天处理分析，而云平台能在数分钟内完成复杂运算，生成深度分析结果。

通过直观可视化工具，如交互式仪表盘，管理层登录云平台即可实时查看关键预算指标实时动态。红、黄、绿指示灯醒目提示预算执行进度是否正常，折线图、柱状图清晰呈现收入增长趋势、成本波动曲线、利润达成情况，多维透视表随心切换分析维度，深挖数据细节。如某科技企业新品发布季期间，管理层借助云平台实时分析发现某区域推广费用激增但销量未达预期，迅速调整营销策略，削减低效广告投放，加大线上社群营销投入，及时止损并优化资源配置，依数据脉搏灵活调整预算策略，驱动企业稳健前行。

三、二者结合的应用案例

（一）陕西财政云预算管理一体化系统

陕西财政云预算管理一体化系统开创性地运用“一个大平台，四个标准化”的云计算架构，匠心打造出全省统一集中、提供一站式便捷服务的云平台典范。在基础设施标准化层面，全省各级财政部门及预算单位摒弃了以往分散、繁杂的硬件购置与维护模式，统一接入由专业云服务商精心搭建的高性能计算集群。这些计算资源依据财政业务的波峰波谷动态灵活调配，如每年预算编制季与财政决算期，面对海量数据处理需求，云平台自动扩充算力，确保系统响应如丝般顺滑；而在日常业务处理时段，则适度收缩资源，杜绝闲置浪费，每年为全省节约硬件运维成本数千万元。

应用架构标准化方面，全省推行统一的预算管理软件框架，从预算编制、执行监控到决算分析，各环节流程清晰、界面统一，基层预算单位人员无须再为适应不同软件版本、操作流程而耗费精力，极大提升了员工业务操作熟练度与效率。数据集成标准化则打通了财政内部各业务处室、外部预算单位以及相关金融机构之间的数据壁垒，对税务部门征收的税费数据、预算单位的财务核算数据以及银行的资金收付数据实时汇聚，保障财政收支数据的完整性与及时性，如一笔民生项目资金从省级财政下达至基层单位，全流程数据透明可查，资金流向精准追踪。交付过程标准化确保无论是政策调整后的系统升级，还是新预算年度初始化设置，皆能在全省范围内同步、高效完成，保障财政业务连续性。

尤为突出的是，该系统成功构建起以项目为源头的全生命周期管理机制，严格践行“无项目不预算”“无项目不支出”铁律。以一项重大交通基础设施建设项目为例，从项目规划立项伊始，其详细资料便录入系统，包括项目可行性研究报告、工程预算明细、预期效益评估等方面的内容，后续项目申报预算时，系统自动比对审核，杜绝不合理预算申报；在项目执行阶段，资金拨付严格关联项目进度，工程监理定期上传施工进度报告，系统依此分阶段拨付资金，防止资金超拨或滞留；项目竣工后，财务决算数据与项目初期预算精准比对分析，实现项目成本效益闭环管理，确保财政资金花在刀刃上，大幅提升财政资金使用效能与监管力度。

（二）某大型制造企业的预算管理系统

某大型制造企业全力拥抱大数据与云计算技术融合浪潮，精心构筑起现代化预算管理系统。该企业借助云计算平台超强的整合能力在企业内部架起一座高速数据立交桥，将生产系统里庞杂的设备运行参数、物料消耗明细、产能利用率数据，如销售系统中的客户订单信息、区域销售业绩、产品库存动态，采购系统涵盖的供应商报价、原材料库存周期、采购合同执行进度以及财务系统的成本核算、资金收支流水等多源数据无缝汇聚，统一存储于云端的大数据仓库。此仓库依托分布式存储技术，轻松容纳企业历年海量数据，且数据存取速度较传统本地存储提升数倍。

利用大数据分析技术深度挖掘这座数据富矿，该企业在市场需求预测领域斩获卓越成效。通过剖析十年间的产品销售数据，该企业结合外部市场调研机构提供的宏观经济走势、行业趋势报告以及社交媒体舆情监测数据，精准捕捉到产品需求的季节性波动、地域差异以及新兴市场增长点。如企业某款智能家居产品，依据大数据模型预测到某新兴区域市场未来一年需求的年增长率为30%，企业迅速调整生产与销售预算，加大该区域市场推广投入，提前扩充生产线，最终成功抢占市场先机，实现销售额同比增长25%。

成本管控方面，该企业深入分析生产环节各工序成本构成，借助机器学习算法识别成本异常波动因素。如某生产车间因设备老化导致能耗成本激增，系统及时预警，企业即刻安排设备升级改造，有效控制成本。资源配置上，依据订单优先级、产品利润贡献度以及设备产能状况，优化排产计划，将关键设备产能优先分配给高附加值产品生产，原材料采购量亦精准匹配生产需求，库存周转率提升 30%，减少资金占压。

在预算编制与执行协同环节，移动应用成为该企业员工手中的得力助手。销售人员外出拜访客户时，实时通过移动设备录入订单意向、竞品动态，数据即刻同步至云平台，为预算调整提供一手信息；生产车间工人利用移动端上报设备故障、物料短缺情况，维修团队与采购部门迅速响应，保障生产连续性，避免因沟通不畅导致预算外损失。云平台协作功能更是让跨部门会议、文件共享、任务分配行云流水，让预算编制周期从以往两个月缩短至一个半月，执行过程中偏差调整响应速度提升 50%，全方位提升企业预算管理效率与效益。

第二节 智能预算编制与自动化报告生成

一、智能预算编制

（一）技术原理与方法

智能预算编制作为现代财务管理领域极具创新性与前瞻性的实践方式，深度融合了机器学习、深度学习等前沿人工智能技术以及强大的大数据分析手段。这一前沿技术体系的运作始于对企业内部沉淀的海量历史数据展开全面且深入的挖掘、剖析。这些历史数据来源广泛，涵盖了企业过往数年甚至数十年间财务系统中精细的收支明细、成本结构演变；ERP 系统中生产环节的物料消耗速率、设备利用率波动；销售系统记录的客户购买频次、地域销售分布以及产品销量走势；人力资源系统的员工薪酬变迁、人力效能数据等，同时还广泛吸纳来自外部市场的行业动态、宏观经济指标、竞争对手关键财务信息等多元数据资源。

借助先进的数据挖掘算法，智能系统仔细梳理这些数据，精准识别其中隐匿的复杂模式、长期趋势以及内在规律。例如，通过分析历年销售数据，系统能够洞察特定产品系列在不同季节、不同地域市场的销量起伏规律，或是捕捉到伴随宏观经济周期波动，消费者对高附加值产品与基础款产品需求结构的动态变化；成本数据解析可揭示原材料价格波动与生产工艺革新对单位成本的量化影响路径。在此基础上，运用诸如线性回归模型、多元非线性回归模型精准量化各因素间的关联，时间序列模型则聚焦捕捉数据随时间推移呈现的周期性、季节性变动特质，综合构建起一套高度定制化、贴合企业运营肌理的预测模型。进一步将当下实时更新的企业内外部关键因素，诸如新市场准入政策发布、核心原材料供应格局异动、企业新品研发计划推进节点等变量融入模型，驱动模型自动迭代运算，最终高效产出，涵盖收入预估、成本规划、资金收支安排等核心预算板块的详尽且精准的预算草案。

（二）优势和特点

1. 提高准确性

传统预算编制模式往往过度依赖个人经验与主观判断，易受编制人员知识局限、市场认知偏差及部门利益诉求的干扰，导致预算偏离实际。智能预算编制则全然基于客观数据与精密模型展开推演。以一家食品制造企业为例，以往编制销售预算时，销售团队基于乐观预估倾向高估市场需求，而生产部门出于稳妥考量压低产能规划，二者矛盾致使预算失准，库存积压与缺货现象交替频发。引入智能预算系统后，凭借对历年销售数据、市场推广效果、消费者偏好转移以及竞品动态的综合分析，精准预测各产品线在不同区域、销售渠道的销量，误差率从过往 20% ～ 30% 大幅缩窄至 5% 以内，为企业生产、采购及资金筹备提供了坚实可靠的依据。

2. 提升效率

智能技术赋能下，预算编制流程实现高度自动化，大幅削减人力投入与时间成本。在数据收集环节，系统自动对接企业各数据源，实时抓取更新数据，无须人工手动汇总整理；分析过程凭借高效算法瞬间完成海量数据复杂运算，取代传统人工逐表分析、反复核验流程；预算草案生成更是一键即达，免除烦琐手工编制与反复修订。例如，一家跨国企业集团旗下众多子公司、业务单元以往每年耗费两个月集中精力编制集团预算，各部门为协调数据、核对口径焦头烂额，引入智能系统首年，编制周期锐减至三周，人力调配得以释放至核心业务拓展与战略谋划工作，运营效率显著跃升。

3. 实时调整

在瞬息万变的商业环境中，市场动态与业务进展瞬息万变，智能预算系统宛如敏锐的“市场哨兵”，依托实时数据监测与动态模型更新，紧密追踪业务数据细微变化。当某时尚服装企业线上旗舰店某爆款单品因社交媒体热议瞬间销量激增，智能系统实时捕捉流量、转化率异动，即刻上调该单品后续生产预算、原材料采购预算以及配送物流预算，同步追加营销推广资源，借势扩大销量；反之，若某电子产品因竞争对手的新品冲击导致销量下滑，系统迅速反应，调整生产计划、削减库存备货预算，及时止损并灵活调配资源至新兴潜力产品研发生产，确保企业始终灵活应对市场的风云变幻。

4. 优化资源配置

经由深度数据解析，智能预算系统精准洞察企业各业务环节、产品线资源需求强度与效益产出潜力，为资源分配绘制明晰“蓝图”。以一家综合性制造企业为例，该企业通过分析各生产车间设备运行效率、产品良品率、成本利润率等数据，识别出高附加值产品 A 生产线因设备老化限制产能提升，遂优先分配资金用于关键设备升级改造，同步削减低效益产品 B 生产资源投入；在人力资源配置上，依据各部门项目任务量、业务复杂度及员工效能数据，将核心技术人才向研发创新项目倾斜，精简冗余行政支持岗位，促使企业资源流向最具价值创造领域，使得整体资源利用效率提升达 30% 以上，经济效益有显著提升。

（三）应用场景

智能预算编制广泛适用于各类企业形态及预算场景。无论是大型集团企业统筹年度战略规划、中期财务布局，还是中小企业聚焦短期经营计划、资金周转调配；无论是全新项目从立项伊始的预算规划，精确预估项目全程成本、收益与资金需求，还是成熟部门年度例行预算编制，深挖内部成本节约空间、收入增长路径，智能预算编制均能彰显其卓越的效能。尤其在销售预算编制领域，智能系统结合市场调研、历史销售轨迹、消费者行为分析，精准预判各区域、各时段、各产品的销量，助力企业合理规划生产、精准营销；成本预算方面，深度剖析成本结构，预测原材料、人力、设备等成本走势，提前布局成本控制策略；资金预算维度，系统依据业务节奏、销售回款周期、投资计划精准安排资金收支，优化资金链管理，确保企业财务稳健、运营顺畅。

二、自动化报告生成

（一）实现方式与工具

自动化报告生成这一创新机制依托先进的信息技术架构，与企业多元且复杂的信息系统紧密相连，构建起高效的数据流转通道。在数据源集成环节，凭借精密的接口技术，它深度嵌入企业的财务系统，精准抓取资产负债表、利润表、现金流量表等核心财务数据，实时捕捉每一笔资金收支动态、成本核算明细以及财务指标变动；同步对接业务系统，从销售系统中提取订单详情、客户分布、产品销量走势，生产系统里采集物料消耗、设备运转效率、产量进度，供应链系统内获取采购周期、库存周转率等关键业务信息，确保数据源广泛且完整。

基于此，自动化报告生成工具严格遵循预设的报告模板与规则体系运作。这些模板依据不同报告类型及企业特定需求定制，精准界定报告结构、内容板块布局以及数据呈现形式；规则引擎则详细设定数据筛选、整理、计算及关联逻辑。例如，在生成季度财务分析报告时，明确规定应收账款周转率计算公式、各成本项目归属类别以及数据精度要求。借助自然语言处理技术，系统智能转换数据为流畅文本叙述，将冰冷数字转换为清晰的业务解读，如“本季度销售收入较去年同期增长 15%，主要得益于产品 X 在区域 Y 的市场份额扩张”；配合数据可视化技术，运用柱状图呈现各产品线销量对比、折线图展示财务指标季度走势、饼图剖析成本结构占比，自动生成格式规范、内容翔实的报告，支持 PDF、Excel、HTML 等多种常见格式输出，适配不同场景需求。

（二）优势和特点

1. 节省时间和精力

传统报告编制流程是一场人力密集型“马拉松”，财务人员与管理人员深陷烦琐的事务泥潭。以一家中型制造企业为例，其月度财务分析报告编制曾需财务团队全员出动，花费一周时间手动从各系统导出数据、逐行核对、在

Excel 中艰难运算，再手工撰写报告文字部分，绘制图表亦需反复调试格式；管理人员还需额外耗费精力审核、修订，纠错返工频繁。引入自动化报告工具后，数据瞬间采集、报告一键生成，整个流程所花费的时间缩减至数小时，人力得以释放至深度财务分析、战略研讨等有高附加值的工作中，效率提升超 80%。

2. 提高报告质量

人工编写报告极易受主观因素干扰，疲劳、疏忽常致错误频出，不同人员编写风格、数据解读差异引发内容不一致，自动化生成则可以根除这些隐患。以某连锁企业集团为例，旗下各门店以往提交的周度销售报告因员工素质参差不齐，数据错漏、格式混乱、分析深度不一，总部整合分析困难重重。如今，系统依据统一标准生成报告，数据精准无误，文字表述规范，可视化图表清晰直观，各门店报告整齐划一，总部基于高质量数据迅速洞察全局，精准决策，如精准定位销售下滑门店、及时施策帮扶，依据库存数据优化配送计划。

3. 实时性和动态性

市场竞争如瞬息万变的战场，企业需要实时的情报指引。自动化报告工具恰似敏锐的“情报员”，基于实时数据持续刷新报告内容。某电商企业促销活动期间，传统报告机制难以及时反馈销售战况，活动结束后数日才出复盘报告，贻误战机。新系统实时监测订单量、流量转化率、客单价等关键指标，活动每小时更新报告，管理层依此动态灵活调整营销策略，如某品类流量高但转化率低时，即刻优化产品展示、追加优惠，确保活动效益最大化，得益于实时决策调整，销售额同比增长 35%。

4. 标准化和规范化

企业内部沟通协作、纵向对比分析需遵循统一范式。自动化工具遵循统一模板与格式，从字体字号、段落排版到数据呈现逻辑，整齐划一。以一家跨国金融机构为例，全球各区域分支机构定期提交合规报告，以往格式五花八门，汇总、分析耗时费力，标准化生成后，全球报告风格一致，数据口径统一，总部可高效比对各区域业务健康度，迅速甄别风险管控薄弱地区并对其强化监管，同时依据盈利指标调配资源，提升集团整体协同效率。

（三）常见报告类型

1. 预算执行情况报告

详尽呈现企业各层级、各业务板块预算执行进度，精准比对实际收入、成本、费用与预算目标偏差，深挖偏差根源，如市场波动致销量下滑、原材料涨价致成本提高等，为预算调整、资源重配提供关键依据，帮助企业把控经营节奏，确保战略落地。

2. 财务分析报告

全面剖析企业财务状况，涵盖偿债、盈利、营运能力指标深度解读，结合行业标杆比对，明晰企业财务优势短板，如资产负债率偏高警示财务风险需优化资本结构，净资产收益率出众指引加大核心业务投入，为投资者、管理层财务决策筑牢基础。

3. 绩效评估报告

聚焦业务单元、项目团队或员工个人绩效，量化考核 KPI 完成度，如生产车间良品率、销售团队新客户拓展数、研发项目里程碑达成率，公正、客观评估业绩，奖优罚劣，激发团队活力，驱动企业持续发展。

三、二者的协同作用

（一）数据共享与交互

智能预算编制系统与自动化报告生成系统犹如紧密咬合的齿轮，在数据层面实现了无缝对接与高效流转，构建起动态闭环管理生态。智能预算编制依托强大的数据处理能力和精密模型，深度挖掘海量历史数据以及实时更新的内外部市场信息，生成精细化预算方案，这些预算数据涵盖企业运营各关键维度，从各业务部门的成本预算限额、销售团队的业绩目标设定，到资金部门的资金收支规划等，皆精准明确且实时动态调整。

自动化报告生成系统恰似敏锐的数据追踪者，紧密关联智能预算编制输出端口，精准抓取这些预算基准数据，并以此为标尺衡量实际业务进程。伴随企业经营活动的开展，自动化报告工具实时或定期采集财务系统中资金流动明细、成本核算结果，业务系统里的销售订单完成进度、生产产量达标情况等执行数据，与预算数据严格比对校验，生成详尽的预算执行报告，清晰呈现偏差细节。

更为关键的是，这一执行反馈并非单向信息流，自动化报告系统会将汇总分析后的关键执行信息，如成本超支节点、销售未达预期区域、资源闲置环节等洞察，逆向传输回智能预算编制系统，促使其依据最新业务动态即时校准预算模型参数，优化后续预算分配策略。例如，某制造企业智能预算预计某产品线本季度生产成本为500万元，自动化报告在首月结束后反馈因原材料临时涨价及设备故障维修，成本已超支80万元，智能系统随即重新评估后续月份原材料采购计划、设备维护投入以及产量调整方案，动态优化预算，确保全年成本可控，实现从预算规划到执行监控，再到调整优化的完整闭环管理，保障企业运营始终契合战略蓝图。

（二）提升决策效率

在快节奏、竞争激烈的商业环境中，二者融合为管理层铸就了强大的决策“加速器”。智能预算编制预先勾勒清晰业务蓝图，管理层借此明晰各阶段战略目标、资源分配架构以及预期业绩成果；自动化报告生成则似精准导航仪，高频次、精准化反馈实时经营状况。

以一家科技企业为例，在新品研发项目推行中，智能预算编制详细规划各研发阶段资金投入、人力配置及时间节点，设定阶段性成果验收指标，为项目团队与管理层锚定前行路径。项目启动后，自动化报告系统按周更新研发成本支出明细、技术难题攻克进度、原型产品测试结果等执行动态，当报告显示某关键技术模块研发进度滞后20%，成本却超支15%，原因在于外部技术顾问费用超预期及实验材料损耗过大时，管理层迅速召集项目、财务、技术部门紧急研讨。基于翔实数据果断决策引入内部技术专家替换部分顾问，优化实验流程降低材料浪费，追加适量研发资金追赶进度，确保项目按时交付，抢占市场先机。

这种紧密协同机制保障管理层时刻手握全面且精准的数据“仪表盘”，一眼洞悉企业运营全貌，在复杂多变市场局势下，迅速定位问题根源，从成本管控、资源调配到业务战略转型，高效做出科学决策，避免因信息滞后、数据不准导致决策失误，全面提升企业决策效率与精细化管理水准，驱动企业稳健穿越市场周期，持续创造竞争优势。

第三节 数据安全与隐私保护

一、面临的风险

（一）技术风险

在当今数字化转型加速的时代，企业积极引入前沿技术革新预算管理模式，大数据用于深度挖掘海量历史数据以精准预测发展趋势，云计算实现资源弹性调配与成本优化，人工智能助力智能预算编制及自动化决策。然而，技术的快速迭代如同一把双刃剑，带来高效便捷的同时，也暗藏诸多问题。

以大数据技术为例，企业为整合全方位数据资源，常构建庞大复杂的数据湖或数据仓库，海量数据汇聚一处，一旦大数据平台存在未及时修复的系统漏洞，如身份认证机制缺陷、数据加密密钥管理不善，便极易成为黑客攻击的目标。黑客可借此突破薄弱防线，肆意窃取预算关键数据，包括企业核心产品成本结构、未来年度销售目标及战略资金规划等敏感信息，篡改数据更是轻而易举，修改成本数据致使预算严重失准，误导企业资源分配决策，甚至植入恶意代码，长期潜伏窃取后续更新数据，持续破坏企业预算管理秩序。

云计算环境同样危机四伏，多租户架构下资源共享虽提升效率，却增加了数据泄露的风险。若云服务提供商隔离机制失灵，不同企业租户间数据边界模糊，竞争对手有可能非法获取本企业的预算数据，洞察我方成本控制策略、市场定价模型，进而在市场竞争中抢占先机。人工智能模型训练过程若遭受攻击，导致训练数据被污染，生成的预算决策模型将输出错误结果，把企业引向错误战略方向，如错误预估市场需求，将导致产品积压或缺货，资金链紧绷。

（二）人员风险

内部人员堪称企业数据安全防线的关键一环，却也是最难以把控的薄弱点。日常运营中，员工不经意间的不当操作时有发生，这些不当操作也因此成为数据安全事故导火索。例如，财务人员误将包含预算机密的文件发送至公开邮箱，瞬间使敏感信息暴露于网络；或是员工随意设置简单易猜的系统登录密码，如生日、电话号码等，为黑客暴力破解大开方便之门，使其得以长驱直入企业预算管理系统，肆意浏览、窃取关键数据。

权限滥用现象也屡见不鲜，部分管理人员凭借职权之便，过度获取敏感数据，如非必要地查看其他部门详细预算执行明细，私自下载保存，一旦个人设备丢失或遭受攻击，数据即面临泄露的风险；当涉及人员流动环节，离职员工隐患尤为突出，某些心怀不轨者在离职时，利用工作权限拷贝大量预算数据带走，转投竞争对手怀抱，致使企业精心布局的战略规划、成本优势等核心机密瞬间化为对手竞争利刃，企业在市场竞争中陷入被动挨打局面。

（三）外部环境风险

企业预算管理系统置身于复杂多变、危机四伏的外部网络环境，仿若孤舟行于惊涛骇浪。网络攻击手段层出不穷，从大规模分布式拒绝服务攻击（Distributed Denial of Service，DDOS）致使预算系统瘫痪，业务瞬间停摆，企业无法正常开展预算编制、执行监控等关键流程，到高级持续性威胁（Advanced Persistent Threat，APT）攻击，黑客长期潜伏，悄然渗透企业网络，逐步窃取核心预算数据，犹如慢性毒药侵蚀企业根基。恶意入侵形式多样，钓鱼邮件伪装成正规商务邮件，诱导员工点击下载附件，瞬间激活恶意程序，如勒索软件迅速加密预算文件，企业若拒绝支付巨额赎金则永远失去宝贵数据；间谍软件则默默收集企业输入输出的每一笔预算数据，实时传输至幕后黑手，企业毫无察觉间已被扒光数据“外衣”。

在开放合作日益频繁的商业生态下，与外部合作伙伴共享数据成为常态，风险也随之滋生。例如，企业与供应商共享原材料采购预算数据以协商价格、保障供应，若合作伙伴网络安全防护脆弱，被攻击后数据泄露，企业采购预算、供应链布局等关键信息将曝光于世，竞争对手可借机哄抬原材料价格、破坏供应链稳定；委托第三方咨询机构做市场调研辅助预算决策时，若未签订严密数据保密协议，机构擅自使用、售卖数据，企业苦心经营的市场战略、产品规划等商业机密将付诸东流，陷入市场竞争泥沼难以自拔。

二、数据安全与隐私保护措施

（一）技术层面

1. 加密技术

在全面预算管理体系的数据防护堡垒中，加密技术无疑是坚不可摧的第一道防线。企业采用高级加密标准（Advanced Encryption Standard，AES）、RSA（非对称加密算法）等前沿加密算法，对预算数据全流程实施高强度加密“武装”。以一家跨国集团企业为例，其遍布全球各地的子公司每日需向总部传输海量预算数据，涵盖各区域销售团队的详细客户订单信息、财务部门精细成本核算数据以及战略规划部门敏感的投资预算草案等。在数据传输环节，运用安全套接层（Secure Socket Layer，SSL）/传输层安全性协议（Transport Layer Security，TLS）协议搭配高强度加密算法，将数据打包成密文形式穿梭于复杂网络环境。即使遭遇网络嗅探攻击，黑客截获的数据也只是毫无头绪的乱码；在存储阶段，基于硬件加密模块对数据库内数据加密存储，存储介质丢失或被盗时，没有解密密钥，数据依然牢不可破。对于财务报表中关键财务指标、客户信用卡号等极度敏感信息，更采用多层嵌套加密方式，先进行字段级加密，再对整张表加密，确保数据保密性达到金融级安全标准，让任何潜在的攻击者望而却步，有力捍卫数据的完整性与机密性。

2. 访问控制技术

访问控制技术精心构筑起企业数据宫殿的层层门禁体系，精准把控每一位“访客”权限。企业依据组织架构与业务分工，精细划分用户角色，从基层预算数据录入员、部门预算专员，到中层业务经理、高层战略决策者，逐一明确对应权限。如生产车间一线员工仅能录入当日物料消耗、工时等基础生产数据，无权查看销售部门利润目标；销售主管可实时追踪本团队销售业绩及提成预算，却无法修改财务核心成本数据。借助基于身份的访问控制（Identity-Based Access Control，IBAC）、基于角色的访问控制（Role-Based Access Control，RBAC）及基于属性的访问控制（Attribute-Based Access Control,ABAC）协同机制，不仅依角色分配基础权限，还结合时间、地点、设备等属性动态调整，如限制员工仅能在办公场所特定终端于工作时间访问预算系统，异地登录需多重身份验证，防止账号被盗用。当员工岗位变动或离职，系统自动即时调整或收回权限，杜绝权限残留滋生风险，确保数据仅在合法合规的轨道上被精准调用，为数据安全保驾护航。

3. 安全审计技术

安全审计技术宛如企业数据空间的“电子监控眼”，7×24 小时全方位扫描系统操作与数据流向。大型企业部署专业安全审计系统，如 Splunk、SIEM 解决方案，实时捕捉用户登录行为、数据查询修改动作、文件上传下载轨迹，详细记录操作时间、IP 地址、使用设备等关键信息，形成完整审计日志。当系统监测到某用户深夜频繁批量下载远超日常业务量的预算数据，或来自陌生 IP 地址异常登录系统并尝试暴力破解密码时，立即触发警报，安全团队依据审计线索迅速回溯排查，定位是内部员工违规操作还是外部黑客攻击，及时阻断非法行为，修补漏洞，同时审计结果为后续优化访问控制策略、完善系统安全机制提供关键依据，持续加固数据安全防线。

（二）管理层面

1. 建立完善的数据安全管理制度

一套健全的数据安全管理制度是企业数据治理的根本大法，明晰从顶层规划到日常实操全流程规范。企业明确数据安全管理核心目标为在保障数据机密性、完整性、可用性前提下推动业务创新发展，秉持最小权限、全程加密、实时审计等基本原则。在流程规范上，从预算数据诞生于业务一线起始，历经收集、录入、存储、分析到最终销毁，各环节皆有章可循，如规定数据收集需明确告知数据主体用途并获合法授权，存储遵循分类分级存储架构。

尤为关键的是制定严谨的数据备份与恢复策略，金融机构日终清算后立即全量备份预算及交易数据至异地灾备中心，确保本地灾难发生时数据无损恢复；同时备好详尽的数据泄露应急处理预案，一旦明确数据发生泄露，公关、法务、技术团队迅速联动，封锁泄露源头、通知受影响客户、应对法律诉讼，将损失与影响降至最低，确保企业在危机中稳如泰山。

2. 加强人员培训与教育

人员是数据安全防线“活的壁垒”，强化培训教育方能筑牢根基。企业定期组织全员参与数据安全培训，新员工入职首周即接受专项入门指引，老员工每年参与深度进修。培训内容涵盖法规解读，详解《中华人民共和国网络安全法》对企业数据存储安全的要求、《中华人民共和国数据安全法》的数据跨境传输规则以及《中华人民共和国个人信息保护法》中涉及客户隐私保护的要点；实战技能传授包括如何识别钓鱼邮件、安全设置办公设备密码、规范使用移动存储介质防止数据泄露；在案例剖析环节，深度复盘行业典型数据泄露事件。例如，某知名电商因员工疏忽导致客户信息泄露，从而引发巨额索赔。警示员工严守操作规范，将数据安全意识深植全员脑海，转化为日常自觉行为，从源头降低人为风险。

3. 强化第三方合作管理

在商业合作纵横交错的时代，第三方合作管理是数据安全的关键组成部分。企业与供应商、咨询商、技术服务商等第三方协作时，首要签署严密保密协议，明确数据所有权归企业，第三方接触数据仅限合同约定业务范围，使用后即时销毁，违约责任清晰界定，高额赔偿条款形成强约束。合作前，全方位评估第三方技术实力，审查其网络安全防护架构、数据加密措施是否达标；考察其安全管理成熟度，调研数据安全管理制度完备性、人员安全素养及应急处理能力。如委托第三方云存储预算数据，应要求其定期出具安全审计报告、接受渗透测试，确保第三方“堡垒”坚固可靠，数据流转安全无虞。

（三）法律合规层面

企业置身法律监管严密网络，严守数据安全与隐私法规是生存红线。从数据初始收集环节，遵循合法、正当、必要原则，如零售企业收集客户购买预算信息仅用于个性化促销推荐及供应链优化，需要提前告知并获得明确同意；存储阶段依法要求分类分级存储，政务部门敏感预算决策数据存于高安全级专用存储设施；使用数据时确保用途与收集和告知时的范围一致，禁止超范围滥用，金融企业绝不能将客户信用预算数据挪作营销其他无关产品用途；严格把控共享数据，跨境传输预算数据先履行复杂审批报备流程，获监管许可，依国际协定加密传输。

企业法务团队全程把关，定期自查自纠，确保内部数据流程与法规无缝契合，避免违规受罚。一旦卷入数据纠纷，如因数据泄露遭客户索赔或监管处罚，能迅速举证自身合规作为，降低法律风险损失，以稳健合规的运营赢得市场信任，保障长远发展。

第四节 技术选型与整合的挑战和应对策略

一、技术选型的挑战与应对策略

（一）挑战

1. 技术复杂性

当今技术市场呈爆炸式增长态势，仅大数据领域就有 Hadoop、Spark 等多种主流平台。这些平台各自特性迥异。Hadoop 擅长海量数据分布式存储与批处理，适用于预算历史数据长期归档分析；Spark 则在迭代计算、实时流处理上表现卓越，有利于实时监控预算执行数据波动。云计算服务更是五花八门，从基础设施即服务（Infrastructure as a Service，IaaS）的亚马逊 AWS、微软 Azure，到软件即服务（Software as a Service，SaaS）的诸多专业预算管理云平台，功能从单纯资源租赁到集成化预算编制、执行一站式服务不等。人工智能算法更是涵盖机器学习的决策树、神经网络及深度学习的卷积神经网络等复杂类别，分别适用于不同预算场景预测，如基于时间序列的销售预测多用传统机器学习算法，而复杂市场环境下成本优化可能需要深度学习模型挖掘非线性关系。企业财务人员熟悉财务逻辑却难深入技术底层，技术人员又可能不懂预算业务细节，要精准权衡各类技术优劣势，挑选契合企业预算编制精度、执行监控实时性、分析深度等多元需求的技术组合，仿若大海捞针，难度极高。

2. 技术更新换代快

以人工智能技术为例，每年新算法、新架构层出不穷。企业刚斥巨资引入基于某经典神经网络架构的预算预测模型，数月后 Transformer 架构变体风靡市场，因其在处理长序列预算数据的关联、关系上效能飙升，旧模型瞬间相形见绌，不仅预测准确性落后，运算效率也难及新架构的1/3，企业若引入新模型则前期投资打水漂，不引入则在市场竞争中因预算决策滞后而步步被动，由此陷入两难困境。类似情况在云计算领域亦常见，云服务提供商频繁升级服务套餐，新增功能如实时弹性扩缩容、智能成本优化等极具吸引力，企业现有合同未到期却无法享受，续签则增加成本，且需重新适配业务系统，技术更新压力如影随形。

3. 兼容性问题

企业内部系统如财务用友软件、销售的CRM系统及新兴预算管理软件间常存在兼容性问题。预算管理系统若基于最新微服务架构开发，与传统单体架构财务系统对接时，数据接口格式、通信协议全然不同，犹如讲不同语言的两人试图交流，数据传输要么中断，要么乱码，致使预算数据无法从财务准确同步至预算系统实时分析；人工智能算法方面，不同算法对数据格式要求严苛，有的需结构化表格数据，有的仅适配特定格式图像或文本数据，而企业多元数据经不同业务系统产出，格式杂乱，整合入算法模型困难重重，大幅制约技术效能发挥。

（二）应对策略

1. 深入调研与评估

企业精心组建跨领域技术选型团队，成员由资深财务分析师、深谙架构设计的技术大拿、熟知一线业务痛点的部门骨干组成。针对大数据技术选型，团队奔赴行业峰会，与Hortonworks、Cloudera等主流供应商深度交流，实地考察企业案例；在实验室环境下模拟企业年度预算数据量与复杂业务逻辑，对各平台数据读写速度、复杂查询响应时间、集群扩展难易度量化测评，成本维度细究硬件购置、软件授权、运维人力开支；结合企业战略，若计划未来3年拓展国际业务，则优先考量支持多语言、全球数据合规存储的平台。历经数月调研评估，从十余家候选者中筛出兼顾性能、成本与扩展性的方案，为精准选型夯实根基。

2. 关注技术趋势与行业动态

企业订阅专业技术资讯，定期研读 Gartner 等权威机构报告，紧盯技术演进脉络。如得知边缘计算崛起，预判未来门店端预算数据实时预处理将成趋势，提前布局边缘计算设备试点，结合云中心预算管理系统，实现线下业务数据就地初筛然后汇聚，缓解云端压力，提升实时性；积极参与行业论坛，与同行交流得知某竞品企业巧用强化学习算法优化预算资源分配，随即深入研究，结合自身业务特点改良后引入，保持技术领先；与阿里云、科大讯飞等头部供应商签订战略合作协议，优先获得新技术试用机会，依据反馈迭代升级，确保所选技术不落伍。

3. 进行技术验证与试点

某大型连锁企业为升级预算管理系统引入人工智能辅助决策，先在数家门店试点应用基于机器学习的销售预测模块。用半年真实销售、季节、促销及周边商圈数据训练模型，对比传统方法，准确率提升 12% 且能提前 2 周精准预估补货量，但也暴露出数据传输延迟、模型对突发市场波动适应性弱等问题。技术团队依此优化网络配置、融入实时市场舆情数据微调模型，经过三轮试点迭代，成功化解隐患，为全量推广积累宝贵经验，将选型风险消弭于萌芽。

二、技术整合的挑战与应对策略

（一）挑战

1. 系统架构差异

传统财务系统多为集中式架构，数据集中存储处理，强调整体一致性；新兴电商业务系统常采用分布式微服务架构，追求灵活扩展、快速迭代，二者对接时，犹如齿轮尺寸不一，难以啮合。预算管理系统欲实时获取财务账务数据与业务订单详情，却因架构差异卡在接口通信环节，财务数据批量同步延迟严重，业务订单实时推送则常丢包，流程协同混乱，预算执行监控沦为“睁眼瞎”，难以及时精准反映业务实质。

2. 数据质量与一致性

企业不同系统数据“乱象丛生”，销售系统中客户信息录入随意，同一客户多地重复注册，地址、联系方式五花八门；生产系统里物料计量单位不统一，有的按吨计，有的以箱算；财务数据精度亦存差异，成本核算小数位设置混乱。整合预算系统时，数据清洗如荆棘塞途，客户重复数据合并需复杂去重逻辑，物料数据转换牵扯复杂换算关系，稍有差池即致成本预算偏差离谱，影响预算精准度，误导资源分配决策。

3. 业务流程调整

技术整合触发业务流程“大洗牌”，原各部门“各自为政”，财务审批预算侧重合规性，业务申请预算聚焦资源获取便利性，流程割裂。整合后推行一体化线上预算审批流程，打破部门墙，却遭部门抵制。业务部门抱怨审批环节增多、效率降低；财务担心失控，审核流于形式；各部门旧习难改，不愿配合新流程培训，沟通协调陷入僵局，致使技术虽就位，流程却梗阻，预算管理革新举步维艰。

（二）应对策略

1. 制定统一的技术架构规划

企业高层挂帅，联合技术骨干与业务精英，通盘规划信息化蓝图，敲定以数据中台为核心的架构战略。数据中台整合各方数据，为预算管理系统提供“数据中枢”，规范接口标准，规定所有系统对接中台一律采用 RESTful API，数据格式统一为 JSON，通信加密遵循 SSL/TLS；明确定义系统间集成关系，预算系统从数据中台按需取数，业务系统实时推送关键数据至中台清洗转换，财务系统定期同步账务数据，依此架构有序推进整合，各系统如同有序的列兵，步伐一致地向目标迈进。

2. 建立数据治理体系

企业成立数据治理专委会，颁布数据标准手册，涵盖客户、产品、财务等全域数据规范。例如，统一客户 ID 规则、物料编码体系、成本核算科目细则；搭建数据质量管理流程，从数据源头录入设校验规则，销售订单必填客户精准信息，否则无法提交；生产物料录入自动匹配标准编码；定期数据质量审计，揪出问题数据溯源整改；依托数据仓库汇聚清洗后数据，经 ETL 工具按预算分析维度重塑，保障数据一致性，为预算决策筑牢根基。

3. 加强沟通与协作

企业组建高层领衔的跨部门项目组，周会雷打不动按时召开，聚焦技术整合难题。会上技术详解系统对接难点，财务倾诉数据合规隐忧，业务直陈流程痛点，当场敲定方案；会后有专人跟进落实，保障问题不积压。同时，开展多轮全员培训，以模拟业务场景实操演示新流程便利，制作生动教程普及技术整合愿景，化解员工抵触，凝聚全员向心力，携手攻克整合难关。

4. 实施分步整合策略

企业将整合拆为三步：首步攻克数据传输“硬骨头”，搭建数据交换平台，优先打通财务与预算系统核心账务数据链路，确保预算编制有稳固数据源；第二步优化业务流程，选取试点部门推行新预算申请流程，磨合问题再全量铺开；第三步拓展周边系统集成，融入供应链、人力等系统完善预算生态，步步为营，稳扎稳打，降低整合震荡，实现平滑过渡。

第六章 全面预算管理体系的案例研究

第一节 H 技术有限公司全面预算管理实践

一、H 技术有限公司全面预算管理现状分析

（一）公司背景与行业态势

H 技术有限公司（以下简称 H 公司）创立于 1987 年，崛起于通信技术革新浪潮，随后逐步拓展至智能手机、云计算、人工智能等多元领域，成长为全球科技领军企业。在通信市场，历经 2G 跟随、3G 突破、4G 并跑，迈向 5G 时代，与全球运营商紧密合作，铺设通信网络“高速路”；消费端，智能手机出货量跻身世界前列，M 系列与 P 系列凭卓越的技术与设计，俘获全球粉丝；企业业务聚焦数字化转型，为千行百业注智赋能。但行业风云变幻，国际竞争白热化，贸易摩擦频仍，技术封锁严峻，通信标准更迭加速，消费者需求朝 5G 应用、万物互联、影像智能多元进发。H 公司置身于机遇与挑战交织的漩涡，需凭其卓越的管理谋篇布局，全面预算管理成为其战略落地关键抓手。

（二）全面预算管理体系精要

1. 战略驱动编制

H 公司预算编制起点锚定公司战略，每年战略规划部牵头，联合各业务单元（BU）、产品线及职能部门，基于对全球政治经济、行业技术、市场竞争的洞察，制定了 3～5 年的战略规划，然后将战略规划拆解为年度关键目标与举措，

转化为预算指引。如5G战略攻坚期，研发预算向5G基站、核心网技术倾斜，每年数十亿美金注入，招揽全球顶尖科学家、工程师，组建万人研发军团，从基础材料研究到算法突破，从芯片自研到系统集成，全方位布局；手机业务为突破高端市场，预研预算大增，探索折叠屏设计、影像计算光学底层技术，以技术创新牵引产品差异化。编制预算紧扣战略高地，资源精准“输血”。

2. 滚动预测衔接

引入滚动预测机制，动态适配市场。按季度滚动更新未来1～2年的财务与业务预测，销售团队逐月追踪订单、市场份额、客户需求异动；研发紧盯技术演进、项目里程碑；供应链监测物料供应、产能瓶颈。以芯片供应危机为例，制裁危机突发，供应链部门迅速重测芯片库存、生产周期、替代方案成本，财务协同调整成本、资金预算，当季紧急追加外购芯片预算20%，削减非关键项目支出，产能向成熟芯片产品调配，依据市场脉搏灵活“换挡”，保障业务连续性。

3. 多维管控赋能

构建“铁三角”管控体系，业务、财务、人力资源协同发力。业务部门担任执行主体，依预算推进项目、拓展市场；财务植入业务全程，设项目财务经理，从预算编制审核，到项目盈利分析、成本管控，如手机新品研发，项目经理核算每环节成本，比对预算，超支预警，揪出设计冗余、测试过渡环节；人力资源依预算匹配人力，量化人力效能指标，产品线人均产出若未达标，预警人力配置失衡，或优化流程，或再培训赋能，借三维管控，保障预算落地有声。

（三）特色实践与成效亮点

1. 项目预算精细

H公司项目制运作坚持“从项目中来，到项目中去”。大型通信项目E2E（端到端）全流程预算管控，从售前方案设计成本预估，涵盖勘察、定制化方案人力投入，到交付实施物料、安装、调试开支，售后运维人力、备件预算，丝丝入扣。如某海外5G全网建设项目，预算细分至每个基站安装人力工时、物料清单价格，依据交付进度阶段性拨付资金，实时比对成本偏差，超支 3% 即刻红灯预警，回溯流程，发现是在运输途中物料遭遇损坏导致补货成本上升，迅速优化包装、投保，最终项目成本偏差控制在 1% 内，交付准时率达 98%，高质高效。

2. 全球资源协同

在全球布局下，跨区域、跨部门资源调配是难题。H 公司以预算为纲，拉通全球资源池。研发中心设在欧美、亚太，依项目需求与预算，灵活调配人力，欧洲图像算法专家可远程支援亚太手机影像项目；对资金进行集中管理，全球子公司资金日终归集总部资金池，依区域业务优先级、项目预算进度分配，在新兴市场拓展期，优先拨付拉美、非洲地区营销、渠道建设资金，提升资金使用效率的 25%，资源在全球版图畅流，效能最大化。

3. 成效斐然

战略落地坚实有力，5G 专利数全球领先，基站全球出货量超百万，智能手机高端市场份额攀升至 15%；成本管控成效卓越，研发成本效益提升 20%，通过技术复用、流程优化，减少资金的重复投入；财务稳健，尽管外部承压，但在内部预算护航下，现金流始终健康，年度自由现金流维持百亿美金以上，保障持续创新投入与业务拓展，在波谲云诡的全球市场中稳立潮头。

（三） 全面预算管理现状

1. 预算管理理念与原则

（1）以战略为导向

H 公司在全球科技产业竞争格局中持续领航，其全面预算管理体系堪称战略落地的关键引擎。公司秉持着高瞻远瞩的战略眼光，深度剖析内外部环境，前瞻性地制定跨度为 3 ～ 5 年的中长期战略规划，详尽勾勒出技术创新路径、市场拓展蓝图以及产品迭代路线。在此坚实基础上，各层级业务单元紧密联动，从集团总部到区域分支，从产品线核心团队到职能支撑部门，有条不紊地拆解战略目标，将宏大愿景细化为可触达、可衡量的业务预算与财务预算指标。

在研发领域，当确立5G通信技术领先战略时，年度预算便向基站研发、核心网优化、芯片自主设计等关键项目倾斜，调配海量资金、汇聚顶尖人才，确保研发资源与战略重点无缝对接；在市场拓展层面，瞄准新兴市场潜力，为区域团队精准配置营销预算，用于市场调研、渠道建设、品牌推广等方面，保障战略市场份额稳步攀升。借由这一紧密衔接机制，H公司实现全方位资源向战略高地聚焦，为公司在复杂多变的科技赛道上持续冲锋提供强劲动力，奠定坚实根基。

（2）客户导向与项目基础

H公司笃信客户需求是企业前行的灯塔，将全面预算管理体系深度融入这一基因。以客户为起点开启预算资源的精准配置旅程，深刻洞察客户在通信效率、产品功能、服务体验等多元维度的诉求，围绕项目或机会点搭建预算分配架构。

当聚焦某大型企业数字化转型项目时，H公司组建跨部门精英团队，该团队由技术专家、解决方案工程师、交付专员等各领域的专业人员组成。基于客户个性化需求，精准核算所需硬件设备、软件研发工时、现场实施成本等预算细项，从售前方案设计的人力投入、技术论证费用，到售后持续运维的备品备件、技术支持开支，逐一精细规划，确保每一分预算投入皆为满足客户个性化需求、交付极致解决方案服务，让预算贴合业务实际场景，最大化提升资源利用效能，在激烈的市场竞争中以客户满意度铸就竞争壁垒。

（3）弹性与授权原则

H公司业务版图辽阔，业态多元且动态演进，故而在预算授予环节匠心独运，推行“弹性获取，率额结合”法则。在成熟业务板块，如已占据稳定市场份额的传统通信设备销售与运维业务，依循费用率管控模式，参照历史费用支出水平、行业成本标杆以及业务规模增长预期，精准厘定费用率上限，各区域运营团队在既定费用率框架内灵活调配资源，激发一线自主优化成本、提升效率潜能；面对战略转型或关键变革项目，诸如M操作系统研发这一承载H公司生态构建重任的项目，摒弃费用率束缚，按项目预算总额专项拨付，一次性注入充足资金，保障研发进程无资金断流之忧。

与此同时，权力下放赋能一线成为H公司预算管理鲜明特色，将部分决策权与预算权深度嵌入各级经营管理团队及项目团队肌理，使其能依据瞬息万变的市场态势、项目突发状况敏捷调整资源流向，实现决策与执行零时差响应，避免冗长审批贻误战机，为业务高效推进注入灵动活力。

2. 预算组织架构

（1）多级预算控制体系

H公司精心构筑起一套严谨缜密、协同高效的多级预算控制体系，推动公司财务良好运转。董事会位居塔顶，凭借高屋建瓴的战略视野与宏观把控能力，从公司长远发展高度对全面预算草案审议拍板，定调年度资源分配总纲、敲定重大战略项目预算框架，是预算航程的掌舵者；财经委员会组织作为日常作战指挥中枢，常态化统筹协调各业务板块的预算事宜，动态平衡资源供需矛盾，化解部门间预算冲突，雕琢预算细节，确保战略意图精准落地；集团财经管理部化身执行先锋，承上启下，将高层战略指令细化为操作指南，组织预算编制流程、监控执行进度、分析偏差根源，为一线团队提供专业财务支持。

各级责任中心是预算落地的基石，产品线责任中心聚焦产品全生命周期成本管控与营收创造，精准规划研发、生产、营销预算；区域责任中心依循本地市场特质灵活调配资源，权衡市场投入产出；职能责任中心严控管理费用，保障后台高效运转，纵横交织的责任体系将预算压力层层传导，全员共担预算使命。

（2）专业的预算管理团队

H公司预算管理部设立在财经管理部下，直属CFO领导，团队成员多为从研发、销售、供应链等核心业务线精挑细选的骨干精英，兼具深厚财务造诣与扎实业务功底，堪称跨界融合尖兵。

他们穿梭于财务数据与业务场景间，在编制预算时，凭借对业务流程的熟稔于心，深挖成本驱动因素，精准预估业务量与资源需求关联，使预算贴合业务真实脉搏；在执行监控阶段，以财务专业视角洞察数据异动，迅速锁定偏差源头，携手业务团队剖析症结，拟定纠偏策略，无论是技术研发成本超支，或是项目交付费用偏差，皆能直击要害。预算管理部成员凭借专业赋能确保预算从编制到执行全流程精准高效，为公司财务稳健运营保驾护航。

3. 预算编制流程

（1）自上而下与自下而上相结合

H公司预算编制流程演绎着一曲自上而下战略引领、自下而上实践反馈的协同交响乐。启动之际，总部预算管理部依据公司年度总体战略目标，锚定营收增长、利润提升、市场份额拓展等关键指标，运用财务模型倒推管理费用上限，结合业务优先级拟定编制原则，如研发投入强度、新兴市场资源倾斜度等，向各预算分会精准传达。

预算分会承上启下，组织基层预算单位开启编制实操，基层团队以项目为作战单元，结合客户订单储备、市场调研洞察、历史业务数据复盘，精细勾勒人力、物料、费用需求蓝图，层层汇总上报。过程中，历经多轮上下往复沟通博弈，总部审核基层预算合理性，基层反馈实际执行难点，销售团队依据客户意向调整销售预算，生产部门依据设备产能瓶颈修正产量规划。经过数轮磨合后，一份承载公司战略、贴合业务实操的年度预算报表应运而生，为新财年运营筑牢根基。

（2）基于项目和业务驱动

H公司运营遵循项目制铁律，预算编制亦紧扣项目与业务核心脉络。起始于客户需求深度挖掘，销售团队捕捉客户痛点与期望，协同技术专家雕琢解决方案，同步开启预算规划。以某国际城市智能交通项目为例，售前团队勘察现场、评估技术难度，精准核算所需智能设备数量、定制化软件模块开发工时、系统集成成本；项目中标后，交付团队接手，结合工期进度、人力调配计划、物料采购周期，逐月细化预算执行安排，动态关联业务推进节奏。

全程紧密结合历史项目成本数据、市场动态资讯，借助大数据分析校准预算参数，确保预算随业务拓展、项目迭代实时优化，精准反映业务真实资源诉求，成为业务发展的坚实后盾。

4. 预算执行与监控

（1）多维度监控体系

H公司锻造的多维度预算执行监控体系，宛如精密的雷达网全方位扫描公司财务运行轨迹。年度预算铺陈战略蓝图，按季度切分关键节点实施监控，比对实际业绩与预算目标偏差，聚焦营收增长、利润达成、成本控制等核心指标，深度剖析业务单元、区域市场、项目群组执行态势；月度预警则如敏锐的哨兵，实时盯梢费用支出、资金流动、项目进度关键数据，一旦关键指标偏离预警线，系统自动推送警示至责任人手机端与工作平台，确保异常即时可知；周计划管理更是将执行颗粒度细化至微观层面，团队依周复盘业务进展、资源耗用，及时校准执行航向。

员工依托先进预算管理系统，随心定制多维度数据查询机制，从部门费用明细到项目成本结构，从区域营收趋势到产品线利润贡献，一键生成可视化报告，为各级决策层提供生动有趣的决策依据，保障公司运营全程可视、可控、可优化。

（2）严格的费用管控

H公司严守费用管控双轨并行策略，平台与项目预算管理泾渭分明。平台运营聚焦内部支撑效能提升，秉持“高效、优质、低成本交付”理念，严控费用基线，行政办公集采物料、优化流程削减冗余环节，信息系统建设精准选型、抑制过度定制，以精细化管理将费用率压缩至行业极致；项目团队身负交付重任，从立项伊始便锁定成本控制目标，采购环节依集采优势、谈判策略压降物料成本，人力配置依项目进度精准调配，杜绝闲置浪费，差旅费、招待费等开支严守标准，每笔费用审批必经成本效益校验，确保项目在预算轨道内高效交付，整体费用受控。

5. 预算考核与评价

（1）平衡计分卡考核

H 公司引入平衡计分卡（KPI 考核体系）为预算考核注入科学灵魂，依业务属性将各单位精准归位为投资中心、费用中心、成本中心、利润中心、收入中心等五大阵营，量体裁衣定制专属考核指标集。

投资中心聚焦资产回报率、投资回收期，评估重大项目投资效益；费用中心紧盯费用率降幅、预算执行准确率，严控管理成本；成本中心瞄准单位产品成本降低率、成本质量控制成效；利润中心追逐利润额增长、利润率提升；收入中心瞄准销售额突破、新客户营收贡献。各指标紧密关联公司战略，与部门效益、员工薪酬全面挂钩，以量化考核牵引全员朝预算目标奋力冲刺，激发组织内生动力。

（2）绩效评价与激励机制

H 公司预算绩效评价绝非走过场，而是深度嵌入激励奖惩核心环节。每财年末，严谨对标预算指标与实际业绩，精准量化评估各团队、员工绩效表现，从卓越到待改进多档细分。绩效斐然的团队及个人收获丰厚的物质回馈，晋升通道豁然开朗，优先参与高端培训、国际项目历练；业绩欠佳者亦非弃子，为其量身定制帮扶计划，辅导其剖析自身短板、提升技能，辅之适度绩效警示，奖惩并济鞭策全员奋进，涵养全员参与预算管理、追求卓越绩效的浓郁文化，驱动公司持续攀高。

二、H 公司全面预算管理存在的问题

（一）预算目标设定方面

1. 市场预测难度大

H 公司在全球通信及电子消费市场深耕多年，积累了深厚的行业经验，拥有一支专业素养极高的市场洞察团队，他们运用先进的数据分析模型、广泛的市场调研以及与全球权威机构的合作，全力以赴地剖析国际市场动态。然

而，当前国际营商环境的复杂程度堪称前所未有，各类不稳定因素交织叠加，极大地增加了市场预测的难度。

国际贸易摩擦此起彼伏，其中中美贸易争端给H公司带来了沉重打击。美国政府接二连三地出台制裁措施，使得H公司在美国市场的拓展计划戛然而止，原本被寄予厚望的通信设备及智能手机出口业务遭受重创，相关区域的销售预算被迫大幅削减。以通信设备业务为例，H公司原计划在美国某地区铺设一定规模的5G基站，这一计划预计给H公司带来数亿美元的营收，却因禁令无法实施，不仅前期市场调研、商务洽谈投入付诸东流，后续供应链环节也陷入混乱，大量已生产的设备积压仓库，资金回笼遥遥无期。

技术革新的速度更是令人吃惊，5G商用尚未全面成熟，全球科技巨头们便已纷纷投身6G研发竞赛。H公司虽在5G技术领域占据领先地位，但面对新技术的快速迭代，原有基于产品生命周期与市场份额的预估模型迅速失效。新兴的6G技术催生出诸如全息通信、智能触觉互联网等一系列潜在应用场景，这些全新需求使得H公司现有的业务布局捉襟见肘，产品规划与研发方向急需重新调整，预算目标如同在迷雾中失去了坐标，难以精准设定。

而新冠疫情的突袭，更是让全球经济陷入停滞。疫情引发的物流梗阻让H公司的全球供应链遭受重创，原材料运输受阻，产品交付延迟；线下消费市场的冰封使得手机线下门店门可罗雀，销量锐减。据统计，疫情严重时期，H公司的手机在部分国家的线下销量同比下滑高达80%，企业通信项目交付也因人员流动受限、施工场地封闭等原因延期数月，年初精心制定的预算目标瞬间变得遥不可及，后续即便竭尽全力采取补救措施，如加大线上营销投入、优化项目远程管理流程，前期积累的损失仍难以弥补，预算与实际市场表现的偏差持续扩大，严重影响了公司的资源配置和战略推进节奏。

2. 部门目标协同存在挑战

H公司业务版图横跨通信网络、智能手机、企业级服务、云计算等多个极具技术含量与市场潜力的领域，庞大复杂的组织架构采用矩阵式布局，各部门各司其职，但协同作战的难度也随之而来。

研发人员犹如一群执着的技术探险家，他们一心追求技术前沿的突破，专注于芯片制程向纳米级进阶、算法优化以实现更高运算效率等目标。在研发过程中，往往容易陷入对技术完美的过度追求，导致研发周期拉长，预算投入不断攀升。例如在某高端芯片研发项目中，为了攻克一项关键技术难题，研发团队持续投入大量人力、物力，研发周期较原计划延长了 6 个月，预算超支 20%，却忽视了产品及时推向市场获取收益的重要性，使得前期投入无法及时转化为商业回报，错过了最佳市场窗口。

销售团队则站在市场前线，肩负着冲刺业绩、抢占市场份额的重任。他们急于拓展市场版图，大力扩充销售渠道，为了在短期内提升销量，频繁要求加大营销资源投入，乐此不疲地推出各类促销活动、定制化产品方案。然而，这种做法往往导致对产品成本的管控疏松，利润空间被不断压缩。如在某款智能手机推广季，销售团队为了冲销量排名，推出大规模的赠品活动，每销售一部手机就额外赠送价值高昂的智能配件，虽销量较上月提升了 10%，但利润却下滑了 25%，严重影响了公司整体盈利目标。

供应链部门的核心职责是确保物料供应的稳定与成本的可控，他们倾向于采取保守的库存策略，以降低仓储成本和物料积压风险。但这种策略在市场需求出现井喷式增长时，弊端尽显。当 H 公司的某款智能手机因创新性功能引发市场热潮，销量瞬间激增数倍时，供应链部门却因前期库存准备不足，无法及时满足生产需求，产能爬坡缓慢，导致产品缺货严重，市场份额被竞争对手趁机抢占，错失大好商机。

这种部门间目标不一致的情况在新产品上市过程中尤为突出。如某年度一款旗舰智能手机新品计划上市，研发部门因执着于影像技术的极致革新，在研发过程中不断追加投入，导致项目超预算 15% 且延期交付，错过了最佳铺货时机；销售团队面对延迟到货情况，为挽回局面，仓促推出一系列促销活动，虽在一定程度上拉动了销量，但由于成本未得到有效控制，利润大幅下滑；供应链部门前期因过于严控物料采购量，在市场需求突然爆发时，无法迅速扩大生产规模，产品供应跟不上，使得整个新品推广陷入混乱，部门间相互掣肘，预算目标在各方利益的拉扯下支离破碎，难以实现整体效益最大化。

（二）预算编制方面

1. 编制方法有待优化

H公司在预算编制方法上博采众长，融合了增量预算、零基预算、滚动预算等多种主流方法，但随着业务创新步伐的不断加速，部分传统方法逐渐显露出其局限性。

以M系统生态构建这一极具开创性的新兴业务为例，由于其旨在打造一个全新的跨设备智能操作系统生态，并无成熟的历史业务数据可供参考，传统的增量预算方法完全失去用武之地。以往基于过往业务增长趋势来预估资源需求的模式在此行不通，导致初期资源配置如同摸着石头过河，使得整个过程充满不确定性。

零基预算要求一切从零开始对每项业务活动进行全面评估和成本核算的理念虽先进，但在M系统生态构建的实操过程中，难题接踵而至。海量开发者的招募成本难以精准预估，吸引全球优秀开发者加入需要投入巨额资金用于举办开发者大会、设立专项奖励基金等，而这些费用受市场竞争、开发者预期等多种因素影响，波动极大；适配各类硬件终端的费用更是复杂多变，不同品牌、型号的设备在兼容性测试、驱动开发等方面所需投入差异巨大，从手机、平板到智能家电、车载系统，范围广泛，初期预算频繁出现偏差，不是资金筹备不足导致项目推进缓慢，就是预算过于宽松造成资源闲置浪费，严重制约了业务拓展的效率。

滚动预算虽能定期根据市场变化调整预算，但面对M系统生态快速迭代、合作机遇稍纵即逝的局面，常规的季度或月度调整频度仍显滞后。新的合作伙伴随时可能接入，带来全新的资源需求；新的应用场景也可能瞬间孵化，引发人力、技术、营销等各方面资源需求的“脉冲式”波动。例如，某知名家电企业突然宣布全面接入M系统，这就要求H公司迅速调配技术团队进行深度适配合作，同时加大市场推广力度，向消费者宣传智能家居新体验，但此时的滚动预算却难以及时跟上业务突变节奏，无法快速精准地调配资源，使得预算编制常常滞后于业务创新的实际需求，错失发展良机。

2. 数据质量与时效性

H公司全球业务版图辽阔，每日产生的数据量堪称海量，这给数据整合与运用部门带来了巨大挑战。

各地子公司由于所处地域不同，遵循的财务核算准则存在差异，部分新兴市场区域的财务数据收集手段仍较为原始，大量依赖手工录入，这就不可避免地导致差错频繁出现。在非洲一些国家的子公司，当地财务人员受专业培训水平限制，在记账过程中常出现科目记错、金额算错等问题，数据准确性大打折扣，严重影响总部对全球财务状况的准确判断。

同时，网络基础设施的不均衡分布也加剧了数据时效性问题。在非洲、拉美等偏远地区的子公司，因网络基建薄弱，业务数据传输时常延时数日乃至数周，致使总部接收到的数据早已“过时”，无法呈现业务实时全貌。例如，某拉美地区子公司在完成一笔大额通信设备销售订单后，相关财务及业务数据经过漫长的传输才到达总部，此时总部基于过时数据做出的生产计划、库存调配决策可能已完全不符合实际情况，从而造成资源错配。

在产品研发端，新技术探索项目每天都会产生海量实验数据，如果缺乏科学的数据清理与存储规则，有用信息极易淹没在“数据噪音”之中。以某AI芯片研发项目为例，研发过程涉及海量的实验测试，由于初期数据标注混乱、测试结果记录缺失严重，后续分析人员难以从中提取有效信息，导致预算编制时误判研发难度，人力物力资源错配，项目进度受阻。

市场端同样面临数据困境，销售数据分散存储于全球各区域销售平台、经销商系统，整合过程迟缓。不同地区的销售系统更新频率不一，数据格式各异，总部难以快速汇总分析，及时洞悉市场冷暖。在制定营销预算时，因无法精准掌握各区域产品销售速度、库存水平以及市场反馈，常常出现资源盲目投放或投放不足的情况，如在推广某款智能穿戴设备时，因未及时获取欧洲市场销售疲软的信息，仍按原计划加大广告投放，结果资源空耗，收效甚微。

（三）预算执行与控制方面

1. 预算调整灵活性与严肃性平衡

H公司所处的通信与电子消费市场瞬息万变，市场波动频繁，这使得公司在预算调整过程中陷入两难境地，难以在灵活性与严肃性之间找到精准平衡点。

以往公司秉持较为严格的预算刚性原则，力求确保预算执行的规范性与稳定性。然而，在实际业务运营中，这种刚性原则有时却成为阻碍项目推进的枷锁。例如，某海外通信项目施工正酣之际，当地政府突然出台新政策，大幅收紧基站建设环保标准，项目组为满足新规，急需追加高额环保设备采购及改造费用。但烦琐、冗长的预算调整审批流程却耗时数月，其间项目被迫停滞，施工人员闲置，设备租赁费用照付，不仅造成大量资金浪费，更错失宝贵的网络部署先机，市场份额被竞争对手迅速瓜分。

痛定思痛，H公司适度提高预算调整的灵活性，旨在增强自身应对市场变化的能力。但这一举措在执行过程中又出现了新问题，部分区域销售团队借机肆意妄为，滥用灵活性政策。他们动辄以市场波动为由，随意追加营销预算，将大量资金投入到低效益的广告投放与赠品发放上。一些地区在没有做好充分市场调研的情况下，盲目投放大量户外广告，转化率极低，赠品发放也缺乏精准度，客户拿到后随意丢弃，造成资源严重浪费，成本急剧飙升，利润被大幅侵蚀，使得预算管控名存实亡，公司苦心经营的成本控制体系面临严峻挑战，如何拿捏好预算调整的分寸，成为亟待解决的难题。

2. 成本控制压力大

H公司全球运营网络纵横交错，业务遍布全球170多个国家和地区，复杂的国际环境给成本管控带来了重重困难。

不同国家和地区劳动力成本差异悬殊，这给项目人力配置带来极大挑战。在东欧地区，研发人才储备丰富，但人力成本相对较高，较东南亚地区的人力成本高出约50%。在一些大型软件研发项目中，若选择东欧团队，虽其技术实力强，但人力成本将使项目的总成本大幅增加；若选择东南亚团队，又可能面临研发人员技术熟练度不够、沟通协调成本高等问题，如何权衡取舍，确保人力成本与项目需求相匹配，成为困扰管理层的难题。

汇率波动如同“过山车”一般剧烈，给H公司海外业务带来巨大冲击。新兴市场货币汇率稳定性差，如阿根廷比索、土耳其里拉等货币年度贬值幅度常超过30%。这使得H公司在当地的海外资产折算回人民币时大幅减值，财务报表上资产缩水严重；同时，进口物料成本因汇率贬值而骤升，以当地币结算的营收却因货币贬值而锐减，利润空间被双向挤压。例如，H公司在阿根廷的通信设备销售业务，因比索贬值，进口零部件成本增加了35%，而产品售价却因市场购买力下降难以同步提高，项目盈利艰难。

原材料全球供应的不稳定更是雪上加霜，近年来芯片荒席卷整个电子行业，H公司作为芯片需求大户，深受其害。为保障生产连续性，H公司不得不高价囤货，使得芯片库存成本飙升；供应链加急补货时，运费也大幅上涨。即便公司严格遵循预算规划，但面对这些不可抗力因素，成本依然常常失控。如欧洲某大型数据中心建设项目，在施工期间，欧元汇率突然跳水，设备进口成本激增25%，加之本地劳动力因工会罢工频繁，工人索求高额补贴，致使项目预算最终超支30%，成本红线屡屡被突破，企业盈利空间遭受严重挤压，有限的资源在高成本压力下难以实现高效调配，运营举步维艰。

（四）预算考核与激励方面

1. 考核指标的全面性

H公司采用平衡计分卡进行预算考核，虽聚焦了财务关键绩效指标，对营收、利润、成本控制等维度把控严格，但在衡量创新业务与长期战略项目时，仍存在一定局限性，部分关键特质未能充分彰显。

以H公司云服务初期拓展为例，单纯依赖财务指标进行考核，过度注重短期盈利与成本控制，却忽视了诸多非财务关键要素。在客户迁移环节，未充分考量客户转网成本，客户从竞品云平台迁移至H公司云平台，面临技术适配难题，需投入大量人力进行一对一指导，数据安全顾虑也需通过额外搭建加密通道、进行安全审计等措施来消除，这些成本未纳入考核范畴，导致客户初期体验不佳，满意度较低，负面口碑在市场上传播，新客户拓展受阻，市场增长步伐放缓。

市场份额指标在考核体系中的权重偏低，H公司未能充分意识到云服务赛道的马太效应。在竞争激烈的云计算市场，前期份额抢夺至关重要，若起步阶段份额不足，后续随着行业集中度提高，获取新客户、拓展业务规模将愈发艰难。H公司云平台因初期市场份额指标未受重视，投入资源相对不足，在与头部竞争对手的角逐中逐渐落于下风，虽短期财务数据尚佳，但长期战略布局已然滞后，错失行业高速发展期的红利。

在技术创新维度，研发投入转化为专利成果、行业标准制定影响力等关键指标未得到充分量化。研发团队埋头苦干，投入大量资金与人力进行技术研发，虽取得了不少技术突破，但因缺乏有效激励机制，团队创新动能未能长效激发。例如，某基础算法研究团队攻克了一项行业前沿算法难题，有望推动云服务性能大幅提升，但由于成果转化周期长，短期内无直接财务回馈，团队成员在现有考核激励机制下，成就感缺失，后续研发积极性受挫，部分人才甚至流向能快速实现财务收益的业务板块，长此以往，H公司云服务乃至整个公司的战略根基都将受到动摇。H公司亟须优化考核指标体系，以更全面地衡量业务发展成效。

2. 激励机制的有效性

H公司建立了一套将激励机制与预算考核紧密联动的体系，旨在激发员工积极性、推动业务发展，但在实际运行中，仍存在一些衔接不畅之处，影响了激励效果的充分发挥。

跨部门重大项目在执行过程中常遭遇激励“肠梗阻”现象。以M系统研发为例，该项目涉及芯片、软件、终端等多个部门协同作战，各部门投入大量人力、物力，历经数年艰辛才取得阶段性成果。然而，现行激励机制按部门预算考核分配奖金，导致辅助支撑部门所得奖金微薄。如负责基础技术测试的部门，虽为整个项目提供了关键保障，但因预算占比较小，成员辛勤工作后获得的奖励远低于预期，积极性受到严重挫伤，甚至影响到后续跨部门合作的热情与效率。

在个人层面，同样存在激励不到位的情况。技术骨干们在攻克关键难题时，往往投入大量心血，凭借个人卓越技术能力推动项目突破技术瓶颈。但囿于团队平均绩效考评机制，个人突出贡献未能得到充分彰显与奖励。例如，某软件工程师独自解决了M系统兼容性的核心难题，大幅缩短了项目研发周期，但在年终奖励时，因团队整体业绩受其他环节部分拖累，其个人奖励未达应有水平，这无疑打击了其创新激情。这种情况易造成人才流失，长此以往不利于公司长期技术创新与发展。

对于那些长期坚守战略布局、默默耕耘基础研究领域的人才，现有激励机制显得过于短期功利。从事基础算法研究、标准专利布局的科研人员，其成果转化过程漫长，数年甚至数十年可能才有显著商业价值体现，其间并无即时财务回馈。现行激励机制未能充分考虑这一特点，难以给予他们足够的物质与精神奖励，导致部分人才逐渐丧失耐心，转向追求短期获利的业务，公司战略根基面临被削弱的风险，亟待优化激励机制，重新点燃全员奋斗热情，确保战略目标稳步推进。

三、H公司全面预算管理改进策略

（一）预算目标设定方面

1. 提升市场预测精准度

H公司深刻认识到在风云变幻的全球市场中，精准的市场预测是预算目标合理设定的基石。为此，公司决意以前瞻性的战略眼光，全方位、深层次地夯实市场调研与分析工作。

在人才团队建设上，H公司开启大规模的精英招募计划，从全球顶尖高校的经济学、社会学、统计学以及各类行业技术专业中广纳贤才，组建一支跨学科、多元化的智囊团队。这些专业人才不仅具备深厚的学术理论功底，更拥有丰富的实践经验与敏锐的市场洞察力，能够从不同角度解读复杂市场现象，挖掘潜在商业机会。

在行业动态追踪方面，聚焦前沿技术应用拓展，如5G毫米波技术在工业互联网、智能交通领域的商用进程，物联网设备在智能家居、智慧城市场景下的爆发式增长态势，人工智能算力需求随着深度学习算法演进的飙升趋势等。通过对这些关键行业趋势的深度剖析，精准定位公司未来业务布局的战略方向与潜在增长点，确保公司在技术浪潮中始终保持领先地位。

此外，对标分析竞争对手成为常态化工作重点。针对同行业巨头，H公司建立了专业的竞品研究团队，密切跟踪其战略布局调整、产品创新迭代以及市场份额的实时异动情况。深入分析竞争对手新产品发布背后的技术路线、市场定位以及营销策略，从中洞察竞争格局的微妙变化，吸取经验教训，为自身预算目标设定与战略规划提供参考依据。

为进一步提升预测精度，H公司全力倾注科技力量，搭建超大规模的大数据平台，整合来自全球销售网络的交易数据、社交媒体平台的网络舆情数据、各国专利局的专利申请数据以及供应链物流环节的实时动态数据等海量信息洪流。运用先进的机器学习算法，深度挖掘数据之间的潜在关联与规律，构建复杂的AI市场预测模型，每日模拟千万级别的不同市场场景，精准推演在各种宏观经济变量、行业技术参数以及消费者行为变化组合下的市场需求曲线，为预算目标的设定提供坚实的数据支撑。

与此同时，H公司与国际权威市场研究机构建立深度合作关系，定期定制专属的深度研究报告。这些报告聚焦新兴技术商业化的详细节奏、区域市场潜力释放的关键节点以及全球市场格局演变的趋势分析，借助外部专业视角，为公司年度预算目标的校准与优化注入专业洞察与前瞻性建议，确保预算规划能够精准导航公司穿越复杂多变的市场迷雾，引领业务持续稳健发展。

2. 强化部门目标协同

H 公司意识到，跨部门高效协同是实现预算目标的关键支撑，公司亟待重塑战略沟通生态，打通部门间的信息壁垒与协作梗阻。

在每个年度预算周期正式启动之前，公司精心组织核心部门开展封闭式战略研讨工作坊，召集研发、销售、供应链、财务、法务等关键业务单元的负责人与骨干成员齐聚一堂。例如，在为期数天的研讨会上，以公司 3 ～ 5 年中的长期战略蓝图为核心指引，围绕“1 ＋ 8 ＋ N”全场景智慧生活战略，进行全方位、深层次的战略拆解与路径研讨。研发部门在会议中明晰未来一段时间内需要攻克的核心技术难题，包括智能穿戴芯片的低功耗技术突破要点、M 系统分布式能力的强化方向以及各产品线技术迭代的关键节点，确保技术研发节奏紧密匹配公司战略发展需求；销售团队通过深入分析市场数据与客户反馈，精准洞悉各场景产品的销售优先级排序、目标客户群体的详细画像特征，明确市场突破的主攻方向与策略重点；供应链部门则依据整体战略规划，前瞻性地布局全球物料集采策略，优化产能分布格局，确保原材料供应的稳定性与生产制造的高效性，实现资源的无缝衔接与高效流转。

在此基础上，H 公司精心雕琢统一的目标分解体系，将公司整体战略目标层层拆解至各部门的季度、月度 KPI。销售部门具体承接各区域市场、各产品线的销售额目标分解任务，明确每个时间段内新客户拓展的具体数量指标以及客户关系维护的关键任务；研发部门对应设定技术专利申请数量、产品研发关键进度里程碑达成率等量化指标，确保技术创新成果能按时、高质量产出；生产部门聚焦产量达标率、良品率提升幅度等关键生产指标，保障产品供应质量与数量的稳定性。各部门指标相互嵌套、紧密关联，形成一个有机的整体，构建起全方位、多层次的目标协同网络。

为确保部门协同落地执行，H 公司建立了严格的协同考核机制，将部门间协作成效纳入绩效考核范畴，明确规定在跨部门项目合作中，各部门不仅要对自身业务指标负责，还要对协作过程中的沟通效率、资源共享效果以及整体项目推进速度负责。通过定期的跨部门绩效评估会议与项目复盘分析，及时发现并解决协作过程中出现的问题，杜绝部门“各自为政”的现象，确保全体员工心往一处想、劲往一处使，朝着公司战略主峰协同奋进，让预算真正成为联结各部门的坚实“协作纽带”，推动公司整体战略高效落地。

（二）预算编制方面

1. 优化编制方法

面对日益多元化、创新驱动的业务格局，H 公司果断调整预算编制策略，精准适配不同业务特性，灵活切换预算编制“挡位”，引入先进理念与方法，全面提升预算编制精度。

对于新兴业务与创新项目开辟全新路径，果敢启用零基预算与作业成本法双引擎驱动模式。以 H 公司汽车 BU 智能驾驶研发项目为例，项目伊始便彻底摒弃传统增量预算的历史依赖与思维惯性，从零开始全面审视项目需求。组织跨部门专家团队，详细盘点项目全生命周期内所需的各类资源要素，精确核算高端算法工程师的人力投入成本，根据项目技术难度与研发周期，合理预估不同级别工程师的工时需求与薪酬开支；深入调研高精度传感器及芯片市场，精准把控采购成本波动区间，结合项目技术规格要求，筛选性价比最优的供应商；细致梳理海量路测数据采集与标注流程，准确评估所需人力、设备以及数据处理成本。依据技术攻关的关键难点、产品迭代的重要节点，将预算资源进行精准分配，确保每一分钱都用在刀刃上，有效避免传统增量预算导致的资源错配与浪费现象。

与此同时，作业成本法深度嵌入项目预算编制流程，将复杂的研发流程精细拆解为算法设计、软件集成、硬件适配、整车联调等多个作业单元，针对每个作业环节，精确核算人力工时消耗、物料资源使用以及设备占用成本。例如，在算法优化作业环节，一旦发现反复迭代测试导致成本异常飙升，立即组织技术专家与成本分析师回溯问题根源，深入排查是算法设计缺陷、测试方案不合理还是资源配置冗余，进而及时调整资源投入方向或优化技术方案，通过精细化成本管控提升预算精度，保障项目在预算约束下高效推进。

针对不同业务板块的独特性，H公司秉持“量体裁衣”的定制化原则，灵活选用最合适的预算编制方法。对于成熟稳定的通信设备维护业务，鉴于其业务规模增长相对平稳、技术与运营模式较为成熟，继续沿用增量预算方法，依据设备保有量的适度增长幅度，合理上浮维护资源的投入，确保设备稳定运行，满足客户服务需求；对于云服务这类弹性需求显著的业务，依据客户流量使用峰谷波动、存储资源占用动态变化情况，采用弹性预算编制方式，在旺季来临前，提前扩充计算与存储资源，保障服务质量与客户体验，在淡季时则适时收缩配置，降低运营成本，提升资源利用效率；根据各业务板块的发展阶段、市场特性以及运营模式，有机组合多种预算编制方法，为不同业务量身打造最适配的预算方案，全方位夯实业务前行的财务根基，确保预算编制精准反映业务实际需求，有力支撑业务持续健康发展。

2. 提高数据质量与时效性

H公司深知数据质量与时效性是预算编制的生命线，决意举全公司之力，全方位构建坚如磐石的数据管理体系，打造高效、精准的数据流转生态。

自主研发一体化数据管理系统成为公司核心抓手，该系统集成数据收集、清洗、存储、分析等全流程功能模块，从全球各层级子公司、各业务系统的源头开始，全面规范数据“入口”标准与流程。在销售终端，一线销售人员严格按照规定流程录入客户详细属性信息，包括年龄、性别、职业、消费偏好、地域分布等关键数据，确保客户画像精准完整；生产车间全面部署自动化数据采集设备，实时上传设备运行工况、物料实时耗用情况、每批次产品良品产出数量等生产信息，保证生产数据真实可靠、即时可用。通过标准化、规范化的数据录入机制，从源头上杜绝“脏数据”流入系统，为后续数据分析与预算编制奠定坚实基础。

同时，制定严格的数据标准手册，统一全球范围内的财务核算科目设置、业务统计口径规范，明确规定销售数据确认以订单交付并经客户验收为准，成本数据分摊严格遵循权责发生制原则，确保数据在全球各区域、各业务单元之间保持高度一致性与可比性。建立每日数据结算与更新机制，借助公司自建的全球高速网络骨干链路，实现关键业务数据秒级同步传输，财务报表每日定时自动生成，实时、动态呈现公司全球运营实况，让管理层随时随地精准掌握公司业务脉搏，为预算编制提供最新鲜、最准确的数据素材。

打破财务与业务部门之间的“部门墙”成为关键举措，推动财务团队前置嵌入业务流程关键节点。在项目立项初期，财务人员便深度参与项目可行性研究，协助评估项目成本效益、资金需求与潜在财务风险；在合同签订环节，财务依据法务审核意见与业务条款，精准核算合同收入、成本及潜在税务影响；在物料采购阶段，实时监控采购价格波动、供应商信用状况以及库存动态，确保采购成本可控、物料供应及时。业务人员则通过定期的财务培训与交流机制，深入熟悉财务数据逻辑与预算编制要求，在日常业务操作中自觉维护数据质量，主动与财务协同共享数据。通过财务与业务双向奔赴、紧密协作，实现数据实时共享与高效利用，为预算编制源源不断地注入“新鲜血液”，确保预算决策基于充分、准确的数据支撑，精准指引公司业务发展方向。

（三）预算执行与控制方面

1. 平衡预算调整的灵活性与严肃性

H公司在复杂多变的市场环境中深刻领悟到，精准平衡预算调整的灵活性与严肃性是确保预算有效执行的关键所在，为此，H公司精心设计了一套科学严谨、务实高效的预算调整机制，筑牢预算执行管控防线。

首要任务是精准界定预算调整的边界条件，明确规定在遭遇国际地缘政治剧烈动荡导致海外市场准入政策突然剧变，如贸易制裁、技术封锁致使部分区域市场业务受阻；重大自然灾害等不可抗力摧毁区域供应链关键节点，严重影响原材料供应与产品交付；颠覆性技术革新改写行业竞争规则，在公司既有产品或技术面临淘汰危机等极端情况时，方可触发预算调整“开关”，确保预算调整有理有据，避免随意性与滥用。

严格规范预算调整审批程序，构建多部门协同把关的严密流程。当业务部门提出预算调整需求时，必须详细阐述调整事由，提交包含市场变化分析、业务影响评估、成本效益测算、后续应对策略等内容的全面报告。财务部门迅速介入，运用专业财务分析工具与模型，深入测算调整方案对成本、利润、现金流等关键财务指标的影响程度，从财务可行性角度提供专业意见；战略部门则立足公司长远发展战略高度，全面审查调整事项与公司整体战略方向的契合度，评估对战略布局、市场定位以及核心竞争力的潜在影响，确保预算调整服务于战略目标实现。经多层级审批把关，对于重大预算调整事项，直接呈交公司董事会进行最终定夺，确保决策审慎、科学。

引入数字化智能预警系统作为预算执行监控的“哨兵”，在公司自主研发的预算管理系统中内置先进的智能算法，实时比对实际业务执行数据与预算设定的关键指标偏差情况。一旦发现成本偏差超过5%、项目进度滞后达一周等预设预警阈值，系统自动触发预警机制，第一时间推送消息至相关责任人手机端与工作平台，详细告知偏差指标、偏离程度以及潜在风险。责任人在接到预警后，依据预警级别启动相应调整流程，对于轻微偏差，可通过简易快速的内部协调机制，在部门内部及时调整资源分配、优化业务流程予以纠正；对于重大偏差，则迅速启动深度调整流程，召集跨部门专项会议，重新评估项目计划、调整预算分配方案，确保预算执行始终在可控轨道上运行，实现预算“柔性”调整与“刚性”约束的有机统一，灵活适配复杂多变的市场战局。

2. 加强成本控制

H公司将成本控制提升至公司战略高度，全力打造全员参与、全流程覆盖的成本控制“责任链”，全方位重塑成本优势，严守预算执行“底线”。

在组织架构层面，将年度成本控制总目标层层细化分解至部门最小作战单元，确保成本管控责任落实到每一个岗位、每一位员工。生产车间按工序环节精确拆分物料消耗、能源使用、人工工时等成本指标，装配工人严格把控零部件损耗率，通过优化操作流程、加强技能培训，减少零部件损坏与浪费；设备操作员密切关注设备运行参数，运用智能监控系统实时优化能耗设置，降低能源消耗成本；研发项目组紧盯技术选型风险，避免过度追求技术先进性而忽视成本效益，合理控制测试轮次，防止人力、物力资源无端超支，杜绝技术“镀金”现象；销售团队精准权衡营销投入产出比，借助大数据分析客户群体特征与市场区域潜力，压缩低效广告投放、精简不必要差旅开支，提升营销资源利用效率。

依托大数据分析平台与AI智能辅助工具，构建常态化成本监控与洞察机制。每周定时生成深度成本洞察报告，运用数据可视化技术清晰呈现成本走势，精准揪出成本数据中的异常“毛刺”，如某部门物料采购成本突然飙升、某项工程费用支出远超预算等异常情况。一旦发现问题，成本超支部门立即启动自查自纠程序，组织专项团队深入剖析原因，制定针对性整改措施，限时整改到位。

从技术创新、流程再造、资源共享等多维度发力，全面挖掘成本削减潜力。在技术创新领域，投入大量研发资源，引入新型高性能材料替代传统昂贵原材料，实现降本增效；优化芯片架构设计，通过算法升级与硬件协同优化，大幅削减芯片功耗，降低产品能耗成本；在流程再造方面，全面梳理公司内部审批流程，精简烦琐环节，压缩决策周期，提升运营效率；深度拉通供应链上下游环节，实现信息实时共享与协同运作，精准预测市场需求，减少库存积压，降低库存持有成本；积极推动资源共享模式创新，搭建跨区域设备、人力闲置资源调配平台，根据业务淡旺季需求动态调配资源，提高资源整体利用效率，多管齐下重塑成本竞争优势，为预算执行保驾护航。

（四）预算考核与激励方面

1. 完善考核指标体系

H公司秉持战略导向与全面发展理念，大刀阔斧重塑考核指标“天平”，大幅向非财务指标倾斜，构建更具前瞻性、科学性与全面性的考核体系，激发部门与员工价值创造潜能。

研发部门作为公司技术创新引擎，增加基础研究突破、技术引领行业标准制定等核心非财务指标权重。设立专项评估机制，深入量化AI芯片算力提升对整个产业生态的推动作用，从技术赋能下游应用场景拓展、吸引行业伙伴合作、催生新商业模式等维度全面评估影响力；高度重视通信算法专利在国际权威标准组织中的认可度与引用率，激励研发团队积极投身前沿技术研发，勇攀科技高峰，掌握行业话语权，以技术创新引领公司未来发展。

销售部门考核全面拥抱客户导向，将客户忠诚度、品牌美誉度纳入关键考量范畴。持续追踪客户重复购买率、净推荐值（NPS）提升效果，通过定期客户回访、市场调研收集客户反馈，深度分析客户购买决策因素与品牌满意度驱动要素；密切关注社交媒体平台上公司品牌口碑热度，运用舆情监测工具实时捕捉客户评价、竞品对比言论，及时调整营销策略与产品服务优化方向，以优质产品与卓越服务赢得客户信赖，提升品牌市场影响力。

生产部门聚焦绿色制造转型，将单位产品碳排放削减量、废弃物回收利用率等绿色指标纳入绩效考核。制订详细量化目标与行动计划，激励生产团队引入节能环保设备、优化生产工艺，从原材料采购、生产加工到产品包装出货全流程贯彻绿色理念，降低环境影响，实现可持续发展，塑造公司绿色品牌形象。

依循部门职能特性与业务重点，精心“雕琢”差异化考核指标，确保精准引导部门行为。市场部门聚焦市场渗透率、品牌知名度在不同区域市场的提升目标，根据区域市场潜力、竞争态势制定个性化策略，评估市场推广活动效果与品牌建设成效；客服团队紧盯客户问题解决时效、满意度环比增幅，通过优化服务流程、加强人员培训，快速响应客户诉求，提升客户体验；职能部门衡量流程优化效率、服务内部满意度，推动行政、人力、财务等支持部门持续提升服务质量与运营效能，以精准的考核指标引领各部门各展其长，为预算执行注入强劲内生动力，护航公司多元战略全面落地实施。

2. 优化激励机制

H公司紧扣员工需求与公司战略目标，全方位奏响激励“多元和弦”，打造多层次、全方位激励体系，深度激发员工积极性、创造力，增强员工的忠诚度，促进全员深度融入预算管理“棋局”，携手共创卓越业绩。

在物质激励层面推陈出新，除传统的奖金、分红激励方式外，还设立丰富多样的项目专项奖励金。针对重大战略项目，如智能汽车项目成功上市，为核心团队一次性发放高额奖励，充分认可团队卓越贡献，激发员工投身战略项目的热情；定制个性化福利套餐，考虑海外艰苦地区员工的特殊工作环境，额外提供休假时长、家属探亲补贴、子女教育支持等专属福利，解决员工的后顾之忧，增强员工的归属感与忠诚度。

精神激励同步发力，树立典范标杆引领风尚。年度评选“创新之星”“协作楷模”“战略先锋”等荣誉称号，深度挖掘获奖者在技术创新突破、跨部门协作、战略执行落地等方面的突出事迹，通过公司内部刊物、官网、线下表彰大会等多渠道全司宣传，赋予获奖者定制的荣誉勋章，在公司内部营造积极向上、奋勇争先的文化氛围，激发员工荣誉感与成就感，让优秀事迹成为全体员工学习、追赶的榜样力量。

职业发展激励拓展多元晋升通道，为不同类型的高潜人才量身定制专属成长路径。针对技术骨干，搭建从初级工程师到技术专家、首席科学家的进阶路线，配套专项技术培训课程体系，邀请行业顶尖专家进行一对一指导，为其提供前沿的项目实践机会，助力技术人才持续深耕专业领域，实现技术能力螺旋式上升；对于管理人才，规划从基层项目管理到部门领导、业务单元负责人的晋升梯队，设计涵盖领导力提升、战略规划、团队管理等核心能力的培训项目，选派优秀苗子参与轮岗锻炼，积累全面业务经验，培养复合型管理人才。通过清晰明确的职业发展规划与配套支持机制，点燃员工的奋斗激情，让员工看到成长希望与晋升前景，全身心投入工作，深度融入公司预算管理体系，为实现公司战略目标不懈拼搏。

此外，H公司注重激励的及时性与动态性，建立常态化的绩效反馈与激励调整机制。每月开展一对一绩效面谈，即主管与员工深度沟通工作表现、成果贡献以及存在的不足，及时肯定成绩并给予奖励兑现，针对问题共同制订改进计划；每季度依据市场变化、业务进展动态调整激励策略，确保激励措施精准匹配公司战略重点与业务需求，如在市场竞争加剧时，加大对市场开拓团队的激励力度，增设新客户突破奖、市场份额提升奖；在研发关键节点，为技术攻坚团队提供额外项目奖励、资源倾斜，全方位调动员工积极性，让激励机制成为推动预算管理高效执行、公司持续发展的强大动力引擎，激发全员创造力与战斗力，助力H公司在全球科技浪潮中稳健前行，勇攀行业巅峰。

第二节 E 集团全面预算管理信息化实践

一、信息化背景与需求

(一) 企业规模与业务复杂性

1. 跨国经营与多产业布局

E 集团历经多年的蓬勃发展，已然蜕变成为全球商业版图中举足轻重的大型跨国企业巨头。其触手广泛延伸，业务疆域横跨白色家电的“冰洗空”系列，黑色家电的彩电、影音设备领域，米色家电的电脑及办公设备范畴，更深度掘进智慧家庭的全屋智能生态构建以及工业互联网的创新应用平台打造等多元领域。地理维度上，在亚洲、欧洲、美洲、非洲均布设有密集的子公司网络，研发中心如智慧灯塔般散落于全球科技高地，制造基地依循产业资源优势与市场区位便利择址而建，销售网络更是编织成一张覆盖城乡各个角落、触及全球消费者的庞大织锦。

以冰箱生产为例，不同地区的子公司需依据当地市场偏好、气候特点及消费能力等要素，差异化定制产品规格、功能特性乃至外观设计，如大容量保鲜型冰箱适配欧美家庭的囤货习惯，小巧节能款迎合亚洲都市小户型需求。在传统手工预算管理模式下，协调各区域间冰箱产品线的研发投入、生产物料调配、市场推广费用规划等资源配置工作，仿若在迷宫中摸索前行，不仅耗时漫长，还极易因信息传递延误、数据汇总偏差而错配资源，致使生产延误、市场机会错失，成本无端攀升。

2. 产品线丰富与供应链复杂

E 集团旗下产品阵容堪称蔚为大观，品类琳琅满目。在传统家电领域，既有经济实惠型满足基础功能需求的大众款洗衣机、空调，又有搭载前沿科技旨在引领生活品质提升的高端智能家电系列，诸如具备自动感知衣物材质与脏污程度并精准匹配洗涤模式的智能洗衣机，能实时监测室内空气质量并智能调节运行状态的智慧空调。不同产品在生产周期上天差地别，基础款洗衣机生产流程紧凑高效，月产量可达数万台，生产周期或许仅需数天；而高端智能家电受限于精密零部件供应、复杂工艺调试，生产周期可能拉长至数月。成本结构亦是复杂多变，智能家电因芯片、传感器等高科技零部件嵌入以及分摊研发成本，成本远超传统产品数倍。

在供应链层面，与全球各地数万家供应商紧密捆绑，原材料采购从基础钢材、塑料颗粒到稀有电子元器件，零部件供应涵盖电机、压缩机、控制面板等关键组件，各环节牵一发而动全身。若巴西的钢材供应商因矿山罢工原材料供应延迟，亚洲的洗衣机生产基地可能面临停产危机；若欧洲市场智能空调因芯片供应短缺，生产计划则可能被全盘打乱，需重调。传统手工统筹方式在海量供应链数据处理、复杂生产计划协同面前，无疑是杯水车薪，E 集团亟须信息化系统施展整合魔力，梳理供应链脉络，实现预算编制精准对焦、成本管控有的放矢。

（二）市场竞争与环境变化

1. 竞争加剧与市场动态性

全球家电市场竞争极为激烈，众多参与者都在积极争夺市场份额。一方面，传统家电品牌凭借其长期积累的品牌影响力和成熟的销售渠道，稳固地保持着其市场地位；另一方面，新兴的科技企业也在不断进入市场，通过推出创新产品来吸引消费者。市场需求变化迅速，消费者对于家电产品的要求日益提高，在重视基础品质的同时，越来越倾向于选择具备智能互联功能的产品。例如，消费者期望冰箱具备食材管理功能，电视成为家庭娱乐的控制中心。此外，个性化定制也成为新的消费趋势，消费者更倾向于选择具有专属外观图案和个性化功能组合的家电产品。

E 集团曾计划针对年轻群体推出一款兼具游戏娱乐与智能家居控制功能的

智能电视，原预算按常规市场调研预估配置与功能组合成本及推广费用。然而新品筹备期，其他公司突然发布类似产品且大打价格战，同时消费者对智能语音交互功能升级呼声高涨，市场风向骤变。若无信息化预算管理系统敏捷捕捉竞品动态、实时汇总消费者舆情反馈，及时调整产品策略，重新配置研发预算追加语音交互技术攻关投入，灵活调配市场推广预算转向线上精准营销与社群口碑营造，这款被寄予厚望的新品极可能折戟沉沙，淹没于市场洪流。

2. 成本压力与利润空间

外部经济环境不断变化，对E集团的成本管控带来了巨大压力。具体而言，原材料价格经历了显著波动：钢材价格受到国际矿业巨头减产和地缘政治冲突的影响，呈现大幅变动；而塑料原料价格则因石油价格的起伏而不稳定。同时，国内人力成本也在持续上升，这主要是由于劳动力市场结构的变迁以及社保福利政策的不断完善。特别是在沿海地区，工厂一线工人的薪资年涨幅超过了10%。在这种双重压力下，E集团的利润空间受到了严重挤压，面临着严峻的成本管控挑战。

如空调生产过程中，铜材作为关键原材料，在价格飙升时，若未能借助信息化手段精准核算每台空调铜材用量优化设计、实时追踪铜材价格走势提前锁价采购，仅原材料成本一项，单台空调的部分利润就可能瞬间蒸发数百元。信息化赋能的全面预算管理系统宛如精密成本扫描仪，逐环节剖析成本构成，深挖降本潜力，从生产工艺改良削减物料损耗、供应链优化降低采购成本，到人力排班精细化、杜绝闲置工时，全方位挤干成本水分，为利润留存撑开保护伞。

（三）管理提升与战略发展

1. 战略落地与资源配置

E集团制定了明确的全球化品牌战略，致力于在全球市场上彰显中国品牌的强大实力。同时，E集团也规划了物联网生态战略，旨在构建万物互联的家居生活新环境。然而，这些战略目标的实现需要具体落地和执行，其中，全面预算管理信息化的实施是推动这些战略转化为实际行动的关键要素。

譬如在全球化品牌战略推进进程中，需在欧美成熟市场加大高端产品研发预算倾斜，招募顶尖科研人才组建海外研发团队，投资建设智能化体验中心，拓展品牌展示窗口；新兴市场如东南亚、非洲则侧重性价比产品生产资源调配，布局本地化制造工厂压缩成本，培育基层销售网络深耕市场。物联网生态战略落地，需从硬件研发预算中划拨专项资金攻克智能传感、互联互通技术难题，软件预算大力投入构建云平台、APP生态，市场预算用于携手生态伙伴举办跨界营销活动，借信息化系统将宏大战略拆解为各部门、各业务单元可触达、可执行的具体预算指标，确保每一份资源皆流向战略靶心，助推战略稳步前行。

2. 精细化管理与决策支持

企业进阶之路，需从粗放旷野迈向精细田园，管理精度要求节节攀升。在过往粗放管理的模式下，预算数据粗枝大叶，月度甚至季度汇总滞后，分析浅尝辄止，难以为决策提供精准导航。如今，信息化系统化身数据永动机，实时吮吸海量业务数据，从生产线上每台设备耗电量、运转效率，到销售终端每笔订单成交时间、客户地域分布，再到供应链物流车辆实时位置、库存周转率，无一遗漏。

管理层轻点鼠标，便能瞬间洞察各品类家电销售利润贡献率，精准定位高毛利产品追加生产与推广预算；依据实时成本动态，决定是否启动工艺升级项目压缩成本；借助大数据预测模型预判市场需求走势，提前储备生产物料、调配人力。在信息化赋能下，预算管理精度达毫厘之间，决策的科学性与效率得到飞跃提升，引领企业在商海稳健破浪前行。

（四）数据整合与协同需求

1. 数据分散与不一致

使用信息化系统前，E集团各业务部门数据仿若散沙。财务系统记账规则与业务系统订单记录格式迥异，生产系统物料数据精度与采购系统计量标准龃龉，研发系统技术指标统计维度又自成一派。编制冰箱产品线预算时，财务端成本数据依会计科目汇总，业务端销售预测按区域与产品型号拆解，生产端物料需求按BOM层级罗列，数据收集堪比拼图游戏，缺角、错配频发。销售部门预估某新款冰箱的季度销量是5000台，生产部门却因接收延迟、数据转换误差，按照3000台的销量筹备物料，而市场推广则按高预期配置资源，最终库存积压与缺货并存，成本失控，皆因数据混乱无序、一致性缺失。

2. 部门协同与沟通不畅

传统预算管理季，部门协同似老牛拉破车，迟缓低效。市场部门捕捉到消费者对大容量冰箱需求激增信号，却因人工传递慢、信息衰减，历经层层汇报、多次会议才辗转至生产部门，彼时生产线已排满常规型号，调整费时费力；研发部门攻克智能保鲜技术，成果转化却因与生产、采购沟通不畅，新技术所需特殊物料采购滞后，量产无期。各部门在预算编制与执行中，常因沟通断层、协调失序，各自为战，信息“孤岛”林立，整体效能大打折扣。信息化平台如同跨海大桥，连通部门数据孤岛，预算信息实时共享，市场调研成果即刻同步研发、生产、采购各方，协同效率拔地而起，预算执行行云流水。

二、信息化解决方案与实施

（一）解决方案

1. 系统选型与集成

E集团在踏上全面预算管理信息化这一具有深远战略意义的征程之际，便以高瞻远瞩的战略眼光深刻洞察到，系统选型无疑是奠定整个信息化工程成败的关键基石。为此，集团决策层调配海量资源，组建专业调研团队，开启了一场全球范围内旷日持久且细致入微的考察评估之旅。团队足迹遍布北美、欧洲、亚洲等多个地区，深度调研并审慎评估了诸多国际知名企业所提供的各类企业管理软件方案。

历经多番严苛甄别与反复权衡，考虑到S公司的ERP系统在大型企业复杂业务流程梳理、资源整合调配以及全球数据协同处理等关键维度所展现出的卓越口碑、深厚底蕴以及成熟的技术架构，E 集团最终选定其作为核心架构基底，期望借此为集团庞大且多元的业务体系构筑起坚实的信息化骨架。然而，E 集团独特的业务发展轨迹与复杂多变的管理诉求决定了其难以与外购软件实现全方位、深层次的精准契合。集团业务场景之繁杂超乎想象，不仅涵盖传统白色家电、黑色家电的大规模生产制造，更深度涉足智慧家庭生态等前沿创新领域，产业跨度广，从上游原材料采购、中游精细生产制造，到下游市场营销及售后服务，各环节的管理逻辑与数据交互错综复杂，精细化管理诉求极高。

为攻克这一难题，E 集团迅速集结内部顶尖技术精英，开启自主研发适配集团独特业务生态的预算管理模块的艰难征程。研发团队主动下沉至各业务单元一线，与业务人员并肩作战，深度挖掘业务痛点与管理难点。在白色家电生产领域，针对生产排期紧凑、物料管控难度大的棘手问题，研发团队与生产计划部门紧密协作，剖析每一道生产工序对物料实时需求的精准把控逻辑，梳理 BOM 在不同生产场景下的动态变化规律；在黑色家电新品研发项目中，聚焦预算精细拆解及进度追踪痛点，携手研发工程师及项目管理人员，构建起从创意构思、技术选型、样品试制到量产爬坡全过程的精细化预算管控模型，确保每一笔研发资金流向清晰、使用高效；针对智慧家庭生态业务这类跨部门资源协同极为复杂的症结，组织跨部门研讨会议不下百场，联合市场、研发、售后等多个部门，打通部门间的数据壁垒，明确各部门在生态业务中的资源投入与产出节点，历经无数次头脑风暴的思维碰撞与代码编写的艰苦攻坚，最终成功锻造出高度适配 E 集团业务特色的专属预算管理模块。

此定制模块巧妙镶嵌于集团精心构筑的私有云平台架构之中，该云平台的构建过程仿若一座数字摩天大厦，每一个环节都凝聚着科技与智慧的结晶。底层硬件设施层面，以高性能服务器集群为坚实根基，集群采用先进的分布式计算架构，多节点协同运算，确保强大的计算能力储备；铺设万兆光纤网络，其超高速的数据传输速率宛如城市交通主干道，保障海量数据能够在瞬间被吸纳存储，毫无迟滞之感。中层数据仓库环节，运用先进的分布式存储技术，创新性地引入Hadoop分布式文件系统变体，通过数据碎片化存储策略，将海量数据分散存储于多个存储节点，却巧妙维持逻辑上的高度统一，这种独特设计有效保障了海量数据的高效读写性能，即便面对瞬间爆发的数据访问请求，也能从容应对，快速响应。上层应用功能层是秉持微服务架构理念而精巧搭建的，各功能模块仿若乐高积木般具备高度灵活性，可依据业务动态变化按需组合、快速迭代，数据依循严谨的业务逻辑，在各层级间如精密齿轮咬合传动般顺滑流转，实现全方位、无死角的深度整合。依托这一卓越架构，E集团无论业务触角延伸至地球何隅，相关数据皆能通过便捷操作一键调取，实时运算分析，为管理决策提供最为及时、精准的数据支撑。

与此同时，E集团强力推进数据治理与标准化这一系统工程，E集团深知其对于信息化建设的核心价值。集团专门组织成立跨部门数据治理委员会，成员涵盖财务审计专家、业务流程骨干、技术架构师等多领域专业人才，各方协同发力，联合制定严苛统一的数据标准体系。从产品编码规则重塑入手，全面梳理集团旗下冰箱、彩电、洗衣机等各品类产品繁杂多样的编码规则，确保每一个产品在全球范围内具备唯一性标识，且赋予丰富属性标签，详细记录产品型号、规格、生产日期、生产批次等关键信息，为产品全生命周期管理及数据分析奠定坚实基础；在成本核算科目精细界定方面，打破以往模糊笼统的核算方式，明确区分直接材料、间接人工、制造费用等明细科目，详细规范每一类成本费用的归集与分摊规则，确保成本核算精准无误；针对销售订单状态规范，统一“待发货”“运输中”“已签收”等各类状态标识及流转规则，实现销售业务流程数据的标准化。借助功能强大的ETL工具，每日定时巡检各业务系统数据，如同一位严谨的质检员，一丝不苟地清洗噪声数据，修正格式错误，运用复杂的转换逻辑将异构数据格式统一化，例如将生产系统惯用的日期格式“YYYY/MM/DD”与财务系统遵循的“DD-MM-YYYY”精准统一规范，全方位保障数据一致性。每周定期生成的数据质量报告犹如一份精准的体检报告，能够敏锐定位数据异常，一旦某区域销售数据突现销量负值这类违背常理的异常情况，立即触发溯源排查机制，数据治理团队迅速介入，循迹追踪，直至揪出问题根源，扼杀数据隐患于萌芽状态，为后续数据分析及系统稳定运行筑牢根基。

2. 功能模块设计

E 集团所打造的预算管理信息化功能模块全方位、无死角地覆盖预算管理全流程关键链路，各模块各司其职，协同发力，共同赋能高效预算管理。

预算编制模块仿若一座智能设计工坊，内置海量灵活且极具针对性的预算模板，充分考量集团多元化业务特性，实施精细化分类管理策略。在家电制造板块，E 集团针对不同产品线量身定制成本预算模板。以冰箱产品线为例，细致拆解每一款冰箱从涵盖压缩机、制冷管路、箱体板材等核心部件的原材料采购，到生产环节人工工时核定、设备折旧分摊以及生产辅助物料消耗等全成本要素，精准预估各项成本开支；市场推广领域配备活动预算模板，细分线上、线下渠道费用配置细则，线上精准把控搜索引擎营销（Search Engine Marketing，SEM）、社交媒体广告投放、电商平台促销活动等费用列支，线下详细规划实体门店装修、促销物料制作、地推活动人力成本等预算安排；海外业务单元则专设汇率波动适配预算模板，充分考虑国际金融市场风云变幻，内置实时汇率更新接口，结合不同国家和地区业务规模及结算货币结构，动态调整预算金额，从容应对汇率波动带来的财务风险，确保海外业务预算精准合理。此模块全面支持增量预算、零基预算、滚动预算等多元编制方法，满足不同业务场景个性化需求。对于全新智能家电新品研发项目，鉴于其创新性强、无历史经验可循，果断启用零基预算方法，从项目启动之初便秉持审慎态度，全面考量技术研发难度、市场调研投入、知识产权保护成本等全新要素，精细核算每一项资源需求；针对成熟家电产品线，如经典款洗衣机、空调等，基于过往稳定的生产销售数据及市场趋势预判，采用增量预算快速迭代编制，高效完成预算编制任务，提升整体编制效率。

执行监控模块宛如一位24小时值守的敏锐数据卫士，通过精心设计的API接口与各业务系统实现无缝实时连接，确保数据传输零时差。销售系统每笔订单成交瞬间，订单详情包括产品型号、销售价格、客户信息、成交时间等关键数据即刻同步至监控模块；生产车间设备每刻运转参数，如生产线速度、设备温度、压力、能耗数据以及设备故障预警信息等，实时回传；采购订单每次物料收发动态，从供应商发货信息、物流在途状态到物料入库验收详情，均秒级同步更新，实现业务数据实时可视化呈现。内置智能比对引擎，犹如一台精密的校验仪，与预设预算指标逐行校验比对，一旦发现成本超支3%、销售进度滞后5天等异常情况，即刻通过弹窗、短信、邮件多渠道预警推送至责任人手机端与工作平台，预警信息附带偏差详情数据表格以及历史趋势可视化图表，助力责任人及时研判形势，迅速制定应对策略，及时止损纠偏。

分析预测模块似一位足智多谋的智慧军师，依托先进的数据挖掘算法深入挖掘历史数据潜藏规律，于海量销售数据中精准洞察季节性波动特征，剖析不同季节、月份对各类家电产品销量的影响幅度；量化促销活动弹性系数，评估每一场促销活动投入产出比，为后续营销决策提供数据支撑。借助机器学习神经网络强大的学习预测能力，广泛学习宏观经济指标走势、行业舆情动态、竞品市场策略调整与自家产品销售业绩之间的复杂关联关系，构建多维度预测模型。基于此，为管理层呈上丰富多样、极具价值的可视化分析报告，如运用热力图直观呈现各区域产品盈利分布状况，红色高温区域标识高盈利市场，蓝色低温区域警示亏损或低盈利地区，助力管理层精准资源投放；以折线图清晰勾勒成本趋势，精准捕捉成本升降拐点，提前布局成本管控措施；运用决策树模型智能推荐资源优化路径，综合考量市场需求、成本效益、产能利用率等多因素，为生产、销售、研发等各环节资源调配提供科学建议，全方位赋能管理层精准决策，引领企业在复杂多变的市场环境中稳健前行。

（二）实施过程

1. 项目规划与准备阶段

E集团在项目启动伊始，便迅速从集团内部各关键部门抽调精锐力量，组建起一支战斗力爆表的项目攻坚团队。团队成员构成多元且极具专业性，IT技术精英团队成员大多拥有国内外顶尖高校计算机科学、软件工程等专业背景，长期奋战在企业信息化建设一线，熟稔各类系统架构搭建技术与代码编写规范，具备丰富的大型项目实战经验；财务贤才汇聚集团财务管理各领域资深专家，不仅精通成本核算复杂流程、深谙预算逻辑梳理关键要点，更对财务管控与企业战略融合有着深刻理解；各业务部门骨干则深入一线实操洞察，他们来自研发实验室前沿阵地，熟悉产品研发全周期每一个技术难点与资金需求节点，也有来自销售门店一线的销售精英，深知市场冷暖及客户需求变化对预算动态调整的迫切诉求，全员枕戈待旦，满怀激情与决心迎接挑战。

团队甫一成立，便紧锣密鼓地投身于需求调研工作之中，数月间马不停蹄地奔波于全球各生产基地与销售网点，足迹遍布五大洲数十个国家和地区。调研团队通过面对面访谈、问卷调查、现场观摩等多种方式，累计访谈员工数千人次，深度挖掘预算管理现存顽疾。在某白色家电制造工厂调研期间，一线工人纷纷反馈手工填报物料需求计划效率低下且极易出错，因物料清单复杂、产品型号众多，人工计算的物料用量常出现偏差，导致生产延误；销售代表则愁眉苦脸地诉说市场波动频繁，现有预算调整流程烦琐不堪，层层审批耗时漫长，错失市场机遇；研发团队更是苦恼于项目预算超支现象屡禁不止，新技术探索不确定性大，预算管控缺乏有效抓手。项目团队悉心整合各方诉求，如同拼图大师般精心绘制出现有预算管理流程全景图，详细梳理出300余项亟待改进优化的关键节点，依据这些宝贵调研成果编制详尽周全的项目实施计划，精确到每周具体任务安排与预期交付成果，为项目有序推进绘制清晰蓝图。

同步启动全员培训计划，旨在全方位提升员工信息化素养与系统操作技能，为即将上线的新系统预铺平坦路径。线上课程平台火力全开，持续推送系统操作视频教程，教程内容涵盖系统登录、基础数据录入、预算模板选用、报表生成等基础操作，以及复杂业务场景下预算调整、数据分析等进阶功能演示，员工可利用碎片化时间自主学习；定期组织线下集训营，模拟各类真实业务场景进行实操演练，培训导师现场指导答疑，从基础数据录入准确性校验到复杂报表生成逻辑解读，逐一过关，确保每一位员工熟练掌握系统操作技能，能够无缝对接新系统上线后的日常工作节奏。

2. 项目建设与测试阶段

依循前期精心绘制的项目蓝图，项目团队紧锣密鼓地开展硬件采购与软件研发工作，全力推进系统建设进程。在硬件设施筹备方面，对数据中心实施扩容升级战略，引入国际领先水平的高性能计算节点，采用多核处理器架构，大幅提升计算处理能力；配备大容量存储阵列，运用先进的固态存储与机械存储混合架构，兼顾存储性能与成本效益，构筑起坚如磐石的数字基座，确保系统上线后能够从容应对海量数据存储与高频计算任务。软件研发团队则开启焚膏继晷的高强度工作模式，依据微服务架构理念将系统功能拆解为多个独立开发、易于维护的微服务模块，团队成员各司其职，代码日更千行，争分夺秒推进开发进度。

测试环节严守质量关卡，构建全方位多层次测试体系，确保系统的稳定性与可靠性。在单元测试阶段，研发人员对各自负责编写的代码片段进行细致入微的功能测试，模拟各类极端输入情况，如超长字符串、超大数值、异常字符等，验证程序在边界条件下的健壮性，及时修复代码漏洞与逻辑缺陷；在集成测试时，将各个分散开发的微服务模块组装联调，全面检验模块间数据交互准确性与流畅性，重点关注预算编制数据能否无缝流入执行监控模块，执行监控模块生成的预警信息能否准确反馈至相关业务模块及时处理，确保系统各环节协同运作顺畅；用户验收测试（User Acceptance Testing，

UAT）广泛邀请各层级员工参与实战试用，涵盖了销售、财务、生产、研发等各业务条线，销售员工录入订单信息，检验订单数据能否准确关联预算及库存信息；财务人员进行成本核算操作，验证成本数据归集分摊规则是否符合财务规范；生产人员安排排期任务，查看生产计划与物料供应、设备产能是否智能匹配。测试期间累计收集反馈意见500余条，针对每一条反馈问题，项目团队迅速响应，组织专项研讨，迭代优化历经8轮，直至系统稳如泰山，各项性能指标达标，满足复杂业务场景需求。

同期，艰巨的数据迁移攻坚战役正式打响，ETL工具昼夜不息地运转，全力抽取近10年的海量预算与业务数据，面对数据量庞大、数据格式繁杂、数据质量参差不齐等诸多难题，迁移团队精心制定清洗转换规则，运用数据清洗算法去除重复数据、纠正错误数据、填充缺失数据，依据目标系统数据格式要求，对异构数据进行格式转换，如将旧系统中日期格式各异的数据统一规范，将文本型数字转换为数值型数据，确保数据准确性与兼容性，经过三轮严谨的数据完整性校验，保障每一条数据无一遗漏、精准无误地导入新系统，为新系统注入海量历史记忆与宝贵业务经验灵魂，使其上线伊始便能基于历史数据实现智能决策辅助。

3. 上线与推广阶段

秉持谋定而后动的战略智慧，项目团队精心擘画上线计划，综合考量业务重要性、复杂度及地域分布等关键因素，制定科学合理、分步实施的推广策略，依序分三阶段稳步推进系统上线进程。首阶段精心选取试点工厂与区域销售团队，率先上线预算编制与基础监控功能，聚焦小范围业务场景进行实战试错打磨，密切监测系统运行稳定性及业务适配度，及时收集一线用户反馈，快速调整优化；二阶段果敢拓展至核心业务单元，全功能启用，全方位检验系统在大规模复杂业务场景下的性能表现，技术团队实时监控系统关键性能指标，峰值时段每秒事务处理量（Transactions Per Second，TPS）始终维持在5000笔以上，确保系统响应时间控制在1秒内，保障业务高效流畅运转；终阶段开启全球范围的推广大幕，提前组建多语种客服团队，成员精通英语、法语、西班牙语、阿拉伯语等世界主要语言，24 小时待命，随时通过电话、邮件、在线客服平台等多渠道化解用户操作困惑，提供贴心技术支持。

上线首日，技术运维团队全员神经紧绷，紧盯监控大屏，为实时应对各类突发状况做好准备。某区域因当地网络波动突发数据传输延迟危机，运维团队迅速响应，依托预先设计的冗余网络架构，果断切换备用线路，确保数据传输瞬间恢复正常；业务专家奔赴各业务现场，手把手指导员工跨越操作难关，针对常见问题现场示范解决方案，历经月余艰苦奋战，系统平稳嵌入业务日常，数据在全球各业务节点间畅流无阻，标志着 E 集团全面预算管理信息化系统成功上线，开启企业管理新篇章。

4. 优化与持续改进阶段

系统上线并非终点，而是全新征程的起点。运维团队每周定期深度巡检系统，运用专业性能监测工具，全方位监测内存使用率、中央处理器（Central Processing Unit，CPU）负载、磁盘输入输出（Input/Output，I/O）速率等关键性能指标，一旦发现异常波动，如内存使用率飙升、CPU 负载过高，迅速组织技术专家精准定位性能瓶颈，通过代码优化算法、调整数据库索引、优化服务器配置或实施硬件扩容等针对性措施，及时化解性能危机，确保系统始终运行在最佳状态。每月例行召开用户反馈专题会议，聚焦各层级用户使用体验与改进建议，研发团队依据反馈按需迭代优化系统功能，如应外勤业务员强烈需求，新增移动端预算审批功能，业务员借助手机、平板电脑等移动设备，即可随时随地处理预算审批事务，大幅提升工作效率；每季度末对标行业前沿技术与最佳实践案例，选派骨干成员赴全球顶尖企业实地取经学习，引入实时预算模拟技术，借助大数据与人工智能算法，模拟市场突变情景下预算柔性调整策略，提前布局应对预案。这样年复一年持之以恒地打磨，确保 E 集团预算管理信息化水平始终引领行业潮头，精准适配企业战略动态远航需求，为 E 集团持续稳健发展提供源源不断的动力支撑。

三、实施效果与经验总结

（一）实施效果

1. 预算编制效率提升

在传统预算编制的旧有模式下，E 集团内部各部门之间的协作状态堪称一盘散沙，彼此孤立隔绝，仿若各自为战的孤岛，数据收集与整合工作完全依赖人工手动操作，效率极其低下且错误频发。销售团队在着手预估下一年度各品类家电销量时，面临着极为艰巨的任务。他们不得不逐个区域去细致梳理历年积攒下来的厚重销售台账，这些台账不仅数量庞大，还分散存储于堆积如山的文件柜之中。为了获取一份完整的销售数据，销售人员需耗费大量精力，从浩如烟海的纸质文件里逐一翻找对应的合同、订单，随后逐字逐句地手工录入数据信息，过程繁杂琐碎，且极易因人为疏忽而出现录入错误。一旦某个关键数据出现偏差，后续审核环节便不得不返工重查，往往耗费数天时间，严重拖慢工作进度。

生产部门在核算成本时同样深陷困境，他们需要在多个不同的业务系统之间来回切换，以获取物料采购价格、设备折旧费用、人工工时消耗等关键信息。然而，这些系统由于建设的时期不同、技术标准各异，所呈现的数据格式千差万别，这使得数据整合工作难如登天。例如，物料采购系统中价格数据精确到小数点后四位，设备管理系统里折旧数据却仅保留整数位，人工工时统计系统的时间格式更是别具一格，生产部门工作人员为了核对一笔数据，常常不得不组织多次跨部门沟通会议，召集财务、采购、设备管理等相关人员共同协商，力求统一数据口径，由此产生的沟通成本高昂得令人咋舌。

整个预算编制流程冗长拖沓，毫无效率可言。在 E 集团这样复杂业务架构的背景下，年度预算编制工作动辄耗时数周甚至数月之久。即便各部门投入大量人力、时间，最终提交的预算草案依旧问题多多，漏洞百出。由于数据不准确，各部门预估数据相互矛盾冲突问题屡见不鲜；协同不畅导致关键信息缺失或重复情况频发，严重影响了草案的质量与可用性。

信息化系统的上线宛如一场期盼已久的及时雨，彻底扭转了这一窘迫局面。系统内置了功能强大的数据存储与调取模块，操作人员只需轻点鼠标，便能即刻获取近十年以来各产品线详尽的销售走势分析图表。这些图表清晰直观地呈现出产品销售的淡旺季波动规律，不同区域市场份额随着时间推移的细微变迁也一目了然，为销售预算编制工作提供了无比精准的历史参照数据，销售人员再也无须埋头于故纸堆中苦苦寻觅线索。与此同时，系统集成的行业标准数据库能够实时更新，时刻保持数据的鲜活性与准确性，其中涵盖了原材料消耗定额、生产工艺标准成本等核心数据，生产部门依据这些权威数据，能够迅速且精准地预估生产成本，彻底告别了以往四处搜罗资料、凭借经验反复估算的低效模式。

更为关键的是，各部门如今依托统一的信息化平台实现了在线协作的无缝对接。在平台上，各部门能够实时看到其他部门的工作进度与数据更新情况，真正做到了信息透明、协同高效。销售团队一旦敲定新的销量目标，相关数据信息便会瞬间同步至生产部门，生产部门的系统能够自动依据销售数据匹配最优产能规划以及物料需求清单；与此同时，采购部门也能同步获取信息，立即着手核算采购成本，并精准规划供应周期，整个过程一气呵成，信息流转毫无阻滞。这得益于系统的强大功能与各部门之间日益默契的配合，即便面对E集团全球业务布局广泛、产品线繁杂多样的庞大编制任务，年度预算编制时间也大幅缩减至数周之内，编制效率得到了质的飞跃。而且，提交的预算草案质量相较于以往有了显著提升，数据准确性高达95%以上，为后续预算的顺利执行筑牢了坚实根基，确保每一项预算规划都建立在可靠的数据基础之上。

2. 预算执行监控强化

以往，E集团的预算执行监控机制几乎形同虚设，完全无法发挥应有的预警与管控作用。财务报表遵循传统的按季度或月度出具惯例，数据更新严重滞后于业务实际进展，这种滞后性就如同开车时仅依靠后视镜来导航，驾驶员只能看到已经走过的路，对于前方路况及当下突发状况浑然不知，待到问题发生许久之后才有所察觉，此时往往为时已晚，错失最佳应对时机。

例如，某季度末，财务人员在进行例行核算时才惊然发觉，某区域空调销售费用因广告投放策略严重失误，实际支出相较于预算额度已然超支 30%。然而，彼时广告投放活动早已结束，大笔资金早已如流水般花出，市场反馈却不尽如人意，销量并未达到预期增长目标，由此造成的损失已然难以挽回。同样，在生产车间一线，由于长期依赖手工统计报表，信息传递存在严重延迟，物料浪费现象屡屡发生却无人及时知晓，设备空转时长居高不下导致生产成本节节攀升，可这些问题直到次月统计报表完成时才暴露出来，整改措施被迫滞后实施，预算失控局面愈演愈烈。

如今，全新的信息化系统为预算执行监控工作带来了巨大变革，使其变得实时且精准。通过与销售、生产、采购、财务等各类业务系统全方位、无死角的实时对接，业务数据实现了毫秒级的同步更新。销售终端每完成一笔交易回款，相关金额、时间、产品型号等详细信息便会即刻同步至预算系统；生产线上每一份物料的领用与发放情况，也能实时反馈，精确记录物料流向及用量；财务部门每一笔费用支出，无论是差旅费报销、办公用品采购还是大额资金转账，一经发生便立即呈现在预算系统之中。

管理者只需登录专属操作界面，便能通过一系列直观、醒目的可视化图表，精准掌控各部门预算执行进度。进度条以不同颜色直观呈现，绿色代表执行正常，黄色表示临近预算警戒值，红色则警示预算已被突破，各类异常情况一目了然。一旦支出临近或突破预算红线，系统会自动弹出醒目的弹窗提示，同步推送详细的预警信息至相关责任人手机短信收件箱、电子邮箱之中。预警信息内容丰富翔实，不仅包含当前支出数据与预算额度的同比环比分析，清晰展示支出变化趋势，还附带关联业务数据解读，深入剖析可能引发异常的业务环节，帮助责任人瞬间洞察异常根源，迅速做出针对性反应。

例如，某月洗衣机生产车间突发设备故障，维修过程中零部件频繁更换，致使该月零部件更换费用大幅增加，总成本相较预算超支 18%。车间主管、设备维护人员、采购专员以及财务人员几乎在同一时刻收到系统推送的预警信息，各方迅速响应，形成联动机制。车间主管立即组织技术骨干全力抢修设备，力求缩短停机时间；设备维护人员详细记录故障原因及维修细节，为后续设备优化提供依据；采购人员紧急调整采购计划，加急采购所需零部件，确保维修工作顺利进行；财务人员则重新核算成本，评估此次超支对整体预算的影响，并制定相应弥补措施，各方齐心协力严守预算纪律，确保预算执行始终不偏离正轨。

3. 资源配置优化

往昔，资源配置问题始终是困扰 E 集团发展的一大难题。决策层在进行资源分配决策时，往往缺乏充足的数据支持，大多仅凭过往经验臆测判断，或是盲目跟风市场热点，又或是因对市场趋势误判而做出错误决策，资源错配现象频发，严重影响了企业运营效率与经济效益。

曾经，集团管理层基于以往波轮洗衣机的畅销业绩，大力投入资源用于传统波轮洗衣机的研发与生产项目，却未察觉到市场消费趋势已然悄然发生重大转变，消费者需求正迅速向滚筒、智能款洗衣机转移。结果新研发推出的波轮洗衣机新品在市场上遭遇严重滞销困境，大量产品积压在仓库，占用巨额资金，不仅导致库存成本飙升，还错失了将这些资源投入新兴热门产品领域的宝贵时机。同样，在海外市场拓展方面，尽管新兴市场展现出巨大的潜力，市场需求亟待满足，但由于信息传递滞后，集团内部对新兴市场的动态变化感知迟缓，资源调配机制僵化，无法及时响应市场需求，导致错失诸多拓展先机。反观一些成熟饱和的市场，由于惯性思维作祟，集团仍持续不断地投入大量资源，然而这些市场增长空间已然极为有限，投入产出比极低，经济效益微薄，造成了资源的严重浪费。

信息化系统的成功应用彻底扭转了这一不利局面，使其成为企业精准配置资源的强大“指挥中枢”。系统依托大数据技术，全面整合内外部海量数据资源，涵盖电商平台消费者实时搜索热词、社交媒体上消费者对产品的评价、专业市场调研机构出具的深度分析报告等多元信息渠道，通过深度数据挖掘与智能分析算法，精准洞察市场需求动向，为资源配置决策提供坚实可靠的依据。

通过深度剖析各区域、各产品线详细的盈利结构，系统敏锐识别出不同产品在不同市场环境下的盈利潜力差异。以智能空调为例，经系统精准分析发现，该产品在南方湿热地区市场需求极为旺盛，消费者对空调的制冷、除湿功能要求较高，且产品利润空间非常可观。基于此洞察，系统自动生成资源调配建议，指引集团加大在该地区对智能空调的研发投入力度，全力升级和优化空调制冷、除湿的核心功能，同时调配更多生产产能向该地区倾斜，确保产品供应充足；在营销资源分配上，也相应聚焦该区域，增派经验丰富的销售精英团队，积极拓展布局销售网点，全方位提升产品市场占有率与销售额。

反观那些老旧、低利润产品线，系统则依据数据分析结果，逐步有序削减其生产规模，将闲置的设备、人力等宝贵资源合理转移至新兴智能小家电等潜力巨大的领域，实现资源的动态优化。经过信息化系统的精心统筹调配，E 集团整体资源流向与市场需求变化、利润增长高地实现了精准契合，资源利用率相较以往提升超过 20%，各品类产品销售利润率得到显著改善，企业市场竞争力与盈利能力双双实现跃升，为企业持续稳健发展注入强大动力。

4. 决策支持能力增强

过去，E 集团管理层在制定决策时常常举步维艰，面临诸多困境。传统的月度财务静态报告犹如一份份过期报纸，所呈现的数据严重滞后于市场的即时动态，信息时效性极差，难以为决策提供精准、及时的参考。这使得管理层在新品研发决策过程中总是滞后于竞争对手，往往等到竞品新品已然成功抢占市场先机，收获大量客户订单后，E 集团才后知后觉地开始启动相关研发项目，错失最佳布局时机，导致市场份额不断被蚕食。

在智能家电兴起初期，市场需求快速增长，技术迭代日新月异，然而E集团由于缺乏实时有效的数据支撑，决策层在面对这一新兴趋势时犹豫不决，反复权衡利弊，始终难以下定决心加大投入布局。在漫长的决策过程中，宝贵时间悄然流逝，待最终决策敲定付诸实施时，最佳市场窗口已然关闭，竞争对手早已凭借先发优势在市场中站稳脚跟，E集团只能艰难地在激烈竞争中奋力追赶，并为此付出了高昂的代价。

现如今，全新的信息化系统已然成为集团管理层智能决策的强大“大脑”，其多维分析功能全面开启，火力全开，为决策提供全方位、深层次的数据洞察与策略建议。在销售维度，系统能够按照区域、渠道、客户层级等多个维度进行深度挖掘剖析，精准呈现出不同城市层级市场之间的销售差异，细致比较电商平台与实体门店销售模式各自的优劣特点，深入解读大客户独特的购买偏好与消费痛点，为营销策略制定提供极具针对性的指引，确保营销资源精准投放，实现效果最大化。

从成本角度出发，系统详细拆解物料采购价格波动趋势，精准定位生产工艺过程中成本优化关键节点，深入分析人力成本在不同地域之间的显著差异，为企业精细化成本管控提供有力支撑。管理层能够依据这些数据洞察，精准施策，与供应商谈判争取更有利的采购价格，优化生产流程降低工艺成本，合理调配人力布局削减人力成本支出。

在财务指标维度，系统动态追踪企业偿债、盈利、营运等核心能力指标的实时变化，宛如一艘巨轮的导航仪表盘，时刻为巨轮掌舵护航。例如，当遭遇突发国际芯片供应危机时，系统能够在秒级时间内迅速呈现各产品线对芯片的依赖程度、因芯片短缺导致的成本涨幅预估、现有库存可支撑生产周期等关键数据，管理层依据这些精准情报当即果断决策：一方面紧急囤货关键芯片，确保短期内生产不受影响；另一方面加速自主研发芯片替代方案，从根本上解决供应链隐患。同时，根据芯片供应情况微调产品配置，推出差异化产品应对市场变化，灵活高效地应对危机挑战。

又如海外市场出现汇率波动、政策调整等复杂多变情况时，系统实时更新当地市场最新数据，管理层依据翔实的数据迅速评估局势，果断决策拓展或收缩特定区域的业务，调整投资布局与市场策略。决策周期从以往的按月计算大幅缩短至按周甚至实时响应，企业仿若一艘灵动敏捷的战舰，能够在瞬息万变的商海波涛中机敏穿梭，始终保持竞争优势。

5. 管理协同效率提高

曾几何时，E 集团内部各部门之间壁垒森严，犹如一道道难以逾越的高墙，严重阻碍了信息流通与业务协作。预算流程在部门之间梗阻不畅，各部门间矛盾冲突频发，这极大地降低了企业运营效率，让 E 集团错失诸多宝贵商机。

销售团队为了追求业绩增长，急切呼吁增加预算以拓展市场版图，扩大销售渠道与推广力度；然而生产部门却常常苦不堪言，受制于现有产能饱和状态，难以招架突如其来的订单增量需求，担心过度接单会导致产品交付延迟、质量下滑；财务部门则时刻紧盯成本红线，秉持谨慎原则，对销售部门的预算追加请求忧心忡忡，生怕成本失控影响企业整体利润表现。三方意见不合，沟通协调极为不畅，往往通过冗长的邮件往来相互争辩，各执一词，互不相让；即便召开面对面会议，会议室里也是争吵不断，气氛紧张，难以达成共识。这种低效率的沟通协作模式不仅耗费大量时间和精力，还使得许多商机在无休无止的扯皮、推诿中悄然流逝，阻碍企业发展步伐。

信息化平台的上线犹如一把破障利刃，强势斩断了部门之间的隔阂阻碍，成功实现了数据实时共享，让各部门之间的协同作业畅通无阻。以新品立项流程为例，销售团队借助平台在线功能，第一时间抛出精心准备的市场调研报告，报告中详细阐述了通过市场调研捕捉到的消费者最新需求偏好、竞品产品存在的短板劣势以及对目标市场规模的精准预估数据；研发部门在接收到销售团队分享信息后迅速响应，立即亮出新研发方案的技术亮点与创新之处，同时清晰呈现成本框架预估，确保项目在技术可行的基础上保持经济合理性；生产部门依据销售与研发提供的资料，随即匹配精准的生产排期规划以及详细物料清单，保障产品能够按时、按质、按量交付；采购部门则实时跟进项目进展，密切汇报原材料市场价格走势、供应周期动态变化等关键信息，提前布局采购计划，防范供应风险。

整个过程全程透明可视，各部门的讨论交流随时随地在线展开，一旦出现问题能够即时协商解决，无须等待冗长会议安排或邮件批复。更为便捷的是，预算调整可通过平台一键同步至各相关部门，资源调配指令下达后也能一步到位，迅速落实执行。以智能家居生态项目推进过程为例，得益于信息化平台强大的协同功能，多部门紧密协作，项目周期相较于以往同类型项目大幅缩短 25%，成本降低 18%，团队凝聚力与战斗力得到空前飙升，各部门心往一处想、劲往一处使，携手助推企业不断攀越发展新高地，开创辉煌业绩新篇章。

（二）经验总结

1. 战略引领与系统规划

E 集团在全面预算管理信息化建设的漫漫征程中，早早便深刻领悟到这绝非一项单纯的技术工程，而是与企业战略紧密捆绑、相互依存的核心纽带。从项目规划的最初构思阶段起，便将目光坚定地锁定于企业长远发展的战略蓝图之上，细致对标全球化品牌战略、物联网生态战略等一系列宏大目标，展开系统性布局。

为了将这些看似遥不可及的战略愿景切实转化为可操作、可衡量的具体行动，E 集团精心拆解战略框架，将其细化为年度、季度、月度等不同时间维度的预算指标矩阵。通过这一矩阵模式，每一项预算条目都被赋予了明确的战略指向，无论是一笔数额不菲的研发资金投入，还是一组人力、物力资源的调配安排，都能精准锚定企业战略前行的方向，确保企业发展路径不偏不倚。

例如，在全力布局物联网生态这一前瞻性战略举措时，E 集团在预算系统中独辟蹊径，为智能家电互联互通技术研发预算设置专门类目，并且制定了清晰明确的逐年递增投入比例规划。从基础技术研究的资金保障，到关键技术难题攻关的资源倾斜，每一个环节都有详细的预算支撑，从而确保物联网核心技术研发得以稳步推进，为企业抢占未来市场制高点筑牢根基。

又如，在海外市场拓展战略的实施过程中，E 集团展现出高度的精细化管理思维。针对不同区域市场，深入调研分析其增长潜力、竞争态势等关键要素，进而细分出极具针对性的预算模块。在新兴市场，鉴于其巨大的发展潜力与尚未饱和的市场空间，预算资源重点向营销推广倾斜，通过加大品牌宣传力度，拓展销售渠道，提升市场占有率；而在成熟市场，面对激烈的竞争格局与有限的增长空间，则严控成本，优化运营流程，提升产品附加值，通过精细化的预算管理确保海外市场战略落地生根，行稳致远。

系统规划层面，E 集团更是展现出全方位、前瞻性的考量。在系统选型的关键节点，组建专业团队开展全球范围的深度调研，对国际知名企业管理软件方案进行全面权衡。从技术架构先进性、功能模块完整性，到与集团复杂业务适配度、后期运维成本等多个维度反复斟酌，最终结合自身业务特性，创造性地打出一套知名企业管理软件内核＋自主研发模块的组合拳。

在功能模块设计环节，既充分考量当下业务的刚性需求，又预留充足的拓展空间以应对未来发展变数。预算编制模块融入智能模板技术，能够依据不同业务类型、历史数据及行业趋势自动生成初步预算框架，极大提升编制效率；同时嵌入实时数据校验功能，确保每一项录入数据的准确性与合规性，杜绝数据错误引发的决策偏差。此外，还前瞻性地预留大数据分析升级接口，为后续利用海量数据挖掘潜在价值、优化决策奠定基础。

在数据架构构建方面，精心打造分层分布式模型。底层选用高性能服务器集群及冗余存储设备，夯实数据存储安全基础，确保数据不丢失、不损坏；中层运用先进的数据交换技术与缓存机制，保障数据在不同业务系统、不同地域节点间高效流转，实现数据实时共享与协同处理；上层则基于微服务架构搭建灵活应用层，各功能模块可独立升级、按需组合，使得整个系统能够伴随企业业务拓展、规模扩张实现弹性扩容、迭代升级，犹如一艘性能卓越的战舰，始终精准适配企业战略航程，助力 E 集团在波涛汹涌的商海上破浪前行。

2. 数据治理与质量保障

数据作为全面预算管理的基石，其质量高低直接关乎整个管理体系的成败。E集团深谙此道，故而精心雕琢出一套严密高效的数据治理体系，全方位保障数据的准确性、完整性与一致性。

为此，E集团专门组建跨部门数据治理专班，成员涵盖财务、业务、技术等多领域骨干精英。各方齐聚一堂，协同发力，联合敲定统一的数据标准规范。从产品编码这一基础环节入手，严格规范编码规则，确保产品编码的唯一性，杜绝“一物多码”乱象，使得每一个产品在全集团业务流程中拥有清晰、唯一的身份标识，为数据精准统计、分析奠定基础；在成本核算科目界定上，精细划分直接成本与间接成本的归属，明确各项费用列支范畴，避免成本核算模糊不清、交叉重复，确保成本数据真实反映业务耗费。

数据格式统一设定，日期统一规范为“YYYY-MM-DD”格式，金额数据一律保留两位小数，这种整齐划一的数据呈现方式，极大降低了数据处理难度与出错概率。每日，借助强大的ETL工具，自动巡检各业务系统数据，一丝不苟地修正错误值、填充缺漏值。一旦发现销售订单中客户地址录入错误、联系方式缺失等问题，立即启动纠正与填充程序，确保订单数据完整准确；每周开展的数据质量审计工作，深入比对数据逻辑关系，防止出现生产产量与物料领用数量不匹配、销售出库记录与财务收款信息脱节等逻辑混乱问题，从根源上保障数据质量。

每月出具的数据质量报告更是深度剖析问题根源，一旦数据出现异常波动，立即循迹追溯至业务源头，彻查问题所在，无论是业务操作失误、系统故障，还是流程漏洞，都能精准定位并及时整改。通过这一整套严密的数据治理流程，为预算全流程源源不断注入精准可靠的数据“血液”，确保企业决策层制定战略、调配资源时，所依托的是坚实的数据根基，而非如沙上建塔般摇摇欲坠的数据根基，为企业稳健发展提供坚实的数据保障。

3. 流程优化与持续改进

E集团紧紧抓住信息化建设这一契机，果断挥动改革利刃，大刀阔斧地对预算管理流程进行全面梳理与优化，力求破除一切陈旧烦琐、阻碍效率提升的环节。

往昔，传统预算管理流程中的手工审批环节冗长、烦琐，一份部门预算往往需历经层层签字盖章，耗时长达半月之久，严重拖沓，影响业务开展。借助信息化系统强大功能，E集团彻底砍去这一烦琐环节，全面推行线上审批机制，明确规定审批时限为48小时，一旦超时，系统自动升级处理，推送预警信息至更高层级管理者，确保审批流程高效流畅，预算申请能够迅速得到回应，业务推进不再因审批延误而受阻。

同时，着力简化数据传递路径，摒弃以往部门间依靠邮件往复传递数据、二次录入易出错的低效模式。如今，系统通过智能接口设计，实现自动抓取业务源头数据，并精准推送至相关部门及业务环节，实现数据“一次录入、全程共享”。例如，销售订单一经生成，瞬间便触发生产、采购等后续流程的数据同步更新，生产部门即刻获取订单产品型号、数量、交付时间等关键信息，安排生产计划；采购部门同步启动原材料采购流程，依据订单需求精准采购，避免信息传递延误与数据差错，大幅提升业务协同效率。

不仅如此，E集团还建立起长效持续改进机制，确保流程优化与系统升级工作持续稳定开展。每月定期复盘预算执行情况，针对偏差超过10%的项目进行重点剖析，组织跨部门研讨会议，深挖背后市场异动、成本失控、协同不畅等深层次根源。若某新产品项目研发与生产衔接不畅，致使产品上市延迟、成本大幅超支，次月便迅速行动，优化跨部门沟通流程，在项目管理系统中嵌入实时进度共享机制，研发部门实时更新技术难题攻克进度、样品试制情况，生产部门同步反馈物料准备、生产线排期等信息，双方信息透明可视，确保后续项目不再重蹈覆辙。

定期升级系统功能同样是持续改进的关键一环，依据用户反馈意见与前沿技术革新趋势，不断为预算编制模块增添智能预测助手，利用大数据分析与机器学习算法，结合市场趋势、历史数据预测预算需求，提升编制科学性；在执行监控模块新增风险预警模型，实时监测成本、进度、市场波动等关键指标，提前预判风险，及时发出警报，助力企业未雨绸缪，持续提升管理效能，确保预算管理流程与信息化系统与时俱进、日臻完善，始终契合企业动态发展需求。

4. 人员培训与能力提升

E集团清醒认识到，员工是全面预算管理信息化建设成败的关键因素，再好的系统若缺乏员工有效运用，也只是空中楼阁。为此，集团精心铺就全方位、多层次的员工培训进阶之路，全力提升员工信息化素养与业务能力。

新系统上线前夕，组织开展多轮大规模线上线下集训活动，确保培训覆盖全体员工。培训内容丰富多元，从基础操作演示入手，详细讲解系统登录、数据录入、报表查询等基本功能操作方法，确保每位员工能够熟练上手；逐步深入至复杂业务场景模拟，针对财务人员，着重精修数据录入校验技巧、复杂财务报表生成及数据分析方法，使其能够精准处理财务数据，为决策提供专业支持；业务人员则重点熟稔业务数据如何关联预算逻辑、各业务环节流程线上协同要点，确保在实际业务操作中能够准确录入数据、高效协同其他部门推进业务；管理人员则聚焦于数据分析洞察能力培养及决策辅助工具运用，学会从海量数据中提取关键信息，运用系统生成的分析报告指导战略制定与资源调配。

在日常工作中，持续强化员工学习提升机制。搭建在线学习平台，定期推送实操微视频，聚焦员工日常操作易错点、难点进行详细讲解；分享行业前沿案例解析，拓宽员工视野，培养员工创新思维。设置定期考核机制，将考核成绩与员工绩效紧密挂钩，激励员工主动学习、积极提升。此外，积极创造项目实践机会，选派员工参与预算优化专项项目，让员工在实战中锤炼数据分析、问题解决等核心素养，积累宝贵经验。

为进一步激发员工参与热情，E集团还专门设立创新奖励机制，鼓励员工积极挖掘系统新玩法、提出流程改进合理化建议。一旦员工建议被采纳，给予丰厚物质奖励及精神表彰，在企业内部营造浓郁创新氛围，促使员工从被动的“系统使用者”逐步进阶为主动的“管理赋能者”，为全面预算管理信息化建设注入源源不断的内生动力，推动企业持续发展。

5. 与业务深度融合

E集团始终坚守信息化与业务“同频共振”这一核心原则，坚定不移地推动二者深度融合，确保信息化系统成为业务发展的强大助推器而非累赘。

研发初期，便力邀业务团队全程深度参与，充分发挥其一线实操经验优势，深入剖析各产业独特特点与管理诉求。针对白色家电产业，定制开发成本精准管控模块，依据冰箱、洗衣机等不同产品品类独特的物料清单结构、复杂生产工艺，精细核算每一项成本要素，从原材料采购成本控制，到生产过程中的物料损耗、设备折旧、人工费用分摊，实现全流程成本精准把控；黑色家电领域则聚焦新品研发项目预算拆解难题，紧密跟踪技术迭代关键节点，依据研发进度灵活调配资金，确保研发投入精准高效，避免出现资金闲置或短缺现象；智慧家庭业务作为新兴前沿领域，着重适配生态伙伴协同预算流程，精准结算各方分成，保障合作顺畅，促进生态繁荣。

系统上线后，依旧保持与业务部门的热线沟通机制，让业务一线的无论是销售策略大调整、新品类推出，还是供应链重构等重大业务变革，都能即时反馈至信息化团队，驱动系统迅速优化升级，确保系统功能始终紧贴业务需求“脉搏”跳动。定期组织专业团队深入业务一线调研走访，主动挖掘痛点问题，收集改进建议。例如，车间工人反馈物料领用审批在移动端操作不便，影响生产效率，信息化团队迅速响应，加班加点更新APP功能，优化审批流程界面，简化操作步骤，确保工人能够在移动端便捷、高效地完成物料领用审批，保障生产顺畅进行，实现信息化与业务无缝对接、协同共进。

第三节 R（集团）有限公司全面预算管理信息化实践

一、集团背景与行业态势

R（集团）有限公司（以下简称R集团）的历史可追溯至1938年，历经战火淬炼与时代变迁，R集团从早期的贸易商号逐步转型、多元化扩张，如今已发展成业务涵盖大消费、大健康、城市建设与运营、能源服务、科技与金融等多个领域的大型央企集团，旗下拥有众多知名品牌，实体企业逾2000家，遍布全球多个国家和地区。

R集团涉猎的行业面临着复杂多变的市场格局。消费市场随消费者偏好快速迭代，数字化营销与新零售模式冲击传统渠道，产品创新周期被不断压缩；健康产业受政策法规、技术突破、老龄化社会趋势影响显著，研发投入与成本管控压力剧增；能源领域面临“双碳”目标下的转型刚需，新能源技术革新加速，传统能源项目需精细成本管理以求生存发展空间。在此背景下，R集团亟待借助信息化手段优化全面预算管理，整合庞大业务体系资源，提升整体竞争力与抗风险能力。

二、信息化背景与需求

（一）企业规模与业务多元化背景

1. 庞大业务体系管理挑战

R集团自1938年创立以来，在漫长的历史进程中通过持续的并购、拓展与深耕，已然构建起一个规模宏大、架构复杂的商业帝国。旗下业务版图横跨零售、能源、地产、金融等多个极具差异化特性的关键领域，在零售板块，旗下连锁超市遍布全国各大城市乃至部分海外市场，商品种类繁多，供应链冗长复杂；能源领域涉足火电、风电、光伏等多元发电形式及煤炭、天然气等基础能源开采与供应等项目，项目分布地域广泛，从偏远矿区到无垠海域皆有布局；地产开发项目类型涵盖住宅、商业综合体、写字楼等，各项目周期长、资金投入巨大且受地域政策法规影响显著；金融业务包含银行、信托、保险等不同业态，监管要求与业务逻辑截然不同。

伴随这种指数级的业务扩张，R集团子公司如雨后春笋般涌现，数量多达数千家，层级纵深繁复。依靠手工报表、定期会议以及分散式电子表格的传统预算管理模式，在面对海量数据汇总、不同业务规则协调以及实时管控诉求时显得捉襟见肘。各子公司财务核算周期难以统一，数据格式五花八门，集团总部想要精准洞察各业务板块运营细节并实施有效管控，往往要耗费大量人力与时间成本，且数据准确性在层层传递中大打折扣，难以实现精细化管理。R集团迫切需要借助信息化手段打破信息壁垒，提升管理效率与精准度，达成集团管理“如臂使指”的效果。

2. 资源配置与协同需求

R集团各业务板块绝非孤立存在，而是相互交织、联动紧密，潜藏着巨大的协同势能。零售板块依托地产板块打造的优质商业物业，能够迅速拓展门店网络，提升品牌曝光度与市场覆盖率；能源板块稳定的能源供应为零售门店、金融机构数据中心等提供基础运营保障，是整个集团业务运转的动力源泉；在地产项目开发初期，金融板块可注入雄厚资金助力土地购置、工程建设，加速项目周转；金融业务借助零售庞大的客户群体开展联合营销、交叉销售，拓展金融产品市场渗透度。

然而现实困境在于，过往缺乏一套功能完备、高效集成的信息沟通与整合平台，资源分配仿若“盲人摸象”。资金方面，盈余资金常闲置在部分低收益子公司账户，而急需资金扩大生产、升级门店的业务单元却求资无门；人力调配更为棘手，专业技术人才在集团内部流动受阻，新兴业务领域人才缺口与传统业务冗余人力并存；物资共享几近空谈，地产项目剩余建筑材料难以快速调配至其他有需求的在建工程，零售滞销商品无法及时在集团内部跨区域、跨业态促销消化。信息化的全面预算管理系统应运而生，通过实时数据交互，精准呈现各业务单元资源需求动态曲线与存量状态，让集团总部化身“智慧中枢”，依据战略优先级、业务效益预期等关键维度，智能调配资源，激活协同效应“乘数因子”，实现“1 ＋ 1 ＞ 2”的资源整合效能。

（二）市场竞争与战略发展需求

1. 应对市场变化的及时性要求

置身当今全球经济一体化、科技革新呈裂变式爆发的商业竞技场，R 集团所处各行业赛道竞争激烈程度已呈白热化。零售市场电商巨头凭借算法推荐、直播带货等新兴模式持续冲击实体零售，消费者偏好转向个性化、健康化、便捷化的商品与购物体验，新品流行周期大幅缩短，从概念萌生到市场饱和的这段时间有时仅持续数月；能源行业“双碳”目标倒逼产业结构深度调整，新能源技术创新迭代迅猛，光伏电池转换效率屡创新高，风电大型化机组加速普及，传统能源企业若不能迅速转型布局新能源版图，市场份额岌岌可危；地产行业受宏观调控政策、人口结构变迁影响，从增量开发向存量运营转型的压力骤增，产品创新聚焦绿色建筑、智慧社区方能博得青睐；金融科技企业携移动支付、线上理财等便捷服务，改写金融服务生态，传统金融机构亟待数字化破局。

在这风云变幻的市场浪潮中，企业如同逆水行舟，不进则退。信息化的预算管理系统像敏锐的“市场触角”，借助大数据爬虫技术，实时抓取电商平台销售数据、社交媒体消费舆情、行业研究报告、政策法规变动等海量市场信息；运用数据分析引擎，深度剖析数据内在关联，精准预测销售走势、成本波动、需求转移。一旦捕捉到市场异动，如某区域消费者对低糖零食需求激增，零售板块可即时启动预算调整机制，追加新品研发、生产与推广预算，调配物流仓储资源，确保新品快速上架铺货，灵活应对市场潮汐，占领先机。

2. 战略目标落地的支撑需求

R 集团秉持高瞻远瞩的战略眼光，长期锚定清晰且具前瞻性的战略规划与目标设定，无论是“十四五”规划中对绿色低碳转型的笃定践行，还是迈向世界一流企业征程中创新驱动、国际化拓展的战略擘画，全面预算管理皆为不可或缺的战略落地关键拼图。战略目标宏观且抽象，需层层拆解为具体可量化、可执行、可监控的预算指标方能落地生根。

以能源板块向清洁能源转型战略为例，信息化系统依据战略规划精准设定新能源项目投资预算额度、装机容量增长目标、研发投入占比等关键指标，按年度、季度、月度细化分解至各区域子公司、各项目团队；在执行环节，实时采集项目建设进度、设备运行参数、发电量数据等内容，直观比对预算执行偏差，项目投资超支立即回溯原因，排查是设备采购成本上扬，或是工程施工遭遇不可抗力延误工期，抑或由于技术路线调整新增研发投入的问题，追根溯源后迅速调整资源分配、优化执行策略，确保新能源战略在复杂多变的市场环境与项目实操中按部就班推进，每个预算周期皆向终极战略目标稳健靠近，为战略蓝图从纸面跃向现实筑牢根基。

（三）内部管理与风险控制需求

1. 提升管理效率与决策科学性

回溯传统预算管理流程，弊端丛生。预算编制季，各子公司手工填报海量数据，表格版本繁多且混乱，数据汇总需人工逐级核对校验，动辄耗时数周，且常因人为疏忽致数据出错；执行过程中，业务数据分散于各孤立系统，财务数据更新滞后，管理层难以及时洞察运营实况，周会、月会汇报材料准备耗时费力，数据准确性却存疑；监控环节，依赖人工定期巡检，样本有限，问题发现迟缓，等到偏差显著已积重难返。

信息化系统宛如管理效率“倍增器”，一键导入历史数据、预设标准化编制模板，各子公司依模板填列关键业务数据，系统自动校验、汇总，须臾间生成集团初稿，编制周期从月级缩至周级甚至日级；执行时，业务系统与财务系统实时互联互通，销售订单生成瞬间同步财务记账，库存变动实时反馈成本增减，管理层登录系统即刻获取最新运营全景，借助数据可视化看板，关键指标走势一目了然；分析决策阶段，内置统计模型、AI 智能算法，一键生成深度分析报告，剖析成本结构、利润贡献源、业务增长驱动因子，为管理层战略决策、资源配置、业务优化提供精准数据基石，决策从经验臆断迈向科学实证。

2. 强化风险监控与预警

R 集团在复杂多变的市场格局中前行，如同航船穿梭于暗礁丛生的海域，面临着形形色色的风险。市场风险层面，原材料价格受国际地缘政治、全球供需失衡影响产生剧烈波动，能源板块煤炭、天然气采购成本不确定性高，直接侵蚀利润空间；汇率波动给进出口业务占比大的子公司带来汇兑损失风险；行业竞争加剧致市场份额流失、销售价格承压风险如影随形。财务风险隐匿于资金链脆弱环节，过度负债引发偿债高峰资金断流危机，投资决策失误致资产减值；运营风险则体现在项目管理失控，工程延期交付、质量瑕疵引发巨额索赔，供应链断裂使生产停滞、销售缺货。

信息化预算管理系统化身为严密的“风险瞭望塔”，围绕关键风险点设置精准预警阈值，在原材料价格监测模块，结合国际大宗商品期货走势、行业供需模型，预设当价格涨幅超 10% 时立即预警，一旦触发，系统自动推送消息至采购、成本控制部门，协商囤货、套期保值应对策略；资金链监控聚焦资产负债率、流动比率等指标，临近警戒值即刻限制非必要投资支出，启动融资应急预案；项目运营全程跟踪进度、质量、成本指标，进度滞后 5% 或成本超支 8%，系统警示项目经理，深挖根源，调配资源纠偏，凭借实时监控与早期预警，为集团筑牢风险“防火墙”，护航稳健发展。

（四）行业发展与监管要求

1. 行业数字化转型趋势

当今时代，信息技术浪潮以排山倒海之势席卷各行各业，数字化转型成为企业存续发展的必由之路，预算管理领域亦不例外。同行业的先驱者纷纷借助信息化利刃革新预算管理范式，零售同行运用 AI 智能选品优化商品采购预算，基于销售数据精准预测每款商品销量、季节波动、地域差异，实现采购资金效益最大化；能源企业搭建数字孪生电厂，实时模拟设备运行工况，精准预算设备维护、能耗成本，提升运营效率；地产巨头依托建筑信息模型（Building Information Modeling，BIM）与预算集成，可视化管控建筑全生命周期成本，从设计源头控成本、保进度；金融机构凭借大数据风控模型优化信贷预算，精准评估客户信用，降低坏账风险。

R集团若想在行业竞争梯队中稳居前列，甚至弯道超车，势必要紧跟数字化转型潮流，拥抱信息化预算管理变革。借助数字化手段，打破传统预算管理封闭、滞后局限，融入行业创新洪流，以先进技术赋能管理升级，提升资源配置敏捷度、运营管控精细度，方能在激烈角逐中脱颖而出，不负行业领军者之名。

2. 监管合规性要求

随着市场经济体制日臻完善，政府监管部门对企业尤其是大型集团的财务管理与信息披露监管“尺度”愈发收紧，标准逐年拔高。会计准则持续更新细化，要求企业财务报表编制遵循更高精度原则，收入确认、成本分摊、资产减值计量规则繁复严苛；预算执行情况报告需详尽呈现预算与实际对比分析，涵盖差异成因、调整依据、改进举措，且披露频次增加，从年度报告向季度、月度拓展；行业专项监管政策频出，金融领域资本充足率、拨备覆盖率等指标监管红线明确，能源行业碳排放核算、报告与核查机制严密，地产项目预售资金监管专户专款专用。

信息化的预算管理系统内置最新会计准则、监管规则算法模型，财务数据生成、预算报表编制全程自动校验合规性，杜绝人为违规操作；实时追踪政策法规变动，一键更新系统规则，确保企业始终贴合监管要求；精准生成合规报告，数据翔实、格式规范，按时按需报送监管部门，降低违规风险，维护企业良好的市场声誉与信用评级，为可持续发展营造稳健的监管环境。

三、信息化解决方案与实施

（一）信息化系统建设

1. 构建统一平台

R集团面对旗下业务横跨多个领域、组织架构错综复杂的庞大格局，深刻认识到构建一个统一的全面预算管理信息化平台的紧迫性与重要性。经过长时间的缜密规划，R集团组织内部顶尖技术团队以及外部行业专家联合开展技术攻坚，成功打造出一套一体化的全面预算管理信息化旗舰平台。

该平台基于前沿的云计算架构进行搭建，选用国际领先的云服务提供商，配备大规模高性能计算节点与海量存储资源，构建起强大的数据承载与运算体系，轻松应对集团海量业务数据的并发处理需求。无论是旗下位于一线城市繁华商圈的高端商业地产项目，每日产生海量的租赁、运营及销售数据；还是远在边疆地区、自然条件恶劣的能源开采作业点，涉及复杂的生产、运输及成本核算数据；抑或分布在全球供应链各个节点上，频繁进行交易的零售网点所产生的采购、库存及销售流水数据，所有这些预算数据都能通过集团铺设的高速加密专线网络，迅速且安全地传输至集团云端数据中心，实现数据的无缝归集与集中存储。

R集团总部管理层通过专属的访问入口登录系统后，映入眼帘的是简洁直观、易于操作的用户界面。界面布局合理，功能模块清晰明了，配备功能强大的多维度筛选工具。借助这一工具，管理层能够精准定位到任意层级的子公司、细分的业务条线，甚至具体到某一个正在推进的项目组的预算明细信息。例如，想要了解某零售子公司当季的运营情况，只需简单操作，便能实时调阅该子公司旗下各品类商品详细的销售预算数据，精准掌握每个品类预期的销售金额、销售量目标，同时可查看对应的库存预算，明晰各类商品的安全库存水平、补货节点等关键指标，并能一键比对当前实际的销售进度与库存周转率，直观呈现业务运营效率。又如，总公司查看能源子公司不同电厂的预算执行情况时，能够迅速获取各电厂精确的发电成本预算数据，包括燃料采购成本、设备折旧费用、人工薪酬开支等细项，以及设备维护预算安排，结合电厂实时回传的生产数据，如发电量、设备运行时长、故障次数等，即刻便能全面知晓预算执行动态，准确判断业务是否偏离既定计划。

这一平台彻底打破了以往各业务板块之间的信息“孤岛”状态，以往因数据分散存储、系统相互独立，集团总部难以实时掌握全面信息，导致管控滞后、决策缺乏精准数据支撑。如今，借助统一平台，集团管控犹如置身业务现场，决策依据变得精准明晰，信息传递效率相较于传统模式呈指数级提升，真正实现了集团对多元化业务的高效统筹管理。

2. 功能模块设计

预算编制模块堪称一座汇聚丰富预算方法的“百宝库”，旨在满足集团不同业务特性的多样化编制需求。除了有常规的固定预算、弹性预算方法，以适应相对稳定或具有一定弹性变化的业务场景外，更创新性地集成了滚动预算、零基预算等前沿先进方法，为各业务单元提供多元化选择。每种预算方法在系统中均配备了详尽的操作教程，图文并茂、步骤清晰地引导用户上手；同时提供大量基于过往真实业务案例改编的模板，涵盖不同行业、不同发展阶段的案例场景，用户可参照模板快速搭建适合自身业务的预算框架。

例如，集团旗下新兴科技子公司，因其业务处于快速创新发展阶段，技术迭代频繁，市场需求不确定性高，传统固定预算方法难以适应业务变化节奏。此时，便可选用滚动预算方法，借助系统按季度动态调整研发投入预算，根据技术攻关进展灵活追加或削减资金；同时精准调整市场推广预算，依据新品推出效果、市场竞争态势实时优化资源配置，确保公司始终紧跟技术迭代步伐与市场风向变化，保持竞争优势。

而对于成熟的基础材料生产子公司而言，生产流程相对固定，市场需求较为稳定，更适合采用零基预算周期性复盘生产设备采购、人力配置等关键预算项目。通过摒弃以往预算编制的历史惯性，从零开始审视每项业务活动的必要性与资源需求，精准剔除因生产工艺改进、人员效率提升等因素产生的冗余开支，实现成本的精细化管控，提升企业运营效益。

执行监控模块宛如一位 24 小时不眠不休、时刻保持警惕的“智能卫士”，依托预设的海量数据接口，与集团各业务系统深度集成，实现数据实时无缝对接。它能够实时抓取业务系统中各个关键环节产生的数据，涵盖销售订单生成瞬时的详细信息，包括产品型号、销售价格、客户地域分布等信息；生产设备开机运转时长、实时运行参数，如温度、压力、转速等信息，精准反映设备工作状态；物料领用记录，详细记录每次物料领用的种类、数量、时间及领用部门，把控物料消耗情况；财务收支流水，实时监控每一笔资金的流入流出详情，确保财务健康稳定。

系统将抓取到的实时数据与预先设定的预算指标进行逐行比对校验，一旦关键指标出现异常波动，如产品次品率突破预设的预警阈值，系统瞬间触发醒目的弹窗警示，弹窗内容精确显示次品率当前数值、偏离预警值幅度，并自动向生产主管、质量管控专员等相关责任人推送精准通知。通知内容不仅包含偏差数据报告，详细罗列次品批次、涉及的产品范围、可能受影响的订单交付情况，还附带历史次品率走势图表，便于责任人迅速判断异常的严重程度，及时采取针对性处置措施，将问题扼杀在萌芽状态，保障生产运营顺畅进行。

（二）预算编制流程优化

1. 上下结合的编制方式

每年度集团预算编制周期正式拉开帷幕之际，总部战略规划团队率先发力，充分发挥战略引领作用。团队成员深度研究集团长期战略蓝图，精准剖析宏观经济走势变化趋势，密切关注行业竞争态势动态演变，结合内外部环境综合因素，勾勒出清晰明确的总体预算框架。这一框架犹如为集团业务发展精心绘制的战略“航线图”，明确规定各业务板块下一年度关键预算指引，包括营收增长底线目标，基于市场潜力分析与集团发展期望设定各业务最低收入增幅要求；成本控制上限，依据成本结构优化目标及行业成本标杆，限定各项业务成本费用支出最高额度；重点战略项目资金配额，确保集团核心战略布局项目获得充足资源保障，推动战略落地实施。

各子公司在接收到总部战略指引后，迅速响应，积极组织自身预算团队投入预算编制工作。以某零售子公司为例，该公司旗下门店运营人员充分利用各类数据分析工具与市场调研资源，结合商圈人流热力图变化趋势，精准分析不同时间段、不同区域门店客流量分布情况；深入研究消费者画像变迁，掌握目标客户群体年龄层次、消费偏好、购买习惯等关键特征变化；依据新品铺货计划，详细规划新品上市推广预算、陈列空间分配预算。在此基础上，细致核算门店租金预算，根据商圈地段租金走势、店铺面积及租赁期限进行精准预估；制定营销活动预算，结合节日促销节点、新品推广节奏合理安排费用；优化员工排班预算，根据客流量峰谷时段灵活调配人力，确保运营效率与成本控制平衡，形成贴合实际的门店预算草案上报至子公司管理层。

地产项目组则依据土地获取进度，精确规划土地款支付预算，结合土地出让合同条款、付款节点要求，确保资金按时足额支付；围绕工程建设节点，详细测算建筑施工成本预算，从基础工程、主体结构到装修装饰等各个环节，依据工程量清单、施工工艺标准及市场材料价格波动，精细核算每一项成本；按照预售计划，合理安排营销费用预算，结合项目定位、目标客户群体及市场竞争情况，制定精准有效的推广策略及费用方案，形成完整地产项目预算草案。

总部审核环节，由财务、业务、技术等多领域专家组成的专业团队登场，运用先进的大数据分析工具，对各子公司上报草案逐项核验。针对零售子公司上报草案中过高的市场推广预算，专家团队迅速调取系统内同类门店海量历史数据，运用数据分析模型精准测算同类门店平均获客成本、不同推广渠道投入产出比等关键指标，结合本零售子公司实际情况，提出科学合理的削减建议。整个审核过程往返沟通数轮，双方充分交流意见，总部专家团队深入了解子公司业务实际困难与特殊需求，子公司积极配合调整优化，直至敲定精准可行、兼顾集团战略与子公司实际的最终预算方案。

2. 数据驱动的编制依据

置身于当今大数据时代浪潮，R 集团敏锐洞察到数据资产的巨大价值，充分利用信息化系统强大的数据处理能力，内置先进的数据挖掘引擎，使其在预算编制过程中马力全开，为编制工作提供坚实的数据驱动支撑。

以销售预算编制这一关键环节为例，集团市场调研团队肩负重任，定期通过多种渠道广泛收集各类数据信息。一方面，积极采购各大权威市场研究机构发布的专业报告，获取宏观市场规模预测、行业发展趋势分析、竞争对手动态等资料；另一方面，与各大电商平台建立数据合作联盟，深度挖掘平台沉淀的海量消费大数据，精准掌握消费者购买行为特征、产品搜索热度排名、地域销售分布差异等第一手信息；同时，利用社交媒体监测工具，实时收集社交媒体上产品热度舆情，分析消费者口碑、需求痛点反馈，形成全方位的市场感知网络。

收集到的数据经专业数据清洗工具预处理，去除无效、冗余及错误数据，通过数据整合算法，将多源异构数据转化为统一格式、逻辑连贯的数据，集合汇入系统核心数据库。系统内搭载的数据分析模型随即自动关联历史销售数据，运用时间序列分析方法，深度挖掘销售数据随时间变化的周期性规律、季节性波动特征；借助回归分析等多元统计算法，综合考虑市场因素、产品特性、促销活动等多变量影响，精准预测不同区域、不同季节、不同品类商品的销售走势。

例如，某食品子公司在新品筹备上市之际，系统迅速启动数据驱动分析流程。结合竞品上市初期市场的表现数据，详细分析竞品在铺货范围、渠道选择、促销策略下的销量增长曲线；深度调研目标消费者口味偏好，通过线上调研问卷、线下试吃活动收集数千份样本数据，精准定位新品口味研发方向；全面复盘过往公司新品推广成败案例，总结经验教训，从产品定位、包装设计、推广节奏等多维度提取关键成功因素与失败教训。基于上述综合分析，系统精准预测新品首月铺货量，细化到各区域、各渠道铺货具体数量；预估各渠道销售占比，为资源分配提供参考；测算动销速度，为生产、采购、物流环节合理安排产能、储备库存、规划配送计划提供科学依据，让预算编制彻底告别经验臆测，迈向科学精算新时代。

（三）预算执行与监控强化

1. 实时监控与预警

R 集团借助当下先进的物联网（Internet of Things，IoT）技术与大数据流处理技术双引擎驱动，为预算执行打造全方位、无死角的实时监控体系。在集团旗下生产车间现场，各类高精度传感器广泛分布于关键设备各个关键部位，实时监测设备运行状态。传感器不间断采集设备温度、压力、能耗等核心参数，数据通过低功耗无线传输网络毫秒级回传至监控系统。一旦设备突发故障，如某关键生产设备因零部件磨损导致运行温度急剧攀升、能耗瞬间飙升，同时产量因设备停机大幅下滑，系统立即捕捉到这些异常数据变化。

当关键指标触及预先设定的成本预警红线时，如能耗成本超出预算设定阈值的 10%，或产量指标低于计划产量的 80% 时，系统即刻启动预警机制，同时向设备维护、生产调度、成本管理等多部门责任人发送精准预警信息。预警信息通过多种渠道推送，包括手机短信、系统弹窗、邮件通知等，确保责任人第一时间接收信息。内容详细精确，不仅明确设备故障具体位置，精确到设备某一组件编号，清晰罗列参数异常详情，如当前温度、压力数值及与正常范围对比偏差；还附带设备近期运行参数图表，直观呈现参数异常走势，助力责任人迅速判断故障严重程度，及时组织抢修，调整生产计划，有效管控成本，确保生产运营稳定。

在财务端口，资金支付系统与预算管理系统紧密联动，构建起严密的资金监控防线。每一笔资金支付指令发起瞬间，系统自动比对预算额度，如当发现某子公司差旅费支出临近月度限额，已使用额度达到预算的 90% 时，支付指令立即触发预警，系统自动冻结支付流程，防止超支发生。待财务人员详细核实业务的真实性、审批流程的合规性，并由业务部门提交详细情况说明，确认无误后，系统方可解封支付指令，确保每一笔资金流向合规、额度可控，维护预算执行刚性。

2. 动态分析与反馈

在每周、每月的固定时段，系统后台强大的数据分析“引擎”轰然启动，批量处理海量预算执行数据。针对成本执行偏差这一关键分析点，系统不仅能够凭借精准算法与数据关联模型，迅速精准定位成本超支具体环节，如在建筑项目执行过程中，精准地发现施工现场物料管理不善，导致原材料浪费严重，致使某施工阶段成本超支 15%；更能深入挖掘问题根源，通过关联采购流程数据，发现采购环节存在供应商选择不当、采购合同条款漏洞等问题，致使原材料采购价格偏高；结合施工工艺数据，识别出因部分施工工艺落后，材料损耗超出正常标准；分析现场管理记录，发现施工人员缺乏成本意识，物料领用随意性大等深层次原因。

分析报告呈现形式丰富多样，不仅以直观图表清晰陈列数据，如成本对比柱状图、趋势折线图，让复杂的数据一目了然；更在报告结尾附上详尽改进建议，针对上述建筑项目成本超支问题，建议优化采购招标规则，引入竞争性谈判、集中采购等方式降低采购价格；倡导引入新型施工技术，提高施工效率，减少材料损耗；强调强化现场物料监管措施，建立严格物料领用审批制度、定期盘点机制，加强施工人员成本培训等，为业务部门提供清晰明确的“错题本”与切实可行的整改路径，推动预算执行持续优化，助力集团降本增效。

（四）预算调整与考核规范

1. 严格的调整流程

R 集团在预算管理体系中，对预算调整规则进行了明确且严格的设定，将其在信息化系统中予以“铁板钉钉”式固化，确保预算的严肃性与稳定性不受随意侵蚀。当企业遭遇不可抗力的自然灾害，如突发地震、洪水致使生产设施严重损毁，生产停滞，短期内无法恢复正常运营；重大政策法规转向，国家出台全新环保政策，导致集团部分高污染业务模式被迫颠覆，需大规模调整生产工艺、设备升级的投入；核心原材料供应持续中断，国际市场供应格局突变，关键原材料进口受阻，严重影响生产连续性等极端情况，经严谨科学的评估流程，方可启动预算调整程序。

调整流程全程依托信息化系统实现在线操作，确保所有环节全程留痕，可追溯、可审计。当子公司因上述特殊情况确需提交调整申请时，须在系统中详述调整事由，详细描述事件发生的经过、对业务造成的具体影响程度，如自然灾害导致的厂房损坏面积、设备损失金额，政策法规变化引发的业务整改范围、成本增加明细；附上详细数据支撑，提供受灾现场照片、政府文件通知、供应商断供函件等权威证据；精准进行影响测算，运用财务模型预估业务中断损失、整改投入成本、原材料替代成本等量化指标。

申请提交后，先由业务主管部门初审，从业务专业角度评估调整需求的合理性、可行性，判断业务调整方向是否契合集团战略方向；财务部门随后登场，运用专业财务分析工具精算资金流变化、成本效益变动，确保调整后预算方案财务可持续；法务部门严格审核合规性，审查调整事项是否符合法律法规、合同约定要求。经多层级审批把关，对于涉及重大战略调整、资金额度巨大的预算调整事项，直达集团高层会议进行最终定夺。通过这一严谨规范的流程，确保预算调整有理有据，防止个别子公司或部门随意“开口子”，维护预算权威性。

2. 完善的考核体系

绩效考核与预算执行在 R 集团内部实现深度绑定，构建起一套兼顾财务与非财务维度、层次分明、科学合理的考核指标体系，全方位激发员工积极性，驱动全员捍卫预算刚性，追求卓越执行。

在业务单元层面，除传统的营收、利润、成本等关键财务“硬指标”外，增设多项非财务指标，以全面衡量业务发展质量与潜力。如新品营收占比指标，重点考核业务单元创新成果转化能力，鼓励加大新品研发投入与市场推广，推动产品升级换代；市场拓展区域数指标，用于评估业务单元增长潜力与市场渗透能力，激励积极开拓新市场，扩大业务版图。

职能部门考核聚焦服务满意度与流程优化效率提升。通过定期开展内部服务满意度调查，收集业务部门对职能部门服务质量的反馈，涵盖财务审批效率、人力资源支持及时性、行政后勤保障有效性等多方面，督促职能部门提升服务意识与质量；以流程优化项目完成数量、流程简化缩短时间等指标，衡量职能部门推动企业内部运营效率提升成效，鼓励持续优化工作流程，降低沟通成本，提高整体运营效率。

项目团队考核以项目进度契合度、质量达标率、成本控制率为核心。项目进度契合度确保项目严格按照预定计划推进，避免拖延；质量达标率保障项目交付成果符合高标准质量要求，维护集团品牌形象；成本控制率严控项目成本，防止超支浪费。考核结果与员工薪酬奖金直接挂钩，如某项目团队因高效管理，提前竣工交付且实现成本结余 10%，团队成员不仅获得丰厚奖金激励，在晋升通道上也享有优先被推荐权；反之，连续两季预算执行不力的部门，全员被扣分处罚，部门负责人接受诫勉谈话，督促整改提升，通过奖惩分明机制，营造全员重视预算执行良好氛围。

四、实施效果与经验总结

（一）实施效果

1. 资源配置优化

R 集团凭借全面预算管理信息化系统，宛如拥有了企业资源调配的“智能中枢”，实时、精准洞察各子公司及业务板块的资源“供需”脉搏。以旗下零售与物流板块联动为例，在促销季来临前，系统依据零售业务过往销售数据峰值、当季新品铺货计划以及市场推广力度，精准预估各区域门店的库存增量需求，同步分析物流板块各配送中心的车辆运力、仓储容量闲置情况，迅速将零售板块急需的仓储空间扩充预算分配至物流板块对应的闲置仓库，安排资金用于货架添置、设备维护升级；人力调配亦循此道，新兴科技研发子公司因项目攻坚期，系统依据项目进度规划、技术难度系数，从成熟业务板块抽调适配的技术骨干，组成跨部门攻关团队，限时支援，实现人力技能与项目需求的高效匹配，避免了以往因信息滞后导致的资源错配、闲置，整体资源利用效率提升超 30%，运营成本降低显著。

2. 预算执行监控强化

信息化平台如同严密的财务“监察哨”，7×24 小时紧盯预算执行动态。集团总部管理层登录系统界面，各子公司预算执行进度以可视化图表实时呈现，不同颜色标识进度区间，关键指标波动曲线一目了然。如某能源子公司的发电业务中，煤炭采购成本因市场波动突破季度预算上限，系统瞬间触发弹窗预警，同步向子公司财务负责人、集团成本管控中心发送详细警报，附带近三个月的煤炭价格走势、周边竞品电厂采购价格参考及成本超支对当季利润影响的测算；生产环节，若设备维护不力导致停机时长超出预算容忍范围，影响发电产量，系统即刻锁定责任车间、设备编号，推送整改通知至设备管理、生产调度部门，要求限期提交恢复计划，从问题曝光到响应处置，全程耗时缩至分钟级，确保偏差及时纠正，预算轨道不偏离。

3. 决策支持更有力

海量业务与预算执行数据在信息化系统内沉淀，经大数据分析与数据挖掘技术深度“淬炼”，转化为驱动决策的“强效燃料”。集团管理层例会桌上，不再是单调的静态报表，取而代之的是系统生成的多维度分析报告。如在市场拓展决策场景，通过剖析不同区域、不同产品线的销售增速、毛利水平、市场占有率变化趋势，结合当地人口结构、消费能力、政策导向的大数据，精准定位下阶段重点投资区域与潜力产品线；在投资决策时，系统回溯过往类似项目的投资回报率、成本超支概率、回收期分布，结合实时行业动态、技术演进路线，为新投资项目预算额度、资金投放节奏提供科学参考，助力决策从直觉定性迈向量化实证，近年重大战略决策准确率提升至 85% 以上。

4. 战略协同性提升

信息化成为战略落地的“无缝衔接器”，从战略规划到预算编制，依循集团“五年转型蓝图”，精准拆解战略目标至年度预算指标“颗粒”。如绿色低碳转型战略下，能源板块各子公司新能源装机容量增长目标细化至季度设备采购、工程建设预算；制造板块绿色工艺升级项目按年度节点拆解研发、设备改造预算，层层下达至车间班组。执行中，系统持续比对实际与预算，某化工子公司环保工艺改造进度滞后，经系统溯源，发现关键技术难题卡壳，集团迅速调配内外部专家资源，追加研发预算，调整项目时间表，确保整体战略进度不受阻，各层级预算协同驱动战略稳步前行，战略执行偏差率控制在 10% 以内。

（二）经验总结

1. 高层重视与推动

R 集团高层领导在全面预算管理信息化征程中扮演“领航者”角色，自项目萌芽便深度介入。在规划初期，亲率团队考察全球领先企业实践案例，与顶尖 IT 供应商高层洽谈技术路线，结合集团复杂业务特性，敲定定制化系统架构蓝图；在决策节点，针对预算管理流程重塑、数据权限分配等关键议题，主持多轮高层研讨，权衡利弊拍板定案；在实施全程中，密切关注项目进度，每月项目汇报会必亲临指导，调配集团核心资源，如专项 IT 人才、巨额资金优先保障项目，遇部门协调难题，高层出面斡旋，破除组织壁垒，以强大的领导力为项目破冰、护航，确保系统按计划上线、持续迭代。

2. 制度与流程建设

健全的预算管理制度与流程是信息化的基石。R 集团制定详尽的手册，在预算编制季前，发布规范指南，明确各业务板块编制范围、方法、时间节点，零售按门店品类、区域分层编制，金融依业务条线、产品类型细化；审批流程环环相扣，基层业务单元预算草案经部门主管、子公司财务、管理层多层审核，重大项目直呈集团专委会审议；在执行中，设立定期报告、专项审计制度，监控资金流向、成本列支合规性；在考核环节，量化评分细则对标预算指标完成度、执行规范度，制度明晰使预算工作从启动至收官皆有章可依。信息化系统将流程固化，线上审批杜绝人为“插队”、资料缺失，流程节点自动流转、超时预警，制度执行力从纸面跃升，执行偏差减少 60%，保障预算管理严谨有序。

3. 人员培训与意识提升

员工是预算管理信息化的“实操者”，对员工培训赋能至关重要。R 集团的培训体系多管齐下，新员工入职即设全面预算管理基础课程，融入信息化实操演示，使其初入职场便融入预算文化；定期组织进阶培训，邀请内部专家、外部顾问深度剖析系统功能升级、行业预算创新案例，提升员工应用能力；针对业务骨干开展专题研讨会，聚焦难点痛点，如复杂项目预算编制技巧、成本管控难点突破，鼓励分享经验；线上学习平台常更常新，微视频讲解操作要点、模拟案例演练，员工可随时随地碎片化学习。这一系列举措点燃了员工参与热情，员工主动反馈系统优化建议超千条，操作熟练度提升 80%，助力系统在基层落地生根。

4. 系统集成与数据质量

系统集成是数据“畅流”关键，R 集团在建设预算管理信息化系统时全力打通“数据经络”。ERP 系统与预算平台实时交互物料、订单、财务数据，生产完工入库瞬间同步库存与成本数据至预算系统；CRM 系统推送客户需求、销售线索，助力销售预算精准调整；供应链管理（Supply Chain Management，SCM）系统反馈供应链各环节成本、交付周期，优化采购预算决策。同时，严控数据质量，在源头录入设立多重校验，如财务数据科目合规校验、业务数据逻辑关联校验，杜绝“脏数据”；数据清洗规则定期更新，去除冗余、纠正错误；建立数据质量问责制，问题数据可追溯至录入责任人，保障数据准确完整及时，数据准确率长期稳定在 98% 以上，为预算管理筑牢根基。

5. 持续优化与创新

持续迭代是信息化的生命力所在。R集团依据业务发展动态优化系统，在市场竞争加剧时，强化竞品分析模块，实时抓取对手新品、价格、营销策略，为预算调整“探风”；新兴业务崛起，迅速定制专属预算模板，匹配其独特核算与管理需求；在技术升级上，引入机器学习算法预测销售、成本走势，取代传统统计模型，预测精度提升20%。创新预算方法并行不悖，以滚动预算助力业务灵活应变，按季动态优化全年计划；零基预算周期性审视业务根基，剔除无效开支，每年经零基审视削减冗余预算超亿元，以创新驱动预算管理与时俱进，契合企业发展新潮势。

第七章 全面预算管理体系的评估与优化

第一节 预算管理体系的评估指标与方法

一、评估指标

（一）预算编制指标

1. 准确性

预算编制的准确性是衡量企业预算管理水平的关键基准，其核心衡量方式在于精细比对预算数据与实际执行成果间的偏差程度。以一家制造业企业为例，该企业在年度预算规划中预计某款主打产品的销售收入为 5 000 万元，然而年终结算时实际收入仅达 4 200 万元，经计算收入偏差率达到 [(5 000 − 4 200)/5 000]×100% = 16%，此偏差率清晰地昭示了预算编制在收入预估层面的精准度欠缺。同理，若预算生产成本为 3000 万元，实际发生成本 3 300 万元，成本偏差率则为 [(3 300 − 3 000)/3 000]×100% = 10%，凸显成本预算亦存在偏离实际的状况。企业需竭力压低这类偏差率，追求预算与现实的高度契合，方能为资源配置、战略决策筑牢精准根基。

2. 合理性

合理性维度聚焦审视预算指标与企业多元关键要素的适配度。例如，某互联网企业制定战略转型规划，意图大力拓展线上教育新业务板块，此时预算编制就应紧密贴合该战略走向，大幅倾斜资源至课程研发、师资招募、技术平台搭建等核心项目，确保预算项目设定精准命中战略靶心。再如，据市场调研，某区域对某类产品需求呈爆发式增长，企业相应区域的销售预算额度分配就应顺势上扬，契合市场动态热度；反之，若市场趋冷，预算分配则不宜盲目冒进。唯有预算指标深度融入战略宏图、精准顺应市场潮汐，方能指引企业稳健前行。

3. 完整性

完整性要求预算编制如细密的织网，全方位无死角地覆盖企业所有业务运作及财务收支细节。例如，一家大型集团企业下辖的制造、研发、销售、后勤等多部门，在编制预算时需逐一梳理各部门业务线条，生产环节从原材料采购、生产流程各工序成本，到设备维护、水电费支出等项目均要细致罗列；研发部门涵盖从基础研究课题投入、实验设备购置、研发人员薪酬福利，到专利申请费用等所有开支；销售端囊括市场推广费、销售人员差旅费、客户折扣让利等各项收支，不容许任何关键项目或科目隐匿遗漏，确保预算体系完整无缺，真实映照企业运营全貌。

4. 时效性

时效性着重考量预算编制流程的运转效率。在快节奏的商业战场中，企业需依循既定时间规划高效完成预算编制，为战略部署抢得先机。以季度预算编制为例，若规定每季度首月 15 日前需敲定当季预算方案，高效企业能有条不紊组织各部门协同作业，财务部门统筹调度，业务部门精准提报数据，按时甚至提前数日完稿，即时赋能管理层决策，使企业能敏捷应对市场风云变幻；反之，若拖沓逾期，预算滞后出台，企业在市场竞争中则易陷入被动应对困局。

（二）预算执行指标

1. 执行率

执行率宛如预算执行进程的精准进度条，直观呈现预算执行的契合程度。譬如某连锁零售企业年初设定全年广告宣传预算支出为 800 万元，截至年中实际已支出 420 万元，经核算执行率为 420/800×100% ＝ 52.5%，借此可清晰洞察广告预算执行的阶段性进度。若执行率长期低迷，远低于同行业均值或企业过往同期水平，便警示执行环节可能存在梗阻，需深挖缘由，或因市场策略调整滞后、项目推进乏力，或遭遇不可抗力干扰，以便及时疏通堵点。

2. 刚性约束

刚性约束是预算执行铁律的量化映照，严测预算执行的严肃性。某企业若频繁肆意调整预算，一个财年内预算调整次数高达十余次，且超预算支出金额累计达预算总额的20%，这般数据无疑在敲响警钟，揭示预算管控松散，执行沦为泡沫，制度威严扫地。刚性约束失守，易滋生资源浪费、成本失控、战略跑偏等乱象，企业需强化制度执行力度，严守预算红线，杜绝随意变更与超支行径。

3. 资金使用效率

资金使用效率是洞察企业预算资金运营效益的关键窗口，如资金周转率指标。以一家服装制造企业为例，其年销售收入为1.2亿元，平均流动资产余额3 000万元，资金周转率即为1.2亿/3 000万＝4次/年，意味着资金在一年内周转4轮，周转频次越高，资金回笼与再投入越迅捷高效，资金活力越充沛。投入产出比亦同理，若某研发项目投入资金500万元，产出新产品销售额达2 000万元，投入产出比为4∶1，比值越高彰显资金增值效能越强。企业应全力优化资金配置，提升资金使用效率。

（三）预算控制指标

1. 控制有效性

控制有效性聚焦检验预算控制举措的实战效能，即能否敏锐洞察并高效纠偏预算执行偏差。假设某电子制造企业设定产品不良率预算控制目标为3%，实际生产中某批次产品不良率飙升至8%，远超预算阈值，此时高效的控制机制应迅速响应，从原材料质检、生产工艺环节、人员操作流程等维度深度排查，精准定位症结，如发现某关键零部件供应商产品质量下滑，即刻更换供应商、强化进料检验流程，促使后续批次产品不良率回归预算管控区间，彰显控制机制的精准与高效。

2. 成本控制

成本控制指标是企业成本管控实力的核心彰显，以成本降低率为例，某化工企业上年单位产品生产成本为 1 000 元，通过优化生产工艺、集采原材料、节能减排等系列举措，本年度单位成本降至 920 元，成本降低率达 [(1 000 − 920)/1 000]×100% = 8%，直观呈现成本管控成效。费用节约率同理，如企业销售部门通过精简会议、优化差旅安排、线上拓展客户等方式，使年度销售费用节约率达 12%，为企业利润留存拓展空间，凸显企业对成本费用的强大掌控力。

3. 风险控制

风险控制指标深度考量预算管理体系应对内外部风险的综合实力。面对市场风险，如某出口型企业因国际市场贸易政策突变，对某主要出口国加征高额关税，若预算管理体系敏锐预警，提前布局新兴海外市场、调整产品出口结构，即便遭遇冲击，风险发生次数可控，损失金额亦可压缩至最低限度，如仅占原出口额的 5% 以内；在财务风险维度上，若能精准预估利率波动，提前锁定低息贷款或运用金融衍生工具套期保值，有效规避因利率上扬导致的高额利息支出风险，切实保障企业财务稳健，彰显风险防控的关键效能。

（四）预算分析与调整指标

1. 分析深度与质量

分析深度与质量是预算分析报告价值含量的核心判准。优质报告绝非浅尝辄止地罗列数据差异，而是抽丝剥茧地深挖根源。如某企业某季度销售业绩未达预算目标，深入分析不应局限于表面销量下滑数字，需纵深剖析市场竞品策略冲击、产品自身竞争力短板、销售渠道梗阻、营销推广效果衰减等多元因素；进而提出切实可行改进举措，像精准调整产品功能特性、重塑营销组合拳、拓展新兴销售渠道等，为后续业务优化与预算调整输送高含金量的决策支撑。

2. 调整合理性

调整合理性着重考量预算调整全流程的科学性。若市场突发不可抗力，如某旅游企业因全球性公共卫生事件，游客出行骤减，收入锐减，此时依凭翔实的市场调研数据、财务困境剖析报告等扎实依据，依规启动预算调整程序，合理削减旅游线路开发预算、压缩广告投放预算，适度增加线上旅游服务投入预算，经严谨论证审批，确保调整后预算贴合全新市场现实，助力企业逆境求生，彰显预算灵活应变与务实求真的特质。

（五）预算考核指标

1. 考核全面性

考核全面性要求预算考核全覆盖参与预算全流程的所有部门与人员。从一线生产车间基层员工的物料消耗控制、生产效率达标，到销售团队的业绩冲刺、客户拓展维系；从研发部门的项目进度把控、技术创新成果转化，到职能部门的费用管控、服务效能提升，无一遗漏。且精细设定考核指标，兼顾财务成果与非财务关键绩效，如生产部门既考核成本节约，亦考量产品质量合格率；销售部门既关注销售额，亦重视客户满意度，全方位驱动全员奋进。

2. 激励有效性

激励有效性深度评测预算考核结果与员工激励机制的联动效能。若某企业将员工薪酬的 30% 和晋升机会紧密关联预算考核成绩，预算达标且绩效卓越团队获得高额奖金、优先晋升通道，则员工干劲十足，有助于开拓新市场，提升销售业绩；反之，未达标者依规扣减绩效奖金、限制晋升，倒逼员工反思改进，形成良性激励闭环，全面激发员工潜能，助推企业持续攀高。

二、评估方法

（一）比较分析法

1. 历史比较

历史比较法对于企业分析自身预算管理的发展轨迹至关重要，它通过对历史数据的回顾，帮助企业精确理解其成长历程与改进路径。以一家运营十年的食品加工企业为例，在评估年度生产成本预算管理的效果时，该企业会详细对比当前年度与过去五年同一时期的数据。具体而言，如果观察到原材料采购成本预算的偏差率从三年前的平均水平 8% 逐渐减少到当前的 3%，这一显著的改善直接反映了企业在供应商管理和集中采购策略上的有效优化。另一方面，如果人工成本的预算执行从稳定状态转变为略有上升，深入分析后可能会发现这是由于生产线自动化升级进展缓慢，导致对人力资源的依赖有所增加，从而促使企业加快技术改进的步伐。通过逐年对比各项预算管理指标，企业能够准确识别出需要巩固的优势领域和需要改进的薄弱环节，为持续的进步和发展明确方向。

2. 同行比较

同行比较作为一种有效的行业定位工具，可以帮助企业明确自身在市场中的位置，学习竞争对手的优势，并弥补自身的不足。以新兴互联网电商企业 A 为例，在评估其营销预算管理时，通过与行业领导者企业 B 和企业 C 进行对比分析，企业 A 发现其获客成本预算远高于竞争对手。深入分析后，原因归结为企业 A 在数字营销精准投放技术的应用上相对滞后，导致广告投放过于宽泛且转化率较低。同时，企业 A 的物流配送预算占比也不合理，由于缺乏区域分仓体系，单件配送成本保持高位。基于这些发现，企业 A 能够精确地识别行业标杆，借鉴竞争对手的成熟策略，重新构建预算分配结构，以提高资源使用的效率，从而迅速缩小与竞争对手之间的差距。

（二）比率分析法

1. 结构比率分析

结构比率分析是一种深入探究预算各组成部分内在逻辑与合理性的方法。例如，一家综合性制造集团通过对年度总成本费用预算进行结构比率分析，如果发现生产环节直接材料成本的占比长期超过 60% 且呈现逐年上升的趋势，而研发创新费用的占比则持续保持在 3% 以下，这表明该集团可能面临成本结构失衡的问题。具体来说，该集团可能过度依赖于原材料的粗放投入，而产品附加值的提升动力不足。这种成本结构在市场波动时可能会使集团容易受到成本上升的冲击。因此，该集团需要调整资源的分配，增加对研发与技术革新的投入，以重塑成本结构，实现更加健康的状态。

2. 效率比率分析

效率比率分析是一种精确评估企业预算投入产出效益的方法。例如，通过计算预算利润与预算资产的比率，某机械制造企业发现该比率近年来持续下降，这反映了其资产运营效率的下滑。进一步深入分析发现，老旧设备的闲置率上升，新产品的研发转化速度缓慢，导致大量资金被低效资产占用，利润产出相对较低。基于这些发现，企业可以针对性地采取措施，加速设备的更新换代，优化研发项目管理，提高资产的利用效率，从而激发新的利润增长点。

（三）因素分析法

1. 连环替代法

连环替代法是一种用于详细分析复杂预算影响因素的方法，它能够逐层分解并量化各因素的贡献度。以某化工企业为例，当产品产量预算未能达到目标时，该企业面临原料供应、设备运转、人工出勤等多个相互关联的因素。为了准确识别问题所在，企业首先确定基期数据，然后依次替换各因素的实际值进行分析。通过这些流程，企业发现原料供应质量下降导致单批次产量损失 10%，设备故障频发进一步减少 8% 的产量，而人工短缺则影响 5% 的产量。这一分析精准地指出了原料管控和设备维护是解决问题的关键，因而企业应加强供应链审核、优化设备维护计划，直接针对产量提升的瓶颈进行改进。

2. 差额分析法

差额分析法是一种高效的分析方法，用于快速识别和分析各因素对影响量级的作用，简化了分析流程。以化工企业为例，当原料采购单价的上涨导致成本超出预算时，企业可以直接运用差额分析法，计算采购单价差额与用量的乘积，从而迅速确定价格波动对总成本的具体影响额。基于这一分析结果，企业可以灵活地调整采购策略，比如拓展供应源，与供应商协商价格调整，或者通过优化产品配方减少原料使用量，以此应对成本压力。

（四）问卷调查法

1. 内部调查

内部调查是聆听企业“自家人”心声的听诊器，精准探知预算管理体系运行实效。问卷发放至各部门，生产一线员工反馈预算工时设定与实际作业强度脱节，旺季常加班却无加班费预算，导致员工抵触执行；财务人员吐槽业务部门数据报送拖沓随意，影响预算编制精度；销售团队抱怨市场推广预算分配僵化，新兴渠道开拓受阻。企业整合反馈，能精准疏通内部梗阻，优化预算流程细节，凝聚全员执行合力。

2. 外部调查

外部调查则似收集市场“旁观者”观感的舆情雷达，审视企业于合作生态中的形象与效能。客户问卷显示企业交货周期常超预算承诺，产品定制化预算沟通烦琐，满意度受损；供应商反馈企业付款周期拉长，预算审批拖沓，合作信任度承压。企业据此从外向内整改，提速供应链响应、优化财务审批流，重塑外部口碑，加固合作根基。

（五）专家评审法

1. 内部专家评审

内部专家评审依托企业“智囊团”，深度挖掘内部潜在顽疾。财务专家细究预算报表，揪出成本核算分摊规则漏洞致多部门成本数据交叉混淆；管理专家直击跨部门预算协同软肋，研发与生产衔接流程冗长，新品上市延误，资源闲置浪费。企业依专家建言，重塑核算规则、精简流程，提升内部运转效能。

2. 外部专家评审

外部专家评审引入“旁观者清”新视角，打破思维定式。行业专家审视企业战略预算匹配度，点明新兴技术赛道布局预算滞后，错失先机；咨询顾问扫描管理细节，指出预算激励机制单一，团队创新动能不足。企业借外力破局，精准布局战略前沿，创新激励举措，激活发展新引擎。

第二节 预算管理体系的优化策略

一、理念与目标优化

（一）战略导向强化

在当今竞争激烈且变幻莫测的商业环境中，企业战略导向的强化无疑占据着预算管理体系优化的核心枢纽地位。企业需以高瞻远瞩之姿，锚定长远战略蓝图，进而有条不紊地将战略导向拆解细化为具体可触的预算目标架构，令预算编制流程精准契合战略航线，化身企业逐鹿市场的关键导航利器。

不妨以一家深耕智能家居领域的企业为范例。鉴于行业发展态势已然呈现出万物互联、智能生态蓬勃崛起的壮阔前景，该企业毅然决然地将战略重心定在全屋智能定制解决方案的精研与规模化推广之上。秉持此战略方针，在年度预算编制的关键节点，企业管理层当机立断，对各业务板块预算施行大刀阔斧的结构性调整。研发部门预算分配方案焕然一新，大幅倾斜资源于前沿智能交互技术、跨品类设备兼容性攻克等核心科研课题，人力配备上广纳全球顶尖人工智能算法专家、物联网工程翘楚，经费投入相较过往年度激增40%，全力驱动智能家居中控系统智能化革新，旨在达成语音指令识别准确率飙升至98%、设备响应时长缩短至0.5秒以内等关键技术指标突破；在生产环节摒弃陈旧通用型产品大规模量产老路，将预算重心挪移至柔性定制生产线构建，斥资引入高精度自动化装配机器人、个性化定制模具，确保能够依据客户多元需求敏捷切换生产模式，即便面对小众化、个性化订单的激增，亦能从容应对，准时交付率维系在95%以上；营销推广维度，决然削减传统线下门店粗放式展销预算占比，转而布局线上沉浸式3D虚拟展厅搭建，与网红达人深度合作带货等新兴营销路径，年度营销预算流向线上渠道，线上渠道预算占比从往昔30%跃升至60%，全方位、深层次地拓展品牌在年轻消费群体、新兴城市圈的影响力版图，为战略目标的稳步迈进夯实根基。与此同时，企业果断搁置或削减那些虽短期盈利可观，但与智能家居长期战略愿景背道而驰的零散单品项目预算，诸如简易非智能照明灯具、基础款机械门锁等产品线，关停相关生产线，释放资源再度精准回哺战略核心业务，实现资源配置帕累托最优，令预算编制全程紧密簇拥战略核心，成为驱动企业迈向智能生态新高峰的强劲引擎。

（二）动态管理思维植入

伴随着全球经济一体化汹涌澎湃的浪潮，市场环境似瞬息万变的风云剧场，政策风向、技术迭代、消费偏好转移等变量交相叠加，持续冲击着企业既定运营轨迹。在此复杂多变的背景下，传统静态预算管理模式弊端尽显，这一模式仿若禁锢企业灵动发展的沉重枷锁。故而，匠心构建动态灵活、敏锐应变的预算机制，已然成为企业破局求生、领航未来的关键抉择。

不妨聚焦于一家身处电子消费产品制造前沿赛道的科技企业，在其波澜壮阔的发展征程中，该企业深刻领悟动态管理思维精髓并付诸实践，堪称行业典范。以芯片技术革新为例，摩尔定律持续驱动芯片性能呈指数级飞跃，行业升级换代周期急剧压缩至半年以内。面对此严峻挑战，企业未雨绸缪，毅然摒弃传统年度预算“一定到底”的陈规旧制，开创性地推行滚动式季度预算重审机制。每季度伊始，专业技术团队联合市场调研先锋，深度剖析全球半导体技术动态，从芯片制造巨头最新制程突破，到行业翘楚新品发布路线图；密切追踪政策法规异动，诸如各国进出口芯片技术管制新规、产业扶持补贴等政策风向转变；精准洞察市场需求潮汐，像 5G 商用全面铺开催生高性能 5G 芯片井喷需求、人工智能算力飙升拉动专业 GPU 芯片刚需上扬。基于上述多维情报矩阵，企业敏捷复盘调整当季及后续季度研发预算配置。倘若季度洞察揭示边缘计算芯片将成市场新宠，鉴于其低功耗、本地化处理优势契合智能穿戴、物联网设备轻量化趋势，企业迅速决策，当季从成熟产品线研发预算中抽调 25% 资金，火速注入边缘计算芯片项目攻坚，紧急扩充研发团队，招揽资深芯片架构师、算法优化工程师，全力提速新品研发进程，力求抢滩登陆新兴市场，确保产品迭代节奏与技术浪潮同频共振，在激烈竞争中牢牢把控先机，凭借动态预算机制的精妙运作，于科技商海的惊涛骇浪中稳健穿梭、逐浪前行。

二、编制流程优化

（一）方法多元融合

在瞬息万变的商业环境中，企业预算编制若想精准锚定经营航标，单一的增量预算模式已显捉襟见肘，多元融合的先进预算方法势在必行。增量预算虽在把控常规业务成本走势上有一定效用，可凭借历史数据和经验微调资源分配，预测成熟产品线成本变动趋势，却易陷入“经验主义”泥沼，对市场突变与业务革新反应迟缓。

故而，企业亟须为预算编制注入新活力，零基预算尤其适用于新业务孵化与变革性项目攻坚，成为破局利刃。以一家跨界进军新能源汽车领域的传统车企为例，面对全然陌生的电池技术研发、电动驱动系统集成、智能车机交互构建等业务模块，过往汽车制造经验几无用武之地，唯有借助零基预算，方能从源头厘清资源需求。研发团队逐项拆解电池研发环节，从锂、钴等关键原材料试验采购量核算，到固态电池技术专利引进费用评估，从高精度电池测试设备购置成本精算，到研发人力配置层级与薪酬规划，摒弃一切历史包袱，从零起步构建全面预算框架，确保每一分投入皆精准命中技术突破与项目推进关键节点，为新品破局抢得先机。

滚动预算则似灵动的风向标，助力企业紧密贴合市场动态脉搏。以某大型连锁商超集团为例，该集团摒弃传统年度固定预算局限，以季度为周期精巧推行滚动预算机制。淡季来临前，基于历史销售大数据与市场趋势调研，精准预判消费品类需求走势，适度收缩非刚需品类库存预算，如削减高端礼品、季节性服饰的进货量，同步调低相关营销推广费用，将资源腾挪至民生必需品采购与促销，加大生鲜、粮油品类囤货力度，策划系列折扣惠民活动；在旺季冲刺时，依据实时销售数据反馈，动态追加热门爆款商品补货预算，灵活调配线上线下营销资源，如为网红小家电、应季水果开辟专属直播带货时段，追加广告投放预算，借节日消费热潮实现销售业绩井喷，借滚动预算熨平经营周期起伏，实现资源高效流转与业绩稳健增长。

（二）参与度提升

过往预算编制多由财务部门“唱独角戏”，闭门造车拟定草案，业务部门沦为被动执行者，致使预算常与一线实操脱节，沦为空中楼阁。要打破这一僵局，亟须拓宽参与边界，广纳业务骨干、一线员工融入编制流程，从运营基层深挖实操智慧与市场一手情报。

以一家现代化精密制造企业生产车间为例，在成本预算编制关键期，一线工人变身关键“数据工匠”。长期实操使他们对物料损耗细节了如指掌，知晓哪一工艺环节易致零部件轻微磨损、哪个生产步骤可能产生边角废料，精准提供物料额外损耗率，相较过往财务凭理论估算，数据精准度提升 20%；对于设备工时把控上，工人依据排班经验与设备运行状况，如实反馈设备日常维护时长、故障停歇频次及单次维修耗时，助力财务精准核算设备真实有效工时，避免因高估产能而错配生产任务与资源，使预算编制中的成本预估、产能规划与实际严丝合缝，为高效生产、成本精益管控筑牢根基。前线业务员每日与客户深度交互，敏锐捕捉区域市场偏好异动、竞品策略调整，在销售预算编制中注入鲜活市场洞察，如某区域销售精英察觉当地企业对定制化办公设备需求上扬，及时反馈调整产品配置与营销预算，推动区域销售业绩逆市上扬 15%，全员参与令预算从纸面规划蜕变成为接地气、可落地的实操指南。

三、执行与监控优化

（一）系统实时管控

在数字化浪潮汹涌席卷的当下，企业欲在激烈竞争中脱颖而出，搭建一套先进且适配自身业务架构的信息化系统，已然成为优化预算执行与监控流程的核心要诀。这套系统绝非简单的数据堆砌平台，而是深度集成财务、业务双重关键数据脉络，贯通全身感知与反馈机能，实现预算执行全方位实时追踪、可视化全景呈现，偏差一旦露头，即刻自动触发精准预警，赋予管理层零时差决策干预契机。

以一家大型制造业企业为例，其产品线横跨机械装备、电子器件、汽车零部件等多个领域，生产流程错综复杂，涉及海量物料流转、设备协同运作。通过引入工业物联网技术，生产线上每一台关键设备都被植入智能传感器，从数控机床的刀具磨损监测、冲压设备的冲程频次计数，到自动化装配线的物料抓取记录，设备运转实时数据如设备开机时长、待机时间、故障报错信息等，经由无线传输网络毫秒级汇聚至数据中台；在物料消耗环节，仓库管理系统与生产执行系统紧密联动，原材料从入库扫码、出库配送直至消耗在特定生产批次，每一笔数据都翔实记录，精准定位到单品、批次、工序。系统后台算法依据预设成本核算模型，实时将设备运转参数、物料流量转化为动态成本进度监控指标，一旦某生产批次的成本因设备意外故障致维修物料损耗、工时延长而濒临超支红线，系统瞬间弹窗警示，同步推送邮件、短信至车间主管、生产经理、财务总监等关键决策人员的手机及电脑，附带详尽成本明细、偏差趋势图、关联业务环节分析，让管理层得以迅速围堵漏洞，或紧急调配维修团队，或调整生产计划，或核准追加预算，确保成本失控风险消弭于萌芽，预算执行轨迹始终契合预设轨道。

（二）责任精准落实

预算执行若要摆脱推诿扯皮、流于形式的泥沼，精准锚定责任主体，为各预算项目明确唯一执行责任人，辅以严苛问责机制，将执行绩效深度嵌入个人考核、薪酬晋升关键链路，是激发全员内生执行动力的不二法门。

以一家跨国销售型企业为例，其产品遍布全球五大洲数十个国家，产品线针对不同区域市场特性定制差异化策略。为强化预算执行效力，该企业大刀阔斧革新责任体系，销售团队摒弃粗放管理模式，精细按区域、客户群维度切分预算责任“蛋糕”。亚太地区销售团队进一步细分，某国销售小组认领该国年度销售目标、营销费用预算、客户拓展成本预算，组长即为第一责任人；针对重点大客户，专属客户经理背负客户关系维护预算、销售回款进度责任，从初次拜访预算经费管控，到长期合作框架下订单交付周期协调、应收账款催收时效，事无巨细皆纳入个人绩效范畴。若季度末该区域销售回款目标达成率低于80%，责任人依规扣减当季绩效奖金20%，连续两季度不达标则冻结晋升资格、启动专项整改培训，以明确奖惩倒逼责任人时刻紧盯预算执行细节，驱动团队成员全力以赴挖掘市场潜力、优化客户服务、严控费用支出，确保预算执行落地有声，销售业绩稳健上扬，企业战略目标逐级分解落地，化为全员行动自觉。

四、分析与调整优化

（一）深度洞察驱动

在当今数据呈爆炸式增长的商业时代，企业若想在波谲云诡的市场竞争中占得先机，组建一支精锐、专业的预算分析团队无疑是决胜关键。这支团队绝非由泛泛之辈拼凑而成，而是汇聚数据科学家、行业分析师、资深财务专家等多领域精英，他们各展所长，形成合力，借助前沿的数据挖掘、机器学习等先进技术手段，深入预算数据的“富矿”，全力探寻潜藏其中的关键信息与趋势脉络，精准剖析预算执行差异的根源所在，进而为企业战略决策呈上高瞻远瞩、切实可行的建议。

以一家行业领先的电商企业为例，其每日平台流量数以亿计，交易订单浩如烟海。分析团队搭建起超大规模数据处理平台，运用复杂事件处理技术实时捕捉用户细微行为，从用户登录瞬间起始，追踪每一次页面浏览轨迹，精确记录用户鼠标悬停时长、点击频次，深度解析用户购买决策全流程，构建用户兴趣画像与消费偏好模型。经深度挖掘海量历史数据，团队敏锐洞察到某地区年轻用户群体对智能家居安防小配件关注度持续攀升，浏览转化率较去年同期激增35%，背后折射出新兴生活社区对安全防护精细化需求趋势。

基于此，团队果断建议企业大幅上调智能家居安防品类预算，倾斜资源用于新品研发，加速推出集成 AI 人脸识别、远程实时监控报警功能的高端智能门锁、家用监控摄像头等产品；同步扩充该品类库存深度，优化物流配送方案，确保旺季供货不断档；在营销推广层面，精准定位目标受众，将社交媒体广告投放预算向该地区年轻群体偏好平台倾斜，策划创意短视频、直播互动等新型营销活动，成功点燃市场需求爆点，带动该品类销售额季度环比增长 80%，实现预算布局与市场需求完美契合，引领企业抢占新兴细分市场高地。

（二）敏捷调整流程

市场环境瞬息万变，企业预算管理体系必须具备灵动敏捷的应变机制，方能破浪前行。简化预算调整审批流程堪称重中之重，摒弃烦琐冗长的层层签批旧制，代之以清晰简明、权责明确的高效流程。尤为关键的是精准界定关键调整触发点，为企业应急响应拉起明确“警戒线”，诸如市场份额毫无征兆地骤然下滑 10% 以上，核心原材料价格因国际局势动荡、行业垄断博弈等因素飙升超既定阈值 20%，一旦触及这些敏感红线，立即启动应急调整预案，火速开辟应急调整绿色通道，确保企业在危机来袭瞬间能够迅速调配资源、灵活转向，化险为夷。

以一家深耕旅游行业的龙头企业为例，其业务版图涵盖国内外热门旅游线路数百条，旺季日均游客发送量数以万计。在某个临近重大节假日的关键节点，旅游目的地国家突然大幅调整入境政策，收紧签证发放、增设健康检测频次要求，旅游市场需求瞬间“速冻”。企业危机应对中心第一时间接获警报，依托预设敏捷调整流程迅速行动。产品研发部门紧急复盘线路资源，果断暂停受冲击严重线路的后续资源投入，如削减冷门景点合作预算、减少境外地接团队预订量；定价团队依据成本变动与市场供需急变，闪电调整热门线路价格，适度上浮高端定制游价格以平衡成本，针对部分滞留游客推出特惠返程套餐来稳定客户情绪；营销团队则马不停蹄将推广预算重心从线下旅行社门店转移至线上社交媒体，全力推送政策解读、改签协助、本地游替代方案等实用资讯，精准触达游客，化解信任危机，凭借敏捷的调整机制，企业在惊涛骇浪中迅速稳住阵脚，最大程度降低损失，维系市场根基，待政策回暖时能够迅速重启引擎，再度扬帆远航。

五、考核与激励优化

（一）指标科学重塑

在当今复杂多变且竞争激烈的商业环境中，企业预算考核体系若要精准度量部门真实效能、有效引导战略落地，重塑科学合理的考核指标体系势在必行。传统考核模式过度聚焦财务指标，易诱发企业短视逐利行为，致使企业长远发展动力匮乏。故而，企业需高瞻远瞩，让财务与非财务关键绩效维度巧妙融合，编织一张全面均衡、疏密有致的考核大网。

以研发部门为例，其肩负企业技术创新与产品迭代的核心使命，考核指标设定堪称精密工程。新品专利数成为衡量技术原创实力的关键标尺，要求研发团队每年新增发明专利申请量不少于 10 项，实用新型专利 20 项，以此激励科研人员勇攀技术高峰，在核心算法突破、关键材料革新、独特工艺设计上持续发力，构筑企业技术护城河；上市周期则是产品商业化效率的醒目指针，规定新品从立项到量产上市不得超过 18 个月，倒逼团队精简流程、优化协作，如在智能穿戴新品研发中，并行开展技术攻关与模具开发，压缩测试环节，确保产品抢占市场先机；市场反馈更是检验创新成果商业价值的试金石，通过新品上市后首季度用户好评率须达 85%、退货率控制在 5% 以内等量化指标，促使研发的新产品紧扣市场需求脉搏，避免研发部门闭门造车。若某新品虽技术领先但因忽视易用性致用户上手困难、差评如潮，即便专利亮眼也难掩商业败绩，研发团队绩效照样折戟，借此实现技术创新与商业转化的精妙平衡。

销售部门的考核亦别出心裁，除销售额、利润率等财务指标外，客户续约率、新客户拓展成功率、客户投诉解决时效等非财务维度也被纳入考核。

客户续约率维持在 70% 以上，确保服务品质赢得客户长期信赖；新客户拓展成功率年度目标定在 20%，激励团队挖掘新兴市场与潜在客群；客户投诉解决时效限定 48 小时内闭环，保障客户体验无忧，全方位驱动销售从交易导向迈向关系深耕，为业绩长虹固本培元。

（二）激励多元适配

预算考核结果若要切实转化为员工奋进动力、团队协作向心力，一套多元适配、奖惩分明的激励机制不可或缺。企业摒弃单一奖金激励局限，匠心打造奖金、荣誉、晋升、培训等协同发力的激励套餐矩阵。

奖金激励依预算目标难度梯度精心设计，针对踮踮脚能够到的“挑战性目标”，如生产部门在保障产品质量前提下实现年度成本降低 12%，达成则奖金上浮 30%，激发团队挑战极限潜能；销售团队超额 20% 完成利润目标，成员获高额绩效奖金，个人贡献突出者额外嘉奖。荣誉体系则为各部门佼佼者定制专属勋章，“年度创新之星”“成本管控标兵”“服务卓越团队”等荣誉称号，获奖者在企业年会荣耀受彰，事迹广宣，赢取同行尊崇、后辈敬仰，满足员工的成就刚需。晋升通道向绩效卓越者敞亮大开，连续三年预算考核成绩位列部门前三的骨干，将免试晋升一级，跃升至关键管理或专家岗位，赋予更大施展拳脚空间；潜力新人若在预算项目中崭露头角，可破格纳入后备人才梯队，加速培养，为企业储备领军英才。培训福利精准补给员工成长需求，技术人员参与攻克预算难题后获顶尖科研机构深造机会，学习前沿技术；管理人员出色完成复杂预算项目后，选派参加国际知名商学院 EMBA 课程，拓宽战略视野。与之对应，对预算执行不力、持续拖团队后腿的部门，启动帮扶机制，派遣内部专家顾问团深度剖析症结，制定整改路线图，开展专项技能培训、流程重塑特训；若经帮扶仍无起色，则果断实施岗位优化，调整人员配置，确保团队整体活力充沛、高效前行，以多元激励鞭策全员竞逐卓越，护航企业稳健远航。

第三节 预算管理体系的持续改进机制

一、定期评估与反馈机制

（一）开展周期性评估

在当今竞争激烈、市场环境瞬息万变的商业环境中，企业要想凭借精准的资源配置与高效的运营管理在行业中崭露头角，构建一套稳健且灵活的预算管理体系至关重要，而定期对该体系展开全方位、深层次的评估则是维系其生命力与有效性的关键举措。企业需秉持严谨务实的态度，坚定不移地执行周期性评估计划，按季度或年度有条不紊地推进此项工作。

当开启季度评估时，财务部门率先发力，一头扎进海量财务数据之中，运用先进数据分析软件，仔细比对本季度预算数据与实际发生数据，精准核算各项收支、成本、利润指标的偏差率，如一款产品预算毛利率设定为30%，实际仅达25%，财务部门便会顺藤摸瓜深挖成本攀升或售价波动的缘由；深入剖析各部门费用预算执行明细，若发现市场推广部门差旅费超支20%，即刻排查是业务拓展需求激增还是费用管控失位。业务部门全面复盘业务流程，生产车间严查物料领用流程是否拖沓致成本虚高，设备维护计划是否因执行不力延误生产；销售团队细究客户拜访计划完成率、订单获取效率，评估销售策略与预算设定契合度，若某区域原定拓展50名新客户，实际仅完成30名，便全力剖析市场阻力、竞品冲击及销售技巧短板。

年度评估更是一场宏大而缜密的系统审查，不仅涵盖季度评估要点，更上溯至预算编制源头。追溯年初战略目标分解合理性，若企业战略重心向高端产品转型，却发现研发预算在基础技术改良项目过度沉淀，高端新品研发资金捉襟见肘，即刻标记问题；沿着全年执行轨迹寻找控制环节漏洞，审查审批流程是否存在形式主义，大额支出有无未经严格审议肆意超支；复盘分析报告质量，检查是否浅尝辄止未揪出业绩波动深层根源，考核指标设定是否脱离实际导致激励失效，借由这般抽丝剥茧式审查，全面扫描体系瑕疵。

（二）建立多渠道反馈机制

企业预算管理体系绝非孤立运行的机械链条，而是深深嵌入企业组织肌理、与内外部环境紧密交织的复杂生态，故而建立多元、畅通无阻的反馈机制，恰似为这一生态系统植入敏锐的感知神经，实时捕捉各类异常信号，确保其灵活适应多变局势。

在企业内部，各部门与员工堪称预算执行一线的“烽火哨”，能精准察觉日常运营中预算管理的细微症结。为激发全员参与热忱，企业精心打造多维度反馈通道。专门设立的反馈邮箱醒目置顶于企业内部办公平台，员工若遇预算难题，无论是费用报销规则不明确，还是项目预算分配不合理，详述问题一键发送，专人每日梳理分类，紧急事项24小时内回应；月度预算沟通会议成为跨部门交流的“枢纽站”，生产抱怨采购物料延迟致生产延误、成本增加，采购反击生产计划临时变更打乱节奏，双方现场对峙，协同财务当场剖析责任、拟定解决方案；季度问卷调查则广泛撒网搜集民意，涵盖预算工具易用性、流程烦琐度、目标清晰度等维度，某问卷显示多数员工认为移动端预算审批功能缺失导致外出作业受阻，技术团队迅速立项优化。

目光向外，企业仿若敏锐的候鸟，时刻紧盯外部环境风向。市场调研团队按周呈递市场动态简报，详述客户偏好转向、竞品创新策略，若报告显示客户对产品环保属性的关注度飙升，企业旋即考量追加绿色研发、生产预算；采购部门密切监测供应商合作生态，对原料价格波动、供应稳定性变化及时预警，当关键原材料因产地灾害供应中断风险加剧，企业即刻研讨囤货或寻源替代方案；客服团队按日汇总客户投诉热点，产品功能缺陷、交货延迟等诉求一旦集中涌现，关联预算立马调整，如加大质量管控预算、升级物流配送预算，借外部反馈及时校准预算航向，保障企业稳健航行。

二、调整与优化机制

（一）基于评估结果的调整

企业预算管理体系宛如一艘航行于商海的巨轮，定期评估与反馈则是精准导航的罗盘，依据罗盘进行有的放矢的调整优化，方能确保巨轮破浪前行、稳健致远。一旦评估报告揭示预算编制精准度欠佳，企业便需即刻挽起袖子，大刀阔斧整顿编制环节。

例如，某制造企业在过往预算编制中过度依赖历史数据，采用简单增量预算法，未料市场需求骤变，新产品竞争激烈，导致预算收入偏差率高达18%。痛定思痛，该企业决意革新，组建跨部门市场调研团队，定期奔赴一线，实地探访经销商、终端客户，收集一手需求情报；深度挖掘行业大数据，剖析宏观经济走势、消费趋势演变，为编制注入前瞻性分析。引入零基预算理念，新项目立项摒弃经验主义，从成本结构根源核算，研发新品时全面评估技术难度、物料选型、人力配置成本，经此优化，后续预算编制准确率显著提升，偏差率缩窄至8%以内。

若执行环节监控疲软，企业亦有雷霆手段。例如，一家连锁零售企业曾频发门店费用超支乱象，促销活动随意加码、物料采购肆意超额，缘由是监控手段滞后，月终财务报表出炉才惊觉问题，且预算调整随意，店长口头就能追加开支。整改时，企业上线实时财务监控系统，与门店收银、库存、采购系统无缝对接，费用支出、销售业绩、库存变动实时可视化，一旦费用临近预算红线，系统自动发送预警至区域经理及财务主管手机；同步严明预算调整铁律，细化审批流程，小额调整由店长、财务专员、区域经理三方会审，大额变动需总部财务总监、运营副总联合签批，配套严苛考核，超支部分按比例扣减门店绩效奖金，违规调整责任人记过处分，自此执行偏差得到强力遏制。

（二）优化预算流程和制度

预算流程与制度如同企业运营的“交通规则”，合理规划、顺畅执行方能保障各环节高效流转、秩序井然。企业需以手术般的精准度梳理流程，去除冗余、打通梗阻。

例如，某大型集团企业旧有预算流程冗长繁杂，编制季各部门依次提交草案，层层审批，一份预算文件在部门间“旅行”耗时近月，常贻误战略部署时机。优化时，企业引入协同办公平台，开启并行作业模式，销售、生产、研发等部门同步编制，数据实时共享，相互校验，财务即时整合，初稿生成从月余缩至一周；精简审批层级，废除中间冗余签字，关键节点由专业委员会审议，重大预算直呈董事会定夺，效率大幅跃升。

制度完善亦刻不容缓，精准界定各部门权责边界是关键。生产部门负责精准核算物料、工时成本，依据订单量与设备产能编制生产预算，若成本超支、产能未达标，担责整改；采购部门严控采购成本、保障物料质量与供应时效，价格波动超阈值需提前预警并寻源替代，延误交付则受罚；财务部门主导预算统筹、监控分析，提供专业财务模型与数据支持，若分析报告敷衍塞责、预警滞后，依规问责。以标准化操作手册规范每项流程，从预算科目设定、数据填报格式，到执行监控频次、分析报告模板，皆有章可循，员工依规行事，预算管理步入规范化高速路。

三、学习与创新机制

（一）组织内部培训与学习

在当今竞争白热化、市场动态瞬息万变的商业环境中，企业预算管理水平的高低直接关联到资源配置效率与战略落地成效，而搭建一套扎实且长效的内部培训与学习机制，则是为企业培育精英战队、锻造核心竞争力筑牢根基。企业需秉持高瞻远瞩之姿，周期性、系统性地策划并推进预算管理专项培训课程及研讨会，将其深度嵌入企业人才发展战略版图。

以季度为单位，精心筹备系列培训课程，广邀贤能，汇聚各方智慧。既有深耕企业多年、历经预算管理实战淬炼的内部资深专家，凭借对企业业务全流程熟稔于心、深谙过往症结与难点的优势，登台分享实操干货，传授如何在复杂业务架构下精准拆解成本中心、锁定费用管控关键节点，以企业过往新品研发项目为例，复盘预算编制从市场调研投入、技术研发耗材，到样机生产、测试环节各项费用的精准预估，以及执行中偏差调整的心路历程；亦有从外部知名咨询机构、行业领军企业重金聘请的专业翘楚，他们携带前沿理念、创新方法与广阔行业视野，深入浅出阐释预算管理新思潮，诸如解读国际先进的基于作业成本分析法的预算编制革新路径，结合企业生产特点，详述如何精细划分作业活动、精准分摊成本，助力企业摆脱传统成本核算粗放弊端，实现成本管控精准升级。

研讨会则是思维碰撞、经验交融的“智慧熔炉”。月度预算研讨会上，各部门预算骨干齐聚一堂，围绕近期棘手项目的预算难题展开深度剖析。销售团队分享在市场波动期，巧用大数据分析动态调整销售预算、精准定位潜力区域与客户群、灵活调配营销资源实现业绩逆势上扬的实战案例；生产部门交流通过引入精益生产理念优化预算，削减不必要的库存积压、提升设备利用率、降低生产成本的革新举措；财务人员则讲解新财务工具、软件应用于预算分析，如何一键生成多维度数据透视表、可视化图表，加速决策支持进程。鼓励员工跨界交流，打破部门壁垒，车间一线工人与财务专员共议物料消耗管控优化，研发人员同市场专员研讨新品预算契合市场节奏策略，让预算管理智慧在企业内部充分涌流，实现全员能力进阶。

（二）借鉴外部先进经验

置身于全球化的商业浪潮中，企业需时刻保持对外界知识与经验的敏锐吸纳力，方能在预算管理领域不落窠臼、持续领航。密切关注同行业及跨行业标杆企业预算管理创新轨迹，借助多元渠道萃取精华，化为己用，是企业突破自身局限、实现弯道超车的关键战略。

企业可每年选派精英团队投身于行业顶级论坛，那是前沿理念交锋、创新实践闪耀的“智慧盛宴”。如在国际消费电子展预算管理分论坛上，团队成员聆听行业巨头分享数字化时代预算转型路径，学习其利用人工智能算法预测市场需求、精准编制预算，避免传统预测主观臆断偏差，归来即结合企业产品线规划，着手搭建内部简易需求预测模型；参与智能制造行业峰会，汲取同行在工业 4.0 浪潮下将物联网技术深度融入预算监控的经验，实时采集设备运行参数、能耗数据，转化为成本动态管控指标，企业依此加速推进车间智能化改造，上线设备数据实时监控系统，实现预算执行可视化、精细化管控。

实地考察则是学习的“深潜之旅”。如某企业组织走进享誉全球的精益制造典范企业，团队成员深入车间，眼见为实，观摩其极致精简的预算驱动生产流程，从原材料采购依订单“零库存”拉动，到生产环节依标准工时、动作精准核算成本，每日成本偏差即时复盘整改，返程后便在企业内部试点推行精益预算单元，重塑生产预算逻辑；又如某企业组织踏入互联网科技新贵企业，学习其灵动敏捷的项目制预算管理，目睹研发团队围绕项目灵活配置资源，摒弃年度固化预算束缚，依据项目阶段、市场反馈实时调整预算，企业旋即改良创新项目预算机制，赋予项目负责人更多预算调配自主权，激发团队创新活力，借他山之石，雕琢自身预算管理璞玉，实现与时俱进、创新发展。

四、沟通与协调机制

（一）加强部门间沟通

在现代企业错综复杂的运营脉络中，预算管理宛如一根精细的丝线，紧密串联起各个部门，其成效优劣直接取决于各部门间协同作战的默契程度。鉴于此，匠心构建一套行之有效的部门间沟通机制，成为企业预算管理体系顺畅运转的关键所在。

定期召开的预算协调会议，犹如企业运营的“战略校准仪”，精准把控预算执行节奏，确保各部门步伐一致向目标迈进。以一家综合性制造企业为例，其业务范畴横跨机械制造、电子配件、化工原料等多个领域，产品生产流程牵涉研发、采购、生产、销售、财务等诸多部门，任一环节预算偏差皆可能牵一发而动全身。每周固定的预算协调会，成为各部门“华山论剑”之地，财务部门率先亮剑，呈上最新财务报表及预算执行数据分析，精准指出销售费用中某区域广告投放超支 15%，这源于市场推广策略临时变更却未同步预算调整；研发部门随即接招，反馈新产品研发关键材料因供应商产能不足，需追加采购预算并延迟交付周期，否则影响整体进度；生产车间诉苦设备突发故障，维修费用远超预算，且致产量下滑，后续排期混乱，成本预估飙升。各方坦诚相见，现场剖析问题根源，跨部门头脑风暴拟定解决方案，财务协同销售重新评估推广策略，削减低效投放，挪移其他资金补足研发物料缺口；采购紧急寻源备选供应商，生产微调排期、优化工艺降损，确保预算目标不偏不倚，整体协同共进。

平日里，信息共享平台则是部门间沟通的“隐形桥梁”，财务实时上传预算数据动态、费用明细、成本核算规则；业务部门随时反馈市场波动、订单增减、项目进度，确保数据互通、决策有据，如销售捕捉到竞品降价冲击，即时将信息上传至共享平台，财务协同评估影响，共商应对调价或促销预案，力保市场份额与预算收益稳定。

（二）强化上下沟通与协同

企业内部预算管理信息传递，恰似人体血液循环系统，上下级顺畅沟通方能保障机体活力，推动工作高效运转。为达此目标，企业需精心铺设清晰、高效的沟通渠道，确保预算指令自上而下精准传达，执行反馈自下而上如实回传。

自上而下，上级管理层手握战略蓝图，须将宏观预算目标细化拆解，层层传递至基层执行末梢。例如，某跨国集团公司总部依循年度战略规划制定全球预算总纲，明确各区域营收增长、成本控制、利润指标，细分至各国的子公司、各产品线、各职能部门，下达详尽预算任务书，附关键里程碑节点与考核细则，同时派遣区域财务总监、业务督导定期下沉一线，实地解读战略意图，指导预算编制细节，协助本地团队依据市场特性微调策略，如新兴市场拓展初期适度放宽营销预算限制，助力打开局面。

自下而上，基层员工身处业务实操前沿，对预算执行困境感知敏锐，须有便捷通道及时反馈。线上即时通信群组、专项反馈邮箱成为基层“发声筒”，车间工人遇设备老化致物料损耗超标，第一时间上报，附上现场照片、数据记录；一线销售察觉客户偏好异动，订单结构偏离预算假设，即刻反馈，详述竞品优势、客户新诉求，上级管理层收悉迅速响应，协调资源升级设备、优化产品配置，调整预算分配，确保基层难题速解，执行不偏离正轨，上下一心，护航预算管理全流程顺畅无阻。

五、绩效挂钩与激励机制

（一）完善绩效考核体系

在当今竞争激烈、资源需精细调配的商业环境里，企业若想凭借预算管理驱动战略落地、实现高效运营，一套缜密且适配自身发展情况的绩效考核体系不可或缺，其核心在于将预算管理关键环节表现全面、精准地嵌入整体绩效评估架构。

伊始，企业需匠心雕琢一系列科学合理、可量化追踪的预算管理考核指标，构建起全方位评估“矩阵”。预算编制准确率堪称基石指标，以某制造企业为例，财务部门在核算季度预算时，对比各产品线实际销售额与预算额，偏差率控制在极小范围，如核心产品 A 预算收入设定为 5000 万元，实际结算 4950 万元，偏差率仅 1%，彰显编制团队对市场预估、成本核算、业务规划的精准把控；执行率则似进度标尺，反映各部门对既定预算计划的推进力度，生产车间按季度拆解产量、成本预算，每月跟踪物料领用、设备工时消耗，若季度生产预算执行率达 98%，意味着生产节奏紧凑有序，资源利用高效；成本控制率更是关键抓手，研发部门紧盯项目开支，一款新品研发预算 800 万元，通过优化技术路径、集采物料、严控测试轮次，结题成本 720 万元，成本控制率达 10%，出色达成降本目标。

在考核实施阶段，各部门数据来源多元且严谨。财务系统每日实时抓取收支、成本数据，精准核算各项目、业务单元实际发生额；业务部门定期提交项目进度报告、订单交付明细、市场反馈表单，辅助校验预算执行成效；跨部门联合审计小组按季巡检，深度核查数据真实性、流程合规性，如审查大额采购合同是否依预算规范招标、执行，有无擅自追加预算现象，确保考核基于坚实数据基石，如实反映各部门及员工在预算“战场”的真实表现，为后续奖惩判定提供公允标尺。

（二）建立激励约束机制

绩效考核结果出炉后，与之紧密咬合的激励约束机制旋即启动，如同奖惩“杠杆”，撬动员工参与预算管理的热情与责任心，精准调节全员行为趋向。

在奖励层面，对预算管理卓越者犒赏丰厚且多元。例如，销售精英团队凭借精准市场研判，超额 20% 完成年度销售预算，且销售费用控制在预算 90% 以内，团队成员获得高额绩效奖金，人均增幅达 30%，业绩突出者晋升区域销售主管，统领一方市场；研发尖兵攻克关键技术瓶颈，新品提前上市且成本低于预算 15%，团队荣膺“年度创新先锋团队”称号，成员优先参与国际学术交流、高端培训项目，拓宽技术视野，激发持续创新动能；职能部门若在预算协同中表现亮眼，如采购部门压降原材料采购成本、保障供应稳定性，财务部门提供深度分析助力战略决策，部门获得额外团队经费，用于团队建设、技能升级，负责人在晋升评定中优先考量，树立典范，引领全员竞逐卓越。

惩处应毫不手软，针对预算执行拖沓、超支失控的部门及员工，刚性约束立威。如某项目组因前期规划草率、执行松散，导致项目成本超预算 30%，且进度滞后两个月，组内成员当季绩效奖金扣减 20%，项目负责人通报批评并责令限期整改，整改不力则调离关键岗位；连续两季度预算管理垫底的部门，削减次年预算额度 10%，将全员纳入专项培训，督导提升预算管理能力，以罚促改，倒逼全员敬畏预算、严守纪律，形成预算管理高压严管与正向激励相辅相成的良性生态，驱动企业预算管理效能持续跃升。

第八章 预算管理的未来展望

第一节 全球化视野下的预算管理创新

一、适应多元市场动态的预算编制革新

(一) 区域化定制编制

在全球化商业版图日益深入的拓展过程中，企业所面临的市场环境已经展现出鲜明的区域化特征。这种区域化不仅体现在地理位置的划分上，更深刻地反映在各区域市场在经济、文化和社会等多个层面上的独特性。从经济发展的角度来看，全球各区域市场的步伐节奏各不相同。一些地区可能正处于高速增长阶段，而另一些地区则可能面临经济增长放缓或转型的挑战。这种差异要求企业在制定预算时，必须充分考虑到不同市场的经济背景和发展趋势。在消费偏好方面，全球各区域市场也呈现出多样化的特点。不同地区的消费者对于产品的需求、品质和价格敏感度等有着不同的倾向。企业需要根据这些偏好来调整其产品和服务，以满足当地市场的真实需求。此外，政策法规的松紧度也是影响企业预算编制的重要因素。各地区在税收、环保、劳动法规等方面的规定各不相同，这要求企业在制定预算时必须严格遵守当地的法律法规，避免因违规操作而带来的法律风险和经济损失。然而，如果企业依旧抱守传统的统一预算编制模式，将很难适应这种多样化的市场环境。这种“一刀切”的做法不仅无法贴合各区域市场的真实需求，还可能导致企业在区域竞争中失去竞争力。因此，企业需要摒弃这种传统的预算编制

方式，转而采用更加灵活和适应性强的预算编制策略，以更好地应对全球化商业环境中的挑战和机遇。

以一家国际知名的家电制造企业为例，其市场版图横跨欧美、亚太、拉美、非洲等多个地区。在欧美成熟市场，消费者对家电产品的需求已然超脱基础功能层面，转而向高端化、智能化、个性化深度推进。品牌形象如同市场准入的金钥匙，是企业安身立命之本，因而在预算规划上，企业在欧美市场不吝投入，大幅倾斜资源用于品牌维护与升级：研发预算占比高达年度总预算的25%，招揽顶尖科研人才组建精英团队，潜心钻研前沿科技，全力攻克如智能家居生态系统无缝集成、家电产品与可再生能源高效联动等核心技术难题，旨在为产品注入差异化灵魂；营销预算亦毫不含糊，重金布局高端家居展会、时尚生活杂志广告投放以及线上专属社群运营，通过沉浸式体验营销与精准内容营销，深度触达目标客户群体，雕琢品牌高端质感。

反观新兴市场，如东南亚地区，人口红利巨大，消费市场像一片亟待开垦的肥沃土壤，增长潜力喷薄欲出。随着基础设施建设稳步推进，非洲大陆民众的生活水平逐步提高，家电消费需求亦呈现出迅猛增长态势。针对此类新兴市场，企业预算策略重点聚焦于市场份额的快速抢占。基础营销预算成为重头戏，派遣本土化营销团队深入城乡集市、社区门店，开展大规模路演活动，张贴醒目海报，发放试用产品，提升品牌知名度；渠道铺设预算同步跟进，与当地颇具影响力的经销商、零售商建立深度战略合作，开辟专属销售专区，甚至量身定制契合当地消费习惯的小额信贷消费方案，助力产品迅速下沉至基层市场。产能爬坡预算项目更是精心谋划，鉴于新兴市场需求的爆发式增长预期，灵活规划工厂扩能节奏，初期以模块化组装车间快速上马应对短期激增需求，后续逐步建设完整产业链生产基地，确保供应稳定性与及时性，实现区域市场的精准深耕与高效拓展。

（二）情景模拟规划

当前，国际局势呈现出高度复杂与不确定性的特征，企业运营正面临着来自多个领域的严峻挑战。政治层面，部分地区政治动荡，政权更迭与地区冲突不断，这些变化深刻影响着地缘政治格局，为企业的跨国经营带来了极大的不确定性。经济方面，全球贸易摩擦持续升级，关税壁垒的增设以及贸易协定的频繁变更，使得出口型企业面临着前所未有的市场准入障碍和成本压力，其发展前景蒙上了一层阴影。更为严峻的是，突发公共卫生事件已成为不可忽视的重大风险点，这类事件往往难以预测且影响深远，能够在短时间内造成全球供应链的严重中断，消费市场也因此遭受重创，需求急剧萎缩。在这样的外部环境下，传统上依赖单一维度数据和信息进行预算编制的模式显得尤为脆弱，难以有效应对突如其来的市场变动和风险挑战。为了在这样复杂多变的环境中求得生存和发展，企业必须转变思路，积极引入前瞻性的情景模拟规划机制。这一机制通过构建多种可能的未来情景，并基于这些情景进行深入的分析和预测，帮助企业提前识别潜在的风险与机遇，从而制定出更加灵活和适应性强的战略规划。只有这样，企业才能在波诡云谲的国际局势中保持稳健的航向，确保在面临各种不可抗力因素冲击时，能够迅速调整策略，稳住阵脚，实现可持续发展。

仍以上述家电企业为样本，该企业在年度预算编制流程中，精心构建起多情景预算框架。除常规基准情景，基于翔实的市场研究、专业智库分析以及历史数据回溯，审慎设定乐观与悲观情景，对各类潜在风险与机遇展开全方位模拟推演。在乐观情景下，假定全球经济复苏步伐超预期，贸易自由化进程高歌猛进，企业模拟加大海外高端市场的产能布局，提前预定先进生产设备、锁定优质原材料供应合同，筹备增设研发中心以吸纳全球顶尖人才，进一步拓展技术领先优势；营销预算向新兴渠道与跨界合作倾斜，携手高端家居品牌推出联名限量款产品，借助网红经济与直播带货新潮流，实现品牌溢价与销量井喷双丰收，预估营收增长率可达 25% 以上，利润增幅超 30%。

而在悲观情景模拟中，充分考量如贸易壁垒高筑、关键原材料供应中断、全球消费市场萎缩等极端状况。当贸易摩擦加剧，出口业务遭受重创时，企业迅速模拟内销转型路径。产能调配预算聚焦国内生产基地，加速老旧生产线改造升级，提升本土产能利用率；销售渠道预算向三、四线城市及农村市场下沉，与电商平台深度合作开展“家电下乡”特惠活动，拓展线上社群团购、直播秒杀等新型营销模式；成本控制预算收紧每一处开支环节，优化供应链采购流程，与供应商协商价格补贴与长期合作协议，力求在艰难时局下维持现金流稳定，确保企业生存根基稳固，通过这种多情景模拟规划，为企业铸就应对不确定性的坚实盾牌，使其在复杂市场环境中进退有据、韧性十足。

二、汇率与跨国资金流管控创新

（一）汇率风险管理嵌入预算

在全球化经济快速发展的当前，跨国企业面临着一个极为复杂多变的经营环境。其中，汇率的波动成为影响企业盈利水平的重要因素。即便是微小的汇率变化，也可能对企业的财务状况产生显著影响，进而威胁到其市场竞争力与长期发展。因此，如何有效管理汇率风险，已成为跨国企业经营管理中的关键环节。将汇率风险管理深度融入预算流程，不仅能够帮助企业提前预测和评估汇率变动可能带来的财务影响，还能引导企业制定有针对性的风险管理策略，从而有效规避潜在损失。这一做法对于提升企业的财务稳定性、增强其在全球化经济中的竞争力具有重要意义，是推动企业稳健前行的重要保障。

企业财务部门绝非孤军奋战，而是携手国际知名专业金融机构，组建精锐的汇率预测智囊团。智囊团由多位资深经济专家和金融分析师组成，他们拥有丰富的专业知识和实践经验。团队成员密切关注全球宏观经济指标的变化，包括美联储的货币政策走向、欧洲中央银行的利率决议等重要经济事件，同时也关注新兴经济体的通胀数据以及国际大宗商品价格的波动情况。通过对这些数据的全面分析，他们能够深入剖析全球经济的基本面，为汇率预测提供坚实的基础。此外，团队成员还深入研究地缘政治局势的发展，评估贸易摩擦、地区冲突等事件对货币信心的潜在影响。他们借助先进的计量经济学模型和大数据分析技术，对主要结算货币的汇率未来走势进行精准预测。通过科学的分析和计算，他们将预测精度控制在极小的波动区间内，为企业制定汇率风险管理策略提供了有力的支持。这样的合作机制不仅提升了企业财务部门在汇率预测方面的专业能力，也为企业在全球市场上的稳健运营提供了有力保障。

基于精准预测，进出口业务预算迎来全面革新。在出口业务定价环节，若预期目标市场货币未来数月会贬值，企业则适时抬高产品外币计价，转嫁汇率风险，确保折算回本币后利润不受损；进行成本核算时，对进口原材料采购充分考虑汇率波动。例如，日元升值将提高从日本进口零部件成本，提前规划替代供应源或协商价格调整条款，锁定成本上限。

在金融衍生工具实操层面，企业巧用远期汇率合约，在签约当下锁定未来特定日期的外汇买卖汇率，如某跨国电子企业预计 3 个月后收到一笔欧元货款，鉴于欧元汇率波动加剧，及时签订远期合约，按约定汇率结汇，规避欧元贬值风险；针对长期外币债务，灵活运用货币掉期，将高息债务货币转换为低息稳定货币，降低利息支出与汇率双重风险，优化债务结构。

企业还建立严谨高效的定期复盘机制，每月末财务团队详细比对预算汇率与实际汇率偏差，深度剖析汇率波动对各业务单元预算执行的传导效应。若汇率异动致海外子公司销售利润下滑，即刻溯源，是定价策略滞后、成本管控疏漏，还是对冲工具配比不当，据此动态微调套期保值策略，增减衍生工具合约规模、调整期限结构，确保预算盈利目标稳如泰山。

（二）全球资金池统筹预算

跨国企业业务触角延伸至全球，资金却常分散于各区域子公司账户，如一盘散沙，调配效率低下，资金成本高。构建全球资金池并配套精细化预算机制，为企业资金血脉搭建高速互通网络，有利于实现全球资金高效流转与精准配置。

借助先进资金管理系统，企业对全球资金流动实现24小时实时监控，账户余额、收支明细、资金流向一目了然。财务中心每日生成资金动态报告，清晰呈现各区域资金盈缺态势，如亚太地区销售旺季回款充裕、账户资金盈余，拉美地区市场拓展前期投入大、资金吃紧。依循企业战略宏图与各业务单元优先级排序，统筹资金调配大政方针应运而生。

在旺季来临前，精准调度淡季地区闲置资金驰援资金吃紧地区，如调配欧洲区域沉淀资金助力北美市场年终促销备货，确保热门产品库存充足，不错失销售良机；内部资金拆借机制灵活高效，子公司间依资金成本与需求紧急度协商拆借利率、期限，优化集团整体资金成本，避免外部高息借贷；集中收付模式大放异彩，各子公司销售回款统一归集到资金池，采购支出由资金池集中支付，凭借规模优势降低银行手续费、争取更优结算汇率，提升资金使用效益。

为强化管控力度，资金调配额度、成本节约成果皆量化纳入预算考核指标体系。资金运营团队若成功调配大额资金助力关键项目，且节约可观资金成本，年终绩效考核时可获丰厚奖金激励；反之，若调配不力导致资金闲置、成本超支，团队绩效打折，倒逼全员提升资金统筹管理效能，护航企业全球资金链稳健高效运转。

三、跨国供应链协同预算优化

（一）端到端供应链成本管控

在全球化的商业环境中，企业的供应链系统形成了一个复杂且紧密相连的网络，涵盖了从原材料采购、生产制造、物流配送到最终产品交付的全部流程。在这个网络中，任何环节的成本波动都可能产生连锁反应，对整体成本结构造成显著影响，进而触及企业的盈利底线。因此，实施端到端的供应链成本管控策略，已成为企业在跨国经营中保持竞争优势、实现稳健发展的核心手段。通过精细化管理和成本控制，企业能够更有效地应对市场波动，降低运营成本，提升整体运营效率。这一策略不仅有助于企业在激烈的市场竞争中稳固地位，更是其实现长期可持续发展目标的重要保障。

在采购这一源头环节，企业应摒弃以往短视、零散的交易模式，转而与供应商缔结长期稳固的战略伙伴盟约，并与其在每年伊始签订年度框架协议，在协议中清晰明确地锁定批量采购所对应的优惠价格。以一家大型汽车制造企业为例，其与全球多家顶尖钢材供应商达成深度合作，鉴于全年钢材需求量高达数十万吨，凭借规模优势在协议中敲定，当季度采购量达到 5 万吨时，每吨钢材可享受 8% 的价格折让；累积采购量突破 20 万吨后，额外再获 5% 返利优惠。这些实打实的降本条款被精准无误地纳入企业年度预算的降本目标体系之中，成为采购部门肩头沉甸甸却又动力十足的任务指标。

目光移至生产端，企业依据全球产能布局的战略蓝图，精打细算地权衡每一处生产基地的成本效益。借助大数据分析与成本核算模型，细致入微地比较不同国家和地区在劳动力成本、能源价格、税收政策以及产业配套成熟度等方面的差异，进而合理分配各产品线的产量任务。比如某消费电子企业，在劳动力成本相对低廉的东南亚地区布局大规模的基础款电子产品组装生产线，而将技术密集型、附加值高的高端产品研发与生产环节安置于欧美科研资源富集之地；同时，审慎权衡自制与外包的成本平衡点，对于标准化程度高、市场供应稳定的零部件，大胆采取外包策略，削减内部生产设备投入与人力管理成本，仅保留核心技术部件的自制能力，以此实现生产环节成本效益最大化。

物流配送同样不容小觑，企业摒弃粗放式物流管理，以精细化运作模式代之。综合考量货物特性、运输距离、时效要求以及成本因素，量身定制最优配送方案。针对高价值、时效性强的电子产品，优先选择航空运输，并与航空公司签订批量货运协议，争取优惠运价；对于大宗商品原材料，采用海运整柜与散货拼箱相结合的方式，优化装载率，降低单位运输成本。每月定期复盘物流费用支出，与行业标杆企业对标，及时汲取先进物流管理经验，动态更新成本预算标杆，确保物流成本始终处于行业领先的低位水平，全方位推动供应链总成本持续下行。

（二）供应链中断应急预算储备

近年来，全球经济格局经历了深刻的调整和变化，一系列重大突发事件频发，包括难以预测的“黑天鹅”事件和具有较大可能性的“灰犀牛”事件，这些都给企业的跨国经营带来了极大的不确定性。供应链中断危机成为企业面临的主要风险之一，严重威胁到企业业务的连续性和稳定性。为了有效应对此类风险，企业必须采取积极措施，提前规划和准备。其中，未雨绸缪地预留应急预算储备，成为提升企业供应链韧性、保障业务连续性的重要手段。通过合理规划和分配资源，企业能够在面对突发事件时迅速响应，减少损失，确保业务的平稳运行，为企业的长远发展提供坚实保障。

企业首先会运用风险识别矩阵等专业工具，精准定位那些一旦断供便可能导致生产线停摆、产品交付逾期的关键原材料与零部件。以智能手机制造行业为例，芯片堪称核心“心脏”，屏幕则是关键“脸面”，一旦出现供应短缺，整部手机将沦为无法组装的半成品。对此，企业一方面不惜重金储备安全库存，依据过往市场波动数据、供应周期以及生产计划，精确计算安全库存水平，确保在突发供应中断时，生产线仍能维持数周甚至数月的基本运转；另一方面，积极开拓全球视野，广泛搜寻替代货源，与二线供应商提前洽谈合作框架，签订意向协议，将潜在供应商开发成本、样品采购费用、小批量试产预算等逐一纳入应急预算范畴，做到手中有粮、心中不慌。

运输环节作为供应链的“大动脉”，同样是企业重点防范的风险领域。当海运港口拥堵、陆运通道受阻、空运运力紧张等运输瓶颈现象涌现时，企业应急机制迅速响应。平日里便与多家物流服务提供商构筑多元化合作网络，涵盖海运巨头、铁路物流新锐以及航空货运翘楚，避免过度依赖单一运输模式。预支专项资金用于拓展运输路线，当传统欧美航线因贸易摩擦或港口罢工陷入瘫痪时，迅速开辟新兴的“中欧班列＋海铁联运”路线，绕过拥堵节点；针对紧急订单，果断提升运输模式的灵活性，不惜成本将常规海运货物紧急切换为空运，确保产品按时交付客户手中。

尤为关键的是，企业对应急预算的触发条件、执行流程实施严格规范的精细化管理。明确规定当关键原材料库存水平降至安全阈值以下、运输延误时长超过合同约定天数等特定情形发生时，自动启动应急预算审批流程，由供应链风险管理部门牵头，联合财务、采购、生产等多部门紧急会商，确保应急资金迅速、精准投放到关键环节，在化解危机的同时，防止应急资金滥用，保障企业财务稳健，实现供应链在风雨飘摇中坚韧不倒、稳健前行。

四、跨文化团队协作与预算管理融合

（一）文化适配预算沟通机制

在全球化运营的广阔背景下，跨国企业汇聚了来自世界各地的团队成员，他们各自拥有独特的文化背景、价值观、工作风格以及沟通偏好。这些文化差异构成了企业内部多元文化的基石，同时也对预算管理流程中的信息交互与协同效率产生了深远影响。由于团队成员来自不同的国家和地区，他们可能习惯于不同的沟通方式和表达风格，这可能导致在预算管理过程中信息传递不畅或理解偏差。此外，不同文化背景下的团队成员对于预算的制定、执行和调整可能持有不同的看法和态度，这在一定程度上增加了预算管理的复杂性和挑战性。为了应对这一挑战，跨国企业需要匠心雕琢一套契合多元文化特质的预算沟通机制。这一机制应充分考虑团队成员的文化差异，通过制定明确的沟通规范、提供多样化的沟通渠道以及加强跨文化培训等方式，促进团队成员之间的有效交流和协作。同时，企业还应鼓励团队成员积极参与预算管理并提出自己的意见和建议，从而增强预算管理的科学性和合理性。通过构建契合多元文化特质的预算沟通机制，跨国企业可以跨越国界藩篱，实现团队成员之间的无缝协作。这不仅有助于提升预算管理的效率和效果，还能增强企业的凝聚力和竞争力，为企业的全球化运营提供有力支持。

在深入探索欧美职场环境时，不难发现个人主义文化的深厚底蕴与广泛影响，它以一种鲜明的姿态贯穿于日常工作的每一个角落。这里的员工普遍展现出强烈的自我驱动力和独立思考的能力，他们乐于且擅长直接而坦率地表达个人见解，无论是对于项目策略的构想还是对于工作流程的优化建议，都习惯于以一种果敢的姿态提出。在决策与执行的过程中，对数据与事实的尊重被提升到了一个近乎神圣的高度，任何观点或提案的提出，都必须建立在翔实的数据分析之上，这样的文化导向促进了决策的科学性和有效性。在这样的文化语境下，预算沟通成为职场高效运作机制中的一个重要组成部分，它像一台精密设计、严谨运作的机器，追求的是每一个环节的无缝衔接与高效协同。为了确保信息的准确传递与接收，邮件沟通成为员工间日常交流的首选方式。这些邮件往往采用直截了当的语言风格，搭配精心准备的数据表格和图表，既简洁又富有信息量。例如，财务部门会定期编制预算执行周报，通过电子邮件发送给各个业务单元。周报内容详尽，不仅涵盖了各类费用开支的明细，还包括了收入目标的达成进度以及关键绩效指标的偏差率分析，使得业务人员能够在第一时间捕捉到最关键的信息点，迅速识别出潜在的预算偏差或超支问题，为后续的决策调整提供有力支持。对于涉及重大预算决策的议题，线上视频会议则成为不可或缺的交流平台。在会议中，各方代表能够直接阐述自己的观点，围绕核心数据展开深入讨论，每个论点都力求以数据为支撑，通过严谨的逻辑分析和实证依据来论证方案的可行性与优势。这种沟通模式避免了冗长的寒暄和不必要的讨论，确保了会议的高效推进。会议议程紧凑，时间安排合理，既保证了充分讨论的时间，又避免了时间的无谓消耗。一旦会议达成共识，形成最终决议，相关部门便能立即行动，将决策转化为实际行动，整个过程迅速而流畅，避免了拖延和延误，充分体现了欧美职场文化中强调的“立即行动”原则。综上所述，欧美职场中的预算沟通机制，是建立在个人主义文化基础上，强调独立自主、数据驱动和高效执行的一系列流程和规范。它不仅能够确保信息的精准传递，还能促进团队协作，提高决策效率，是推动企业持续发展和实现战略目标的重要保障。

当视线转向亚太地区时，集体主义文化的深厚底蕴与温暖色彩显得尤为突出。在这一文化背景下，团队和谐与人际关系的亲疏远近被赋予了极高的重视，沟通方式更倾向于委婉含蓄、循序渐进。在这一区域，预算沟通并非仅仅是一项冰冷的数据传输任务，而是融入了丰富的面对面交流场景与深入的团队研讨环节，成为促进团队协作、增强凝聚力的有效手段。

在编制年度预算的关键时期，亚太地区企业的团队负责人会采取一种更为细致入微的方式，逐一走访各部门，组织一系列的茶话会和小型座谈会。这些会议旨在为员工提供一个轻松融洽的交流平台，让他们能够自由地表达对于预算制定的看法和建议。负责人会悉心倾听每位员工的心声，深入了解基层的实际困难和业务需求，通过面对面的沟通，逐步构建起团队对于预算目标的共识。在预算培训与汇报环节，亚太地区的做法同样值得借鉴。培训师会结合生动的实际案例和本地市场的具体情况，以深入浅出的方式讲解预算管理的关键要点，确保员工能够充分理解并掌握预算知识。在汇报过程中，注重情感交流与互动反馈，汇报者会以谦逊的姿态分享成果，同时也不避讳剖析存在的不足和挑战，给予团队成员充分表达意见和疑问的机会。通过耐心倾听与温和引导，逐步消除潜在的分歧和误解，确保团队在预算问题上形成统一的认识和行动方向。此外，亚太地区的团队还特别注意依循文化脉络灵活调适沟通节奏。他们理解并尊重员工的文化背景和沟通习惯，避免使用过于直接或强硬的方式推动预算决策。相反，他们更倾向于采用更加温和、包容的沟通策略，确保预算信息能够准确、高效地传递给每位员工，为企业的稳健发展提供有力支持。

（二）全球人才赋能预算管理

在当今全球商业环境日益复杂多变的背景下，跨国企业竞争的新焦点已经转向能否有效汇聚全球智慧，充分融合多元文化优势，并以此为基础组建一支具备卓越全球视野、深刻理解跨文化协作精髓的预算管理精英团队。这一团队被视为企业在全球市场中取得竞争优势的关键所在。为了在全球市场中取得竞争优势，企业采取了开放包容的姿态，以“海纳百川”的广阔胸怀，广泛吸纳来自不同国家和地区、拥有不同文化背景的专业人才。这些人才在预算管理领域具备丰富的经验和深厚的专业知识，他们的加入为预算团队注入了多元文化的活力。在构建多元文化背景交织的预算团队网络后，企业并未止步于此。相反，他们通过一系列富有前瞻性和针对性的人才培育举措，全方位地激发团队的潜能。这些举措包括但不限于提供专业培训、开展跨文化交流活动、设立创新奖励机制等，旨在帮助团队成员不断提升预算管理能力，同时加深对不同文化背景下协作方式的理解。通过这些努力，企业不仅强化了预算团队的全球视野和跨文化协作能力，还为其注入了源源不断的创新活力。这种创新活力是推动预算管理不断向前发展的强大动力，也是企业在全球市场中保持竞争力的关键因素。因此，可以说，组建具备全球视野和跨文化协作能力的预算管理精英团队，已成为当今跨国企业竞争的新高地。

为锤炼成员跨文化协作的硬实力，企业精心策划全球轮岗计划，选派潜力新星奔赴世界各分支机构，投身不同文化熔炉历练。一位初出茅庐的欧洲财务新秀，轮岗至亚洲某新兴市场后，迅速融入当地团队，参与社区营销预算项目，亲身领略亚太地区消费者对价格敏感度、促销活动偏好的独特文化密码，学会在预算有限前提下，巧妙融合本土文化元素策划创意营销活动，实现投入产出比最大化；返程后，将亚洲市场灵活应变、注重人情关系维护的协作智慧带回欧洲团队，优化内部预算沟通流程，成功化解多起跨部门预算争端。联合项目则是团队成员跨界融合的“试炼场”，不同文化背景的员工为攻克复杂国际项目预算难题携手并肩，在碰撞与磨合中学会换位思考、尊重差异，协同效率大幅跃升。

跨区域预算工作坊已成为汇聚全球预算管理智慧、促进知识共享与经验交流的重要平台。这些工作坊不仅为各地的预算管理精英提供了一个面对面深入沟通的机会，更是如同一场场精心筹备的智慧盛宴，让参与其中的每一个人都能从中汲取灵感，获得成长。在工作坊上，来自世界各地的预算管理团队纷纷亮出自己的“家底”，无私地分享各自在本土实践中积累的最佳案例和经验。例如，日本团队带来了他们在成本管控方面的深厚积累。这些经验是经过岁月打磨的宝贵财富，从生产车间的物料领用核算，到非生产性费用的管理，都展现出了日本企业对精细管理的极致追求。在生产车间，他们实现了物料领用的毫米级精准核算，确保了资源的有效利用和成本的严格控制。而在非生产性费用的管理上，他们更是通过一系列的创新方法和严格制度，实现了费用的极致精简。这些经验不仅启发了其他团队重新审视自身的成本预算流程，还促使一些企业引入了可视化看板管理，实时监控每一笔成本支出的动态，从而更有效地控制成本，提升企业的整体运营效率。与此同时，美国团队则因其创新的预算激励机制而备受瞩目。他们详细介绍了如何通过富有竞争力的绩效奖励和个性化的职业发展路径设计，点燃员工参与预算管理的热情。在美国团队的分享中，可以了解到他们如何通过设立明确的预算目标，将员工的个人绩效与预算执行情况紧密挂钩，从而激励员工更加积极地参与到预算管理中来。此外，他们还通过提供个性化的职业发展路径和丰富的培训资源，帮助员工不断提升自己的预算管理能力，为企业的长远发展储备人才。这些创新做法不仅优化了企业的全球激励体系，还激活了团队的进取基因，为企业的持续创新和发展注入了新的活力。

跨区域预算工作坊不仅促进了各地预算管理团队之间的经验交流，还为企业提供了一个全球智慧交融共生的平台。在这些工作坊上，不同文化背景下的团队能够相互学习、相互借鉴，共同探索预算管理的最佳实践。通过这种跨文化的交流与合作，企业得以培育出一支梯次分明、能力卓越的预算管理人才梯队。这些人才不仅具备扎实的预算管理知识和技能，还拥有开阔的国际视野和跨文化协作能力，能够在全球市场中灵活应对各种挑战，引领企业在全球市场的竞争中独占鳌头。此外，跨区域预算工作坊还为企业提供了一个持续创新、不断开拓预算管理新境界的机会。在这些工作坊上，各地团队可以共同探讨预算管理的新理念、新方法，推动预算管理模式的不断创新和升级。这种创新不仅有助于提升企业的预算管理水平，还能为企业的整体运营和发展注入新的动力，助力企业在激烈的市场竞争中保持领先地位。综上所述，定期举办的跨区域预算工作坊已成为汇聚全球预算管理智慧、促进跨文化交流与合作的重要平台。这些工作坊的举办，使得企业得以培育出一支具备全球视野和跨文化协作能力的预算管理精英团队，为企业的持续发展和创新提供了有力支持。

第二节 ESG 在预算中的体现

一、环境因素在预算中的体现

（一）节能减排预算投入

在环保压力与日俱增以及可持续发展理念深入人心的当下，企业肩负着沉重的节能减排重任，而这一关键任务在预算规划层面有着极为具体且细致的呈现。企业若想切实削减能源消耗、降低碳排放，必须在预算资源分配上向节能领域大力倾斜。

购置先进节能设备堪称首要任务，这意味着企业要预留充裕资金用于替换陈旧、低效的生产器械。以一家大型钢铁制造企业为例，其原有的炼钢高炉设备服役年限已久，能源利用效率低下，单位产量能耗远超行业均值。为扭转这一不利局面，该企业在年度预算中专项划拨 5 000 万元，用于引进国际前沿的新型节能高炉。该设备采用先进的余热回收技术，能在钢铁熔炼过程中将产生的大量余热高效转化为电能，重新回哺生产流程，使每吨钢的综合能耗降低了超 15%。

生产车间照明系统的升级改造同样不容忽视，传统高耗能照明灯具纷纷“下岗”，取而代之的是节能照明系统。例如，某电子制造企业将车间内数千盏白炽灯全部更换为 LED 节能灯，尽管前期采购及安装费用高达 200 万元，但新灯具能耗仅为旧灯具的 40%，按照全年生产时长计算，每年可节省电费支出 80 万元，不到三年即可收回投资成本，长期节能效益斐然，这笔更换费用在企业预算中被列为重点项目，确保照明升级顺利推进。

能源管理系统的建设与持续运维也是节能减排预算的关键构成。例如，一家化工企业投入 300 万元打造智能能源管理系统，通过在各生产环节部署高精度传感器，实时采集水、电、气等能源消耗数据，传输至中央管控平台进行深度分析，精准定位能源浪费“病灶”。借助该系统，企业能依据生产计划动态调控能源供应，优化设备运行参数，每月能源消耗成本降低了 12%，后续还每年安排 50 万元预算用于系统软件升级、硬件维护以及人员培训，保障系统始终高效运行，助力节能减排目标稳步达成。

（二）可再生能源使用预算

随着全球能源转型的大潮持续推进，企业正以前所未有的速度向可再生能源的利用迈进。为了实现逐步提升可再生能源在整体能源消耗中占比的目标，企业在预算规划方面进行了精心布局。他们深知，坚实的预算支撑是实现这一目标的关键所在。因此，在预算制定过程中，企业充分考虑了可再生能源项目的资金需求，通过科学合理的资金配置，全方位布局资金投向。这既包括了对现有可再生能源设施的优化升级，也涵盖了对新建项目的投资支持。通过这一系列有针对性的预算规划举措，企业不仅确保了可再生能源项目的顺利实施，也为自身的可持续发展奠定了坚实基础。

对于场地充裕、光照条件良好的企业园区，投资太阳能板成为热门选项。某汽车零部件制造企业斥资 800 万元，在厂房屋顶及周边空地铺设大面积太阳能光伏板阵列，装机容量达 1.5 兆瓦。经测算，这套太阳能发电系统在晴天日照充足时，每日可发电 6 000 千瓦时，能满足企业办公区域及部分生产设备日间基础用电需求，每年可减少外购电量 200 万千瓦时，折合标准煤消耗降低约 800 吨，减排二氧化碳 2 000 余吨，投资回报期约为 6 ～ 7 年，该项目预算涵盖设备采购、安装调试以及后期定期巡检清洁费用，确保太阳能发电系统稳定运行。

风力发电设施亦受部分沿海或高海拔地区企业青睐。例如，一家坐落于沿海地带的造纸企业，借助强劲的海风优势，在厂区周边规划建造小型风力发电场，预算投入 1 200 万元用于购置多台先进风力发电机组及配套储能设备。在风机运转后，不仅为企业生产提供清洁电力，多余电量还能在网上售卖，增加额外收益，每年可助力企业减少碳排放 3 500 吨，预算中详细列支风机设备购置、基础建设、设备维护及人员值守费用，保障风力发电项目全生命周期稳健运营。

此外，部分企业受限于场地或技术条件，选择与专业可再生能源供应商缔结长期购电协议，锁定未来数年稳定绿色电力供应。例如，一家大型数据中心企业每年预算安排 500 万元专项购电资金，与当地知名光伏电力企业签约，确保 30% 电力源自太阳能发电，虽无须前期大规模设备投资，但预算需精细规划购电价格波动风险储备金以及合同执行监督费用，确保协议履约顺畅，绿色电力供应无虞。

（三）废弃物处理与资源回收预算

在循环经济理念日益深入人心的时代背景下，企业对废弃物处理的方式正经历着根本性的变革。传统的简单粗暴的末端处置方式已逐渐被淘汰，取而代之的是向资源回收与循环利用的深度转型。这一战略转变不仅体现了企业对环境保护和可持续发展的高度重视，也在预算规划上有了全方位、多层次的细致考量。企业在制定预算时，需要充分考虑废弃物回收与循环利用项目的资金需求、技术投入以及长期效益，确保资源的高效利用和成本的合理控制。通过这一系列的预算规划，企业能够更好地推动废弃物处理方式的转型，为循环经济的发展贡献力量。

废弃物分类是资源回收利用的前置关键步骤，企业需投入资金购置专业分类设施。例如，一家食品加工企业在车间及仓库各处设置智能废弃物分类设备，不同类别垃圾桶配备自动感应装置与满溢预警系统，员工丢弃垃圾时，系统自动识别分类，错误投放会及时提醒纠正，这套设备采购及安装费用达 30 万元，将其纳入年度预算专项管理，为后续精准回收奠定基础。

废弃物运输与专业处理费用亦是预算重点关注对象。化工、制药等特殊行业企业，因废弃物可能含有有害物质，需委托具备专业资质的环保处理公司清运处置。例如，某药企每月产生大量过期药品及化学废液，依据危险废弃物管理法规，与专业处置机构签订年度合同，预算列支 150 万元用于废弃物定期清运、无害化处理及合规填埋，确保废弃物安全离厂，不对环境造成污染。

资源回收设备购置更是企业践行循环经济的核心硬件投入。例如，某家电制造企业为回收废旧家电中的金属、塑料等有价材料，投资 200 万元引入先进的拆解生产线，通过自动化机械臂精准拆解、智能分选设备高效分离不同材质，废旧家电回收率从以往的 60% 提升至 85%，拆解所得原材料重新回用于新产品生产，大幅降低原材料采购成本，预算中还预留 30 万元用于设备年度维护、技术升级及操作人员培训，保障回收设备高效运转，资源循环利用畅通无阻。

（四）环保合规预算

在当前环保法规日益严格、国家执法监督力度不断加大的背景下，企业运营面临着更加严峻的环保合规挑战。为确保企业活动符合法律法规要求，避免潜在的环境风险和法律责任，环保合规已成为企业在预算规划时必须予以高度重视的关键维度。企业在制定预算时，需充分考虑环保投入，包括污染治理设施的建设与运行费用、环境监测与数据管理费用等，以确保各项环保措施得到有效实施，维护企业的良好形象和可持续发展能力。

环境监测是企业自我“体检”的常规手段，须购置专业监测设备并定期校准维护。例如，一家印染企业在厂区内建设环境监测站，并配备了高精度的水质、大气污染物监测仪器，实时监控污水排放口水质酸碱度、化学需氧量以及废气排放口二氧化硫、氮氧化物浓度等指标，设备采购花费 80 万元，每年还安排 15 万元用于设备校准、试剂耗材购置及专业人员运维，确保监测数据精准可靠，为污染防治提供数据支撑。

环境影响评估是企业新建项目或工艺变更的法定前置程序，需聘请专业环评机构开展全面评估。例如，某矿业企业计划扩建新矿区，前期预算 200 万元委托权威环评单位深入勘查矿区周边生态环境，评估开采活动对土壤、水源、生物多样性潜在影响，出具详尽环评报告，作为项目审批及后续环保措施制定依据，若评估不达标则需追加资金优化方案，直至合规。

环保设备运行维护直接关乎污染减排成效，企业需保障资金稳定投入。例如，某污水处理厂每日处理海量污水，核心处理设备如曝气机、压滤机等需定期保养维修，每年预算安排300万元用于设备的易损件更换、整机大修及日常巡检，确保设备稳定运行，污水达标排放；若设备故障停机导致超标排放，企业还需在预算中预留潜在环保罚款准备金，按过往执法案例及罚款标准，计提50万元～100万元不等，时刻警醒企业严守环保法规底线，避免因违规遭受巨额损失，全方位维系企业环保合规运营态势。

二、社会因素在预算中的体现

（一）员工福利与发展预算

在当今竞争激烈的商业环境中，员工堪称企业最为宝贵的资产，员工的福利与发展状况直接关联到企业的凝聚力、创造力以及长远发展潜能。故而，企业在精心擘画年度预算蓝图时，务必为员工福利及发展板块预留充足且合理的资金配额。

工资作为员工安身立命的根本保障，企业需依据行业薪酬动态、地区经济发展水平以及自身盈利状况，审慎规划工资增长预算。例如，一家深耕于高新技术领域的企业，为吸引并留住顶尖技术人才，连续三年在预算中设定工资涨幅8%～12%的区间，确保员工薪资水平在市场竞争中始终保持优势地位，让员工劳有所得，切实感受到企业对其价值的充分认可与尊重；在社会保险和福利计划完善方面，企业严格遵循国家法规要求，足额计提五险一金费用，同时别具匠心地丰富补充商业保险项目，涵盖重疾险、意外险、医疗险等，为员工及其家庭构筑起全方位、多层次的健康防护网，年度保险费用支出在总预算中占比达15%左右，给予员工满满的安全感。

员工培训与发展则是企业提高未来竞争力的关键孵化器，相应预算极为重要。该企业专业技能培训预算根据不同部门、岗位需求精准投放，研发部门定期选派技术骨干奔赴国际顶尖科研机构参加前沿技术研习班，每人每次的培训费用高达5万元，年度累计培训预算超200万元，旨在汲取全球最新科技智慧，助力企业产品创新突破；针对管理梯队人才储备，该企业量身定制领导力发展项目，邀请业内知名管理专家开展系列实战培训营，从战略规划、团队引领到危机应对，全方位淬炼管理精英，项目为期一年，预算斥资300万元，涵盖课程设计、师资聘请、学员实践考察等多项开支，为企业持续输送卓越管理人才，实现员工与企业携手共进、协同成长。

（二）产品质量与安全预算

产品质量与安全是企业的生命线，是赢得客户信赖、稳固市场根基的核心法宝，在企业预算规划中占据着举足轻重的战略地位。

原材料采购质量控制堪称源头把关的关键环节，企业需投入充足资金，构建严苛缜密的供应商筛选与管控机制。以某食品加工企业为例，为确保食材安全无虞，该企业不仅派遣专业采购团队亲赴产地实地考察供应商种植、养殖环境，还在预算中专项列支50万元用于第三方权威机构对原材料农药残留、兽药超标等指标进行频繁抽检，仅检测试剂采购、检测服务费用每年就高达20万元，一旦发现质量瑕疵，果断切换供应商，从源头上掐灭质量隐患；又以某电子制造企业为例，关键零部件质量决定产品性能优劣，该企业与上游供应商签订质量协议时，约定预留10%～15%的货款作为质量保证金，倒逼供应商严控产品质量，确保每一个零部件都符合高标准，这笔潜在保证金在预算核算中作为风险储备金精细管理，为产品质量托底。

生产过程质量检测设备购置与维护是保障产品质量一致性、稳定性的硬件基石。如汽车制造企业，其生产线上的每个工序皆须精准把控质量，为此该企业购置大量先进检测设备，从零部件高精度尺寸测量仪到整车性能综合测试台，设备总值超5 000万元，每年还安排800万元用于设备定期校准、易损件更换、软件升级，确保检测数据精准可靠；又如某药企，该企业遵循药品生产质量管理规范，在无菌车间配备实时在线微生物监测系统、高效液相色谱仪等尖端设备，单台设备采购价动辄数百万元，年度设备运维预算占生产总成本10%以上，凭借先进设备与精心维护，严守药品质量安全红线，让患者用药无忧。

产品质量认证是企业产品走向市场、参与全球竞争的“通行证”，各类国际、国内认证费用不菲。例如，某家电出口企业为拓展海外市场，申请欧盟CE认证、美国UL认证等国际权威认证，每个认证项目费用从数万元到数十万元不等，年度认证预算累计超200万元，还需定期接受认证机构复审，确保产品持续符合高标准质量要求，以优质认证为背书，提升产品国际美誉度，拓宽全球销售版图。

（三）社区发展与公益预算

企业在社会经济活动中扮演着核心角色，与周边社区之间存在着紧密且相互依赖的关系。对于企业而言，积极回馈社区并投身于公益事业，不仅是履行其社会责任的重要表现，也是推动构建与社区和谐共生、共同发展的社会环境的必要途径。这种理念在企业的预算规划中得到了具体而明确的体现。企业在制定预算时，会充分考虑对社区的回馈与公益事业的投入，确保有足够的资源用于支持社区发展、改善民生以及参与各类公益活动。通过科学的预算规划和有效的资源配置，企业能够在实现自身经济目标的同时，也为社区的繁荣与进步贡献力量，从而真正实现企业与社区的共同发展、互利共赢。

参与社区基础设施建设是企业助力社区繁荣发展的直接举措，不少企业为此慷慨解囊。例如，某房地产开发企业在项目周边社区规划建设时，预算列支300万元用于修缮社区道路、升级排水系统，将泥泞狭窄小道拓宽为平坦宽敞的柏油路，增设雨水收集利用设施，缓解了社区的内涝难题，改善了居民出行与生活环境；某科技企业则聚焦社区信息化建设，捐赠200万元搭建社区智能安防监控网络、免费铺设高速光纤网络，提升社区安全保障水平与数字生活品质，预算涵盖设备采购、工程安装、后期运维费用，确保设施长期稳定运行。

教育、医疗公益项目是企业关注民生福祉的暖心之举。例如，某大型企业集团设立专项教育基金，每年从预算中划拨 500 万元资助贫困学生完成学业，从小学到大学全程帮扶，提供学费、生活费补贴，援建偏远地区希望小学，捐赠教学设备、图书资料，改善教育资源匮乏现状；某医药企业发挥专业优势，在社区卫生服务中心设立义诊点，定期派遣专家团队开展健康讲座、疾病筛查活动，年度预算安排 150 万元用于购置医疗检测设备、药品耗材以及专家出诊补贴，为社区居民健康保驾护航，提升社区整体医疗服务水平。

携手社区组织开展特色活动亦是企业融入社区的重要方式。例如，某制造业企业与当地环保组织联合开展环保宣传周活动，预计投入 80 万元用于制作环保宣传资料、布置展览场地、邀请环保达人分享经验，向社区居民普及垃圾分类、节能减排知识，提升公众环保意识；劳动密集型企业关注社区就业难题，与社区就业服务站合作举办就业培训班，预算列支 100 万元用于聘请专业讲师、租赁培训场地、提供实训设备，培训失业人员掌握实用技能，助力其再就业，为社区稳定与发展贡献企业力量。

（四）供应链社会责任预算

在当前全球化经济紧密交织、供应链网络高度复杂的背景下，企业社会责任的范畴已不再局限于企业自身运营范围，而是向供应链的上下游环节深度延伸。企业开始注重确保整个供应链体系符合社会可持续发展的要求，这已成为企业预算规划中的新课题。企业在制定预算时，需充分考虑供应链各环节的社会责任履行情况，以确保整个供应链体系在推动经济发展的同时，也能够促进环境保护、社会公平与和谐等可持续发展目标的实现。

对供应商进行社会责任审计是企业把控供应链社会责任风险的关键手段，为此需专项配置资金与人力。例如，某零售巨头企业每年制订详尽的审计计划，预算安排 200 万元用于聘请第三方专业审计团队，到全球各地供应商的工厂，实地核查劳动用工合规性、工作环境安全性、环保措施执行情况等关键指标，审计团队依据国际劳工标准、环保法规等准则，出具翔实的审计报告，一旦发现违规问题，企业要求供应商限期整改，整改不力则削减订单量甚至终止合作，审计费用涵盖差旅费、专家服务费、报告编制费等多项开支，确保审计工作公正权威、全面深入。

协助供应商改善员工工作环境与劳动条件，彰显企业携手共进诚意。以某服装制造企业为例，该企业在东南亚地区拥有众多供应商，鉴于部分工厂车间通风不良、工人劳动强度过大，该企业主动伸出援手，从预算中调配 300 万元设立专项基金，为供应商提供资金补贴、技术指导，帮助其升级通风降温设备，引入人体工学生产线设计理念，优化生产流程，降低工人劳动强度，同时开展劳动权益保护培训，提升供应商管理层社会责任意识，基金款项专款专用，定期监督使用情况，确保投入转化为切实环境与劳动条件改善成效，推动供应链整体升级，实现经济、社会、环境效益多赢局面。

三、治理因素在预算中的体现

（一）董事会及治理结构预算

董事会作为企业战略决策的核心枢纽，肩负引领企业发展方向、监督管理层执行等关键职责，其高效运作离不开坚实的预算保障。董事薪酬设定旨在吸引具备深厚行业经验、卓越战略眼光及丰富管理智慧的精英贤才汇聚董事会，薪酬通常由基本薪酬、绩效奖金与长期激励等多元要素构成。例如，一家大型跨国企业依据董事承担职责的复杂度及市场行情，为每位外部独立董事核定年度基本薪酬 20 万美元，绩效奖金则与企业年度关键业绩指标挂钩，如营收增长率、利润达成率、战略项目推进成效等，依据绩效表现最高可额外获得 50% 奖金激励；针对内部董事，薪酬与岗位职级、年度绩效评估紧密关联，确保董事全身心投入企业战略谋划与治理监督，薪酬总额在企业年度人力成本预算中占比约 5%，精准锚定董事价值创造与回报平衡。

独立董事津贴旨在保障独立董事独立客观立场，不受内部利益掣肘，专注于企业治理优化与风险制衡。津贴标准参照行业惯例、企业规模及监管要求精细厘定，新兴成长型企业为独立董事提供年度津贴 8 万元～ 12 万元，成熟蓝筹企业则可达 20 万元～ 30 万元，确保独立董事在繁忙日程中优先关注企业长远发展议题，积极建言献策，为企业稳健前行把关定向；董事会成员的培训预算更是不可或缺，伴随着商业环境瞬息万变、法规政策持续更新、行业技术迭代加速，定期组织董事参与前沿战略研讨会、最新法规解读班、数字化转型研习营成为常态。每年选派董事赴国际知名商学院进修战略管理、公司治理进阶课程，单人培训费用 5 万元～ 10 万元不等，年度整体培训预算 50 万元～ 100 万元，借专业赋能启迪董事战略新思维，提升治理效能，引领企业与时俱进、勇立潮头。

（二）风险管理预算

风险管理如同企业航行于商海的坚固护盾，关乎企业生存根基与发展韧性，在预算规划中占据关键战略地位。聘请专业风险评估机构定期“体检”企业运营风险态势是首要防线，费用支出因企业规模、行业复杂度而异。金融机构面对信用、市场、流动性等多元交织风险，年度斥资 300 万元～ 500 万元委托国际顶尖金融风险评估机构，全面剖析信贷资产质量、利率汇率波动冲击、资金流动性储备合理性，精准量化风险敞口，依据评估报告动态优化风控策略；制造业企业聚焦安全生产、供应链中断、质量管控风险等方面，每年安排 80 万元～ 120 万元邀请行业权威机构深入工厂车间，实地勘查设备设施安全隐患、供应链关键节点脆弱性、产品质量管控流程瑕疵，出具定制化风险化解方案，评估费用涵盖专家实地调研差旅费、复杂模型构建与数据分析费、详尽报告编制费等细项，确保评估精准务实。

商业保险则是企业转移重大风险、分摊潜在巨额损失的关键利器。例如，航空公司为机队资产、飞行安全、旅客责任等核心风险保驾护航，年度保费预算高达数亿元，飞机机身险按飞机价值一定比例计提保费，每架大型客机年保费超过 500 万元；物流企业为海量货物运输风险兜底，依据货物品类、运输路线风险等级厘定保费，高价值电子产品运输线路保费费率达 3% ～ 5%，年度保费预算依业务量动态调整，确保在遭遇不可抗力天灾、交通事故、盗窃抢劫等意外时，保险赔付能及时弥补损失，维持企业财务稳健。

（三）内部审计与合规预算

内部审计与合规体系是企业规范运营、财务健康的忠诚卫士，其有效运转依赖充足的预算支撑。内部审计部门薪酬体系旨在网罗审计、财务、法务等多元专业精英，薪酬水平对标市场同类岗位竞争力，依职级、技能、经验精准分层定价，资深审计经理年薪 30 万元～ 50 万元，确保团队具备深厚专业素养与敏锐风险洞察。审计费用则围绕项目式审计、专项调查精细配置，大型企业集团年度常规财务审计预算 200 万元～ 300 万元，聚焦账务处理合规性、报表真实性；针对重点项目投资审计，依项目规模、复杂度追加预算，如大型基建项目审计费用可达项目总投资 1% ～ 3%，深挖项目招投标违规、成本超支、质量隐患等问题，审计费用涵盖审计人员外勤补贴、数据分析工具采购、第三方专家咨询费等开支，确保审计监督无死角。

合规咨询费用为企业应对复杂法规政策环境提供专业导航，新兴金融科技企业为契合监管创新要求，每年花费 150 万元～ 250 万元聘请顶级律所和专业咨询机构提供金融监管政策解读、合规业务模式设计服务，确保产品创新与合规运营并驾齐驱；同步完善内部审计与合规制度是长效根基，预算列支制度设计、流程优化、信息化系统建设费用。药企为遵循良好生产规范（GMP）、药品经营质量管理规范升级内部审计与合规制度，投入 80 万元～ 120 万元打造数字化合规管理平台，集成法规库、风险预警、审计流程自动化等功能，后续每年安排 20 万元～ 30 万元用于系统升级维护、员工合规培训，以严密制度与先进技术双轮驱动，保障企业运营合法合规、行稳致远。

（四）信息披露与沟通预算

在信息透明化的时代，企业与投资者、利益相关者的环境社会治理（ESG）信息交互成为衡量企业可持续发展诚意与成效的关键窗口，相应预算配置不可或缺。ESG 报告编制发布是核心任务，企业或依托内部专业团队，或携手外部权威机构精雕细琢报告内容。大型上市公司为确保 ESG 报告数据精准、案例翔实、战略清晰，每年花费 100 万元～ 200 万元聘请国际知名 ESG 咨询机构，为其提供涵盖全球范围的数据收集整理、行业对标分析、报告撰写排版、第三方审验等全流程服务，依循全球报告倡议组织（Global Reporting Initiative，GRI）、可持续会计准则委员会（Sustainability Accounting Standards Board，SASB）等国际标准规范披露企业在环境保护、社会责任、公司治理维度作为与成效，彰显企业可持续发展担当。

组织投资者交流活动则是增进市场理解、稳固投资信心的重要桥梁，预算涵盖场地租赁、专家邀请、宣传物料制作等开支。绿色能源企业定期举办线下 ESG 投资者峰会，邀请行业分析师、机构投资者齐聚一堂，分享企业绿色技术创新突破、新能源项目布局、碳减排路径规划。年度活动预算 50 万元～ 80 万元，现场展示项目成果、解答投资疑虑，借深度互动提升企业 ESG 美誉度，吸引长期价值型投资者目光。线上投资者沟通平台建设运维已成趋势，预算列支软件开发、日常运营、数据安全保障费用，企业官网设 ESG 专栏实时更新动态，社交媒体平台精准推送 ESG 亮点资讯，年度线上运营预算 30 万元～ 50 万元，全方位、多渠道畅通信息沟通血脉，促进企业与利益相关者携手迈向可持续未来。

附　录

附录 A：预算管理制度与流程示例

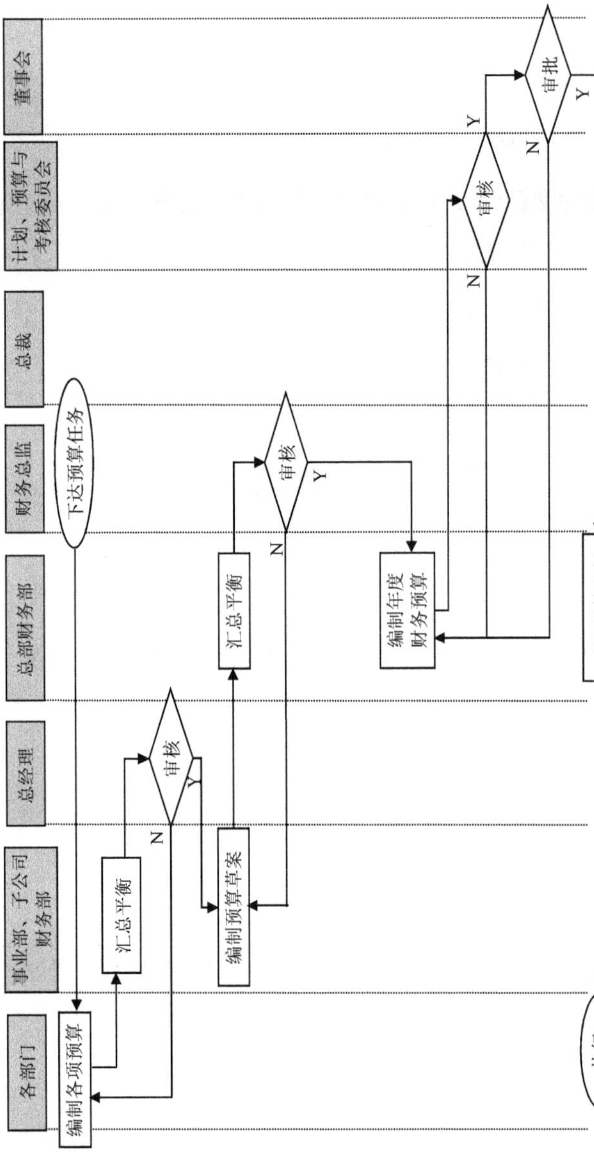

附录 B：企业全面预算表格模板

表 1：房地产公司管理费用预算表

单位：　　　　　　　　　　　　　　　　　　　　　　年　　月

资料提供部门：

项目	1月份		2月份		3月份		4月份		5月份		6月份		7月份		8月份		9月份		10月份		11月份		12月份		本年合计	
	预算金额	%	预算金额	%	预算金额	%	预算金额	%	预算金额	%	预算金额	%	预算金额	%	预算金额	%	预算金额	%	预算金额	%	预算金额	%	预算金额	%	预算金额	%
管理人员工资																										
管理人员奖金																										
职工福利费																										
差旅费																										

续表

项目	1月份		2月份		3月份		4月份		5月份		6月份		7月份		8月份		9月份		10月份		11月份		12月份		本年合计	
	预算金额	%	预算金额	%	预算金额	%	预算金额	%	预算金额	%	预算金额	%	预算金额	%	预算金额	%	预算金额	%	预算金额	%	预算金额	%	预算金额	%	预算金额	%
办公费																										
折旧费																										
修理费																										
物料消耗																										
低值易耗品摊销																										
其他公司经费																										
公司经费小计																										
工会经费																										

续 表

项目	1月份		2月份		3月份		4月份		5月份		6月份		7月份		8月份		9月份		10月份		11月份		12月份		本年合计	
	预算金额	%	预算金额	%	预算金额	%	预算金额	%	预算金额	%	预算金额	%	预算金额	%	预算金额	%	预算金额	%	预算金额	%	预算金额	%	预算金额	%	预算金额	%
职工教育经费																										
劳动保险费																										
待业保险费																										
董事会费																										
咨询费																										
审计费																										
诉讼费																										
排污费																										
绿化费																										

续表

项目	1月份		2月份		3月份		4月份		5月份		6月份		7月份		8月份		9月份		10月份		11月份		12月份		本年合计	
	预算金额	%	预算金额	%	预算金额	%	预算金额	%	预算金额	%	预算金额	%	预算金额	%	预算金额	%	预算金额	%	预算金额	%	预算金额	%	预算金额	%	预算金额	%
税金																										
土地使用费																										
土地损失补偿费																										
技术转让费																										
技术开发费																										
无形资产摊销																										
开办费摊销																										
业务招待费																										
坏账损失																										

续表

项目	1月份		2月份		3月份		4月份		5月份		6月份		7月份		8月份		9月份		10月份		11月份		12月份		本年合计	
	预算金额	%	预算金额	%	预算金额	%	预算金额	%	预算金额	%	预算金额	%	预算金额	%	预算金额	%	预算金额	%	预算金额	%	预算金额	%	预算金额	%	预算金额	%
存货盘亏、毁损和报废损失																										
其他管理费用																										
管理费用合计																										
本月预计现金支出																										
本月应付款																										

表 2：建筑公司管理费用预算表

单位：　　　　　　　　　　　　　　　　　　　　　　年　　月

资料提供部门：

项目	1月份		2月份		3月份		4月份		5月份		6月份		7月份		8月份		9月份		10月份		11月份		12月份		本年合计	
	预算金额	%	预算金额	%	预算金额	%	预算金额	%	预算金额	%	预算金额	%	预算金额	%	预算金额	%	预算金额	%	预算金额	%	预算金额	%	预算金额	%	预算金额	%
管理人员工资																										
管理人员福利费																										
工会经费																										
职工教育经费																										
业务招待费																										
差旅费																										

续表

项目	1月份		2月份		3月份		4月份		5月份		6月份		7月份		8月份		9月份		10月份		11月份		12月份		本年合计	
	预算金额	%	预算金额	%	预算金额	%	预算金额	%	预算金额	%	预算金额	%	预算金额	%	预算金额	%	预算金额	%	预算金额	%	预算金额	%	预算金额	%	预算金额	%
董事会费																										
印花税																										
办公费																										
会务费																										
通信费																										
其他管理费用																										
管理费用合计																										
本月预计现金支出																										
本月应付款																										

表3：房地产公司财务费用预算表

单位：　　　　　　　　　　　　　　　　　　　　　年　　月

资料提供部门：

项目	1月份		2月份		3月份		4月份		5月份		6月份		7月份		8月份		9月份		10月份		11月份		12月份		本年合计	
	预算金额	%	预算金额	%	预算金额	%	预算金额	%	预算金额	%	预算金额	%	预算金额	%	预算金额	%	预算金额	%	预算金额	%	预算金额	%	预算金额	%	预算金额	%
利息净支出																										
金融机构手续费																										
其他财务费用																										
财务费用合计																										
本月预计现金支出																										
本月应付款																										

表 4：建筑公司财务费用预算表

单位：　　　　　　　　　　　　　　　　年　　月

资料提供部门：

项目	1月份		2月份		3月份		4月份		5月份		6月份		7月份		8月份		9月份		10月份		11月份		12月份		本年合计	
	预算金额	%	预算金额	%	预算金额	%	预算金额	%	预算金额	%	预算金额	%	预算金额	%	预算金额	%	预算金额	%	预算金额	%	预算金额	%	预算金额	%	预算金额	%
利息净支出																										
金融机构手续费																										
其他财务费用																										
财务费用合计																										
本月预计现金支出																										
本月应付款																										

表5：煤矿公司财务费用预算表

单位：　　　　　　　　　　　　　　　　　　　　　　　年　　月

资料提供部门：

项目	1月份		2月份		3月份		4月份		5月份		6月份		7月份		8月份		9月份		10月份		11月份		12月份		本年合计	
	预算金额	%	预算金额	%	预算金额	%	预算金额	%	预算金额	%	预算金额	%	预算金额	%	预算金额	%	预算金额	%	预算金额	%	预算金额	%	预算金额	%	预算金额	%
利息净支出																										
金融机构手续费																										
其他财务费用																										
财务费用合计																										
本月预计现金支出																										
本月应付款																										

表 6：超市财务费用预算表

单位：　　　　　　　　　　　　　　　　　　　　年　　月

资料提供部门：

项目	1月份		2月份		3月份		4月份		5月份		6月份		7月份		8月份		9月份		10月份		11月份		12月份		本年合计	
	预算金额	%	预算金额	%	预算金额	%	预算金额	%	预算金额	%	预算金额	%	预算金额	%	预算金额	%	预算金额	%	预算金额	%	预算金额	%	预算金额	%	预算金额	%
利息净支出																										
金融机构手续费																										
其他财务费用																										
财务费用合计																										
本月预计现金支出																										
本月应付款																										

表 7：房地产公司资本支出预计表

单位：　　　　　　　　　　　　　　　　　　　　年　　月

资料提供部门：

项目	金额												
	1月份	2月份	3月份	4月份	5月份	6月份	7月份	8月份	9月份	10月份	11月份	12月份	全年合计
土地及房屋													
机械设备													
各项设施													
预付定金													
合计													

总经理：　　　　　　　　　　　　　　　　财务部主任：

制表：

表8：建筑公司资本支出预计表

单位：　　　　　　　　　　　　　　　　　　　　　年　　月

资料提供部门：

项目	金额												
	1月份	2月份	3月份	4月份	5月份	6月份	7月份	8月份	9月份	10月份	11月份	12月份	全年合计
土地及房屋													
机械设备													
各项设施													
预付定金													
合计													

总经理：　　　　　　　　　　　　　　　　财务部主任：

制表：

表9：总部资本支出预计表

单位：　　　　　　　　　　　　　　　　　年　　月

资料提供部门：

项目	金额												
	1月份	2月份	3月份	4月份	5月份	6月份	7月份	8月份	9月份	10月份	11月份	12月份	全年合计
土地及房屋													
机械设备													
各项设施													
预付定金													
合计													

总裁：　　　　　　　财务总监：　　　　　　　财务部部长：

制表：

表 10：建筑公司现金预算表

单位：　　　　　　　　　　　　　　　　　　　　　　　　　　　　年　　月

资料提供部门：

项目	金 额												
	1 月份	2 月份	3 月份	4 月份	5 月份	6 月份	7 月份	8 月份	9 月份	10 月份	11 月份	12 月份	全年合计
期初现金余额													
加：现金收入													
可供使用现金													
减：各项现金支出													
工程施工													
管理费用													
财务费用													
资本性支出													

续表

项目	金额												
	1月份	2月份	3月份	4月份	5月份	6月份	7月份	8月份	9月份	10月份	11月份	12月份	全年合计
所得税													
股利													
支出合计													
现金多余或不足													
向银行借款													
向集团其他企业借款													
还银行借款													
还集团其他企业借款													
借款利息													
合计													
期末现金余额													

总经理：　　　　　　　　　　财务部主任：

制表：

表 11：煤矿公司现金预算表

单位：　　　　　　　　　　　　　　　　　　　　年　　月

资料提供部门：

项目	金 额												
	1 月份	2 月份	3 月份	4 月份	5 月份	6 月份	7 月份	8 月份	9 月份	10 月份	11 月份	12 月份	全年合计
期初现金余额													
加：现金收入													
可供使用现金													
减：各项现金支出													
生产成本													
管理费用													
财务费用													
资本性支出													
所得税													
股利													

续表

项目	金额												
	1月份	2月份	3月份	4月份	5月份	6月份	7月份	8月份	9月份	10月份	11月份	12月份	全年合计
支出合计													
现金多余或不足													
向银行借款													
向集团其他企业借款													
还银行借款													
还集团其他企业借款													
借款利息													
合计													
期末现金余额													

总经理：　　　　　　　　　　　　　　财务部主任：

制表：

表 12：超市现金预算表

单位：　　　　　　　　　　　　　　　　　　　　　　　年　　月

资料提供部门：

项目	金额												
	1月份	2月份	3月份	4月份	5月份	6月份	7月份	8月份	9月份	10月份	11月份	12月份	全年合计
期初现金余额													
加：现金收入													
可供使用现金													
减：各项现金支出													
产品销售成本													
销售费用													
管理费用													
财务费用													
资本性支出													
所得税													

续表

项目	金额												
	1月份	2月份	3月份	4月份	5月份	6月份	7月份	8月份	9月份	10月份	11月份	12月份	全年合计
股利													
支出合计													
现金多余或不足													
向银行借款													
向集团其他企业借款													
还银行借款													
还集团其他企业借款													
借款利息													
合计													
期末现金余额													

总经理：　　　　　　　　　　财务部主任：

制表：

表13：总部现金预算表

单位：　　　　　　　　　　　　　　　　　　　　　　　　　　　　年　　月

资料提供部门：

项目	金额												
	1月份	2月份	3月份	4月份	5月份	6月份	7月份	8月份	9月份	10月份	11月份	12月份	全年合计
期初现金余额													
加：现金收入													
可供使用现金													
减：各项现金支出													
管理费用													
资本性支出													
支出合计													
现金多余或不足													

续 表

项目	金额												
	1月份	2月份	3月份	4月份	5月份	6月份	7月份	8月份	9月份	10月份	11月份	12月份	全年合计
向集团其他企业借款													
还集团其他企业借款													
借款利息													
合计													
期末现金余额													

总裁： 财务总监： 财务部部长：

制表：

表 14：建筑公司预计损益表

编制单位：　　　　　　　　　　年度　　　　　　　　　　单位：元

项目	行次	本年预计数
一、主营业务收入		
减：主营业务成本		
销售费用		
经营税金及附加		
二、主营业务利润		
加：其他业务利润		
减：管理费用		
财务费用		
三、经营利润		
加：投资收益		
营业外收入		
减：营业外支出		
四、利润总额		

表 15：煤矿公司预计损益表

编制单位： 年度 单位：元

项目	行次	本年预计数
一、产品销售收入		
减：产品销售成本		
销售费用		
经营税金及附加		
二、产品销售利润		
加：其他业务利润		
减：管理费用		
财务费用		
三、经营利润		
加：投资收益		
营业外收入		
减：营业外支出		
四、利润总额		

表 16：超市预计损益表

编制单位：　　　　　　　　　　年度　　　　　　　　　　单位：元

项目	行次	本年预计数
一、商品销售收入		
减：商品销售成本		
销售折扣与折让		
经营费用		
商品销售税金及附加		
二、商品销售利润		
加：其他业务利润		
减：管理费用		
财务费用		
三、营业利润		
加：投资收益		
营业外收入		
减：营业外支出		
四、利润总额		

表 17：集团预计损益表

编制单位：　　　　　　　　　　年度　　　　　　　　　　单位：元

项目	行次	本年预计数
一、主营业务收入		
减：主营业务成本		
销售费用		
经营税金及附加		
二、主营业务利润		
加：其他业务利润		
减：管理费用		
财务费用		
三、经营利润		
加：投资收益		
营业外收入		
减：营业外支出		
四、利润总额		

表 18：房地产公司预计资产负债表

编制单位： 年 月 日 单位：元

资产	行数	年初数	年末数	负债及所有者权益	行数	年初数	年末数
流动资产：				**流动负债：**			
货币资金	1			短期借款	29		
短期投资	2			应付票据	30		
应收票据	3			应付账款	31		
应收账款	4			预收账款	32		
减：坏账准备	5			其他应付款	33		
应收账款净额	6			应付工资	34		
预付账款	7			应付福利费	35		
其他应收款	8			未缴税金	36		
存货	9			未付利润	37		
其中：在建开发产品	10			其他未缴款	38		
待摊费用	11			预提费用	39		
待处理流动资产净损失	12			一年内到期的长期负债	40		
一年内到期的长期债券投资	13			其他流动负债	41		
其他流动资产	14			**流动负债合计**	42		
流动资产合计	15			**长期负债：**			
长期投资：				长期借款	43		
长期投资	16			应付债券	44		

续表

资产	行数	年初数	年末数	负债及所有者权益	行数	年初数	年末数
固定资产：				长期应付款	45		
固定资产原价	17			其他长期负债	46		
减：累计折旧	18			**长期负债合计**	47		
固定资产净值	19			**所有者权益：**			
固定资产清理	20			实收资本	48		
固定资产购建支出	21			资本公积	49		
待处理固定资产净损失	22			盈余公积	50		
固定资产合计	23			未分配利润	51		
无形资产及递延资产：				**所有者权益合计**	52		
无形资产	24						
递延资产	25						
无形及递延资产合计	26						
其他资产：							
其他长期资产	27						
资产总计	28			**负债及所有者权益总计**	53		

表19：建筑公司预计资产负债表

编制单位：　　　　　　　　　　年　　月　　日　　　　　　　　　　单位：元

资产	行数	年初数	年末数	负债及所有者权益	行数	年初数	年末数
流动资产：				**流动负债：**			
货币资金	1			短期借款	29		
短期投资	2			应付票据	30		
应收票据	3			应付账款	31		
应收账款	4			预收账款	32		
减：坏账准备	5			其他应付款	33		
应收账款净额	6			应付工资	34		
预付账款	7			应付福利费	35		
其他应收款	8			未缴税金	36		
原材料	9			未付利润	37		
工程施工	10			其他未缴款	38		
待摊费用	13			预提费用	39		
其他流动资产	14			其他流动负债	40		
流动资产合计	15			**流动负债合计**	41		
长期投资：				**长期负债：**			
长期投资	16			长期借款	42		
固定资产：				应付债券	43		
固定资产原价	17			长期应付款	44		
减：累计折旧	18			其他长期负债	45		
固定资产净值	19			**长期负债合计**	46		
固定资产清理	20			**所有者权益：**			
在建工程	21			实收资本	47		

续表

资产	行数	年初数	年末数	负债及所有者权益	行数	年初数	年末数
待处理固定资产净损失	22			资本公积	48		
固定资产合计	23			盈余公积	49		
无形资产及递延资产：				未分配利润	50		
无形资产	24			**所有者权益合计**	51		
递延资产	25						
无形及递延资产合计	26						
其他资产：							
其他长期资产	27						
资产总计	28			**负债及所有者权益总计**	52		

表 20：煤矿公司预计资产负债表

编制单位： 年 月 日 单位：元

资产	行数	年初数	年末数	负债及所有者权益	行数	年初数	年末数
流动资产：				**流动负债：**			
货币资金	1			短期借款	29		
短期投资	2			应付票据	30		
应收票据	3			应付账款	31		
应收账款	4			预收账款	32		
减：坏账准备	5			其他应付款	33		
应收账款净额	6			应付工资	34		
预付账款	7			应付福利费	35		
其他应收款	8			未缴税金	36		
原材料	9			未付利润	37		
产成品	10			其他未缴款	38		
待摊费用	13			预提费用	39		
其他流动资产	14			其他流动负债	40		
流动资产合计	15			**流动负债合计**	41		
长期投资：				**长期负债：**			
长期投资	16			长期借款	42		
固定资产：				应付债券	43		
固定资产原价	17			长期应付款	44		

续表

资产	行数	年初数	年末数	负债及所有者权益	行数	年初数	年末数
减：累计折旧	18			其他长期负债	45		
固定资产净值	19			**长期负债合计**	46		
固定资产清理	20			**所有者权益：**			
在建工程	21			实收资本	47		
待处理固定资产净损失	22			资本公积	48		
固定资产合计	23			盈余公积	49		
无形资产及递延资产：				未分配利润	50		
无形资产	24			**所有者权益合计**	51		
递延资产	25						
无形及递延资产合计	26						
其他资产：							
其他长期资产	27						
资产总计	28			**负债及所有者权益总计**	52		

表21：集团预计资产负债表

编制单位：　　　　　　年　月　日　　　　　　单位：元

资产	行数	年初数	年末数	负债及所有者权益	行数	年初数	年末数
流动资产：				**流动负债：**			
货币资金	1			短期借款	29		
短期投资	2			应付票据	30		
应收票据	3			应付账款	31		
应收账款	4			预收账款	32		
减：坏账准备	5			其他应付款	33		
应收账款净额	6			应付工资	34		
预付账款	7			应付福利费	35		
其他应收款	8			未缴税金	36		
存货	9			未付利润	37		
产成品	10			其他未缴款	38		
待摊费用	11			预提费用	39		
待处理流动资产净损失	12			一年内到期的长期负债	40		
一年内到期的长期债券投资	13			其他流动负债	41		
其他流动资产	14			**流动负债合计**	42		
流动资产合计	15			**长期负债：**			
长期投资：				长期借款	43		

续 表

资产	行数	年初数	年末数	负债及所有者权益	行数	年初数	年末数
长期投资	16			应付债券	44		
固定资产：				长期应付款	45		
固定资产原价	17			其他长期负债	46		
减：累计折旧	18			**长期负债合计**	47		
固定资产净值	19			**所有者权益：**			
固定资产清理	20			实收资本	48		
固定资产购建支出	21			资本公积	49		
待处理固定资产净损失	22			盈余公积	50		
固定资产合计	23			未分配利润	51		
无形资产及递延资产：				**所有者权益合计**	52		
无形资产	24						
递延资产	25						
无形及递延资产合计	26						
其他资产：							
其他长期资产	27						
资产总计	28			**负债及所有者权益总计**	53		

参考文献

[1] 卢亚茹．中国石化全面预算管理体系的构建与实践研究 [J]. 石油化工管理干部学院学报，2024,26(4):35-38.

[2] 梁静．传媒企业全面预算管理体系构建与实践研究——基于 X 公司全面预算管理分析 [J]. 价值工程，2021,40(7):19-21.

[3] 韦小英．企业全面预算管理体系构建的探究与实践 [J]. 经济与社会发展研究， 2023(19):89-92.

[4] 杨钊杰．民营企业全面预算管理体系构建研究 [J]. 投资与合作，2022(10):145-147.

[5] 谢雄强．企业全面预算管理体系构建研究 [J]. 经贸实践，2015(16):120.

[6] 王瑶，李海龙，姜超．公立医院全面预算管理体系构建实践 [J]. 财务管理研究，2023(11):119-124.

[7] 王永．新形势下全面预算管理的研究及实践 [C]// 中国钢铁工业协会信息统计部，中国钢铁工业协会《钢铁信息》编辑部．2014 年度钢铁信息论文集，2014:136-138.

[8] 刘凌冰，韩向东，李斌．国投集团全面预算系统建设的实践与启示 [J]. 账务与会计，2014(3):24-25.

[9] 王伟．新时期中小企业全面预算管理推进策略研究 [J]. 管理学家，2022(6):64-66.

[10] 傅靖宇，张华辉，郭瑜等．全链条预算闭环管控体系研究与实践

[J]. 新理财（公司理财）,2020(11):43-45.

[11] 黎洁梅．基于全面预算管理的集团财务管控体系构建与实践 [J]. 当代会计,2020(1):46-47.

[12] 张翠云．基于全面预算管理的集团财务管控体系构建与实践 [J]. 纳税,2018(27):71+74.

[13] 张婷．全面预算管理体系研究——以中国邮政速递物流公司为例 [D]. 北京：财政部财政科学研究所,2011.

[14] 杨阳．高校全面预算绩效管理体系的构建与完善 [J]. 教育财会研究,2021,32(5):22-27.

[15] 陈冬．房地产企业全面预算管理体系的构建策略研究 [J]. 首席财务官,2023,19(19):125-127.

[16] 赵贺龙．国有企业全面预算管理体系的构建与实践问题分析 [J]. 首席财务官,2022,18(13):116-118.

[17] 王德兰．战略导向下企业预算管理体系的构建及实践研究 [J]. 发展改革理论与实践,2022(18):124-126.

[18] 温振龙，江涛．企业全面预算管理体系研究 [M]. 成都：西南财经大学出版社,2022.

[19] 贾宝萍．我国企业实施全面预算管理的实践与研究 [J]. 经济视野,2019(23):42+44.

[20] 杨先琳．以全面预算管理为视角的企业内控研究 [J]. 经贸实践,2017(11):242.

[21] 宋玲玲，王兆苏，武娟妮，等．生态环保专项资金的绩效管理体系构建——基于全面预算管理的视角 [J]. 会计之友,2020(24):36-41.

[22] 彭素兰．基于战略导向的现代企业全面预算管理体系的构建 [J].

品牌研究，2022(27)：105-108.

[23] 殷建红，张瑞君．基于ERP系统的预算控制研究[J]. 财务与会计，2005（11）：47-49.

[24] 龙颖．企业全面预算管理体系构建研究[J]. 中国电子商务，2012(6)：217.

[25] 刘暾．如何构建企业全面预算管理体系[J]. 中国外资，2012(4)：48-49.

[26] 刘吉文，陈婕妤，张高高．大数据驱动下的企业全面预算管理体系构建研究[J]. 财会通讯，2023(12)：165-172.

[27] 罗向莲．A平台公司全面预算管理体系的构建研究[J]. 发展改革理论与实践，2023，39(4)：13-15.

[28] 王红杰．国有企业全面预算管理框架体系的构建研究[J]. 发展改革理论与实践，2023，39(9)：37-39.

[29] 刘婉雯．基于预算博弈的企业全面预算管理体系构建[J]. 品牌研究，2023：105-108.

[30] 陈莉．探索国有企业全面预算管理体系的实践与优化[J]. 乡镇企业导报，2024(12)：141-143.

[31] 张沛．基于全面预算管理的集团财务管控体系构建实践探索[J]. 经济视野，2014(1)：210-212.

[32] 陈育彬．全面预算管理在企业管理中的应用实践研究[J]. 投资与合作，2024(5)：157-159.

[33] 孙胜丰．全面预算管理在企业中的实践研究[J]. 中文科技期刊数据库（全文版）经济管理，2023(3)：96-98.

[34] 白芳芳．高校全面预算管理实践研究[J]. 会计师，2023(5)：131-133.

[35] 武文杰．HB公司全面预算管理构建——理论与实践研究[J]. 经济

研究导刊，2014(24)：141-142.

[36] 蒋兰．战略导向下制造企业全面预算管理体系构建［J］．品牌研究，2023：103-105.

[37] 汪国梁．全面预算管理的体系框架及功能研究［J］．当代会计，2021(2)：189-190.

[38] 张理想．全面预算管理体系的构建思路探讨［J］．企业改革与管理，2019(20)：133-134.

[39] 熊玉彬．JT 公司构建全面预算管理体系的实践［J］．全国商情，2019(16)：44-45.

[40] 吴冰．集团公司全面预算管理实践研究［J］．现代商业，2020(29)：169-170.

[41] 李富强．基于全面预算管理构建企业财务内控体系［J］．经济研究导刊，2020(9)：100+107.

[42] 董明易．企业全面预算管理体系建设思考与实践［J］．新会计，2020(5)：52-54.

[43] 符方田．构建全面预算管理体系助力公司经营绩效增长［J］．全国商情·理论研究，2019(36)：45-46.

[44] 孟莉．我国企业实施全面预算管理的实践与研究［J］．现代营销，2018(4)：145.

[45] 谈硕．企业全面预算管理体系的构建与实施［J］．财讯，2019(17)：78-79.

[46] 刘凌冰，韩向东．企业全面预算管理成熟度模型构建研究［J］．财务研究，2015(5)：15-25.

[47] 傅桂林，袁水林．我国物流成本预算管理体系构建研究［J］．商业

研究，2010(4):212-216.

[48] 曾维林．基于企业战略的预算管理体系的构建[J]. 煤炭经济研究，2007(7):53-55.

[49] 何莲．集团化企业如何构建战略导向的全面预算管理体系探析[J]. 经营管理者，2014(28):63-64.

[50] 陈再菊，胡萍，袁征．数字化全面预算管理在县域医共体中的探索与实践[J]. 财务与会计，2024(5):58-62.

[51] 李文辉，张新建，吴花瑞．A军工单位全面预算管理体系优化实践[J]. 财务与会计，2024(9):31-35.

[52] 崔兴华．新兴数字技术环境下全面预算管理沟通度模型的构建及应用研究——以NJ集团公司深化全面预算管理体系建设为例[J]. 中国农业会计，2023,33(20):22-25.

[53] 李华．战略角度下集团企业全面预算管理体系构建[J]. 今商圈，2022(14):77-80.

[54] 涂玉．高新技术企业研发项目预算管理体系构建与运用[J]. 发展改革理论与实践，2024,40(18):127-129+132.

[55] 李玲依．战略导向下的企业全面预算管理体系研究[J]. 商场现代化，2022(11):94-96.